2021 年内蒙古自治区哲学社会科学规划项目
"马克思主义整体性批判研究"（2021NDC107）

内蒙古大学马克思主义学院学术成果文库

马克思主义批判理论研究

——以整体性为视域

李冰 著

RESEARCH ON
MARXIST CRITICAL THEORY

From the Perspective of Wholeness

社会科学文献出版社
SOCIAL SCIENCES ACADEMIC PRESS (CHINA)

目　录

绪　论

一　研究背景及意义

（一）研究背景

在整体性视域下开展马克思主义批判理论研究，关键在于阐明马克思主义批判理论的生成、内容及其演进所表征的马克思主义的整体性。马克思主义的本质属性是批判性，马克思主义批判理论从宗教批判到政治经济学批判的闭合完成了对马克思主义整体性的自我证成。马克思主义批判理论是整体性和开放性的理论，从整体性视域把握马克思主义批判理论能够更加真切和深刻地理解马克思主义的本质，凸显马克思主义的革命性和实践精神。在整体性视域下研究马克思主义批判理论是马克思主义与时俱进和永葆生机的客观要求和必然趋势。

马克思主义的精神实质就是批判。可以说研究马克思主义最根本的就是研究马克思主义的批判理论。在整体性视域下研究马克思主义批判理论是深刻理解其理论内核、贯彻马克思主义批判精神的必然要求。马克思主义的整体性是关于马克思主义发展史的重大问题，对马克思主义整体性的研究源于理论和实践的需求。自马克思主义诞生以来，学界不乏摘取马克思主义经典文本中的片段和语句进而误解或歪曲马克思主义的错误论断。只有从整体性出发认识和理解马克思主义批判理论，才能避免出现将马克思主义碎片化和片面化的现象。马克思主义的产生和发展都蕴含着整体性的特征，整体性特质是马克思主义与生俱来的品格，是马克思主义批判性的体现。

马克思和恩格斯逝世以后，以修正主义为代表的否定马克思主义的观点成为第二国际内部的主要声音，以伯恩施坦和考茨基为主要代表，他们用唯心主义和形而上学取缔历史唯物主义和辩证唯物主义，并将其作为自己的哲学基点来歪曲马克思主义的批判本性。马克思主义的最终目的是通过革命推翻资产阶级的统治并建立无产阶级专政进而最终实现全人类的解放，而修正主义阉割了马克思主义的精神本质，主张放弃暴力革命转而提倡社会改良。伯恩施坦曾说："无产阶级专政是'属于低下的文化'，是'一种倒退，是政治上的'返祖现象'。"① 以伯恩施坦为代表的修正主义者认为只要坚持渐进的、和平的改良策略，资本主义就可以通过和平演变的方式进入社会主义阶段，而建立无产阶级专政国家的这个目标则显得无关紧要甚至可以被忽视。党内的修正主义肆意滋长，直到 1917 年"十月革命"取得胜利才使其嚣张气焰得到控制。"十月革命"的胜利宣示了马克思主义的正统地位并证明了修正主义的反动本质，重新树立了无产阶级只有以马克思主义为指导才能取得革命胜利的理论信仰，振奋了人们的精神，提高了人们的觉悟，抑制了修正主义对于人们思想的侵蚀。列宁没有受修正主义的诱导走向邪路，他坚持从整体性出发理解和运用马克思主义，这启示我们无论任何时候，都必须坚持马克思主义的批判本性，反对披着马克思主义的外衣阉割马克思主义整体性的观点。

在社会历史发展过程中，无论修正主义、教条主义还是人道主义的马克思主义，都是对马克思主义片面地诠释和运用，之所以会犯类似的错误，归根结底是没有把马克思主义看作一个整体，错误地把马克思主义的某些片段作为其主要内容，这势必使马克思主义走向歧途而无法领会马克思主义的精神实质，更无法看到马克思主义的真面目。对马克思主义批判理论的研究只有坚持整体性观念，才能真正明晰马克思主义的内在本质和演进逻辑。

---

① 〔德〕爱德华·伯恩施坦：《社会主义的前提和社会民主党的任务》，殷叙彝译，生活·读书·新知三联书店，1965，第 195 页。

马克思主义是内含批判精神的理论，批判性是马克思主义理论的灵魂和本质。从根本上说，马克思主义就是一种批判理论，研究马克思主义批判理论对于理解马克思主义来说是极其必要的。马克思主义"要对现存的一切进行无情的批判，所谓无情，意义有二，即这种批判不怕自己所作的结论，临到触犯当权者时也不退缩"。①马克思主义的批判是彻底的批判，是基于现实的批判，是整体性的批判。马克思主义的批判理论不同于康德的批判只局限于限定理性本身，而是"通过批判旧世界发现新世界"②的实践性的批判。马克思主义批判理论和其他批判理论的相同之处在于，都是为了确立对于世界的正确认识，其超越其他批判理论之处在于，在社会历史的展开中实现人类真实意义上的解放。

马克思主义本身就是一门批判的哲学，其作为一种批判理论自始至终贯穿着否定与自我否定的精神。马克思主义批判理论是一种历史性和开放性的理论，批判理论本身不是固定不变的，它以辩证唯物主义和历史唯物主义为根据，在社会历史的演进中推动人与社会的自我否定，马克思主义批判理论是在实践中不断发展的科学的世界观和方法论。本书通过对马克思主义经典文本的梳理，厘清了马克思主义批判理论从内容到逻辑的整体性，为全面理解和运用马克思主义提供了新的视角。

（二）研究意义

马克思主义批判理论是一个有机的整体，批判理论的各个环节是相互渗透的统一体。在理论和实践的迫切需要下，有必要在整体性视域下研究马克思主义批判理论。自马克思主义诞生以来，不乏披着各式外衣的"马克思主义者"声称自己是真正的马克思主义代表，但其论说本质不过是割裂、肢解甚至是歪曲马克思主义批判理论的各组成部分的仿冒品。这是在马克思主义整体性视域下研究马克思主义批判理论的理论动因。此外，随着人们认识世界和改造世界的不断推进，开始出现马克思主义理论的分科化发展，这种现

---

① 《马克思恩格斯全集》第1卷，人民出版社，1956，第416页。
② 《马克思恩格斯文集》第10卷，人民出版社，2009，第7页。

象要求人们必须进一步开展马克思主义批判理论的整体性研究。

1. 理论意义

从马克思主义整体性出发研究马克思主义批判理论，是正确而全面地认识和理解马克思主义真正内涵的基本前提和理论基础。当前学术界对于马克思主义理论的理解并没有达成共识，有的学者截取马克思主义批判理论的某一环节，站在自己立场把它们曲解为整体的马克思主义，但马克思主义本身并不能被单一而片面地界定为某个阶段或某种意识形态下的理论，马克思主义是一门不断发展、与时俱进的实践性的批判理论。只有将马克思主义看作一个辩证批判的整体，才能真正地理解马克思主义的发展史，透析马克思主义批判理论的真正内涵和本质，进一步研究马克思主义批判理论的内在联系和发展逻辑。

第一，在整体性视域下研究马克思主义批判理论，对于肃清肢解和割裂马克思主义理论的错误认知具有重要意义。国外学者在 20 世纪时就提出了"两个马克思的对立"、"马克思与恩格斯的对立"以及"马克思恩格斯的马克思主义理论与其之后的马克思主义理论相对立"等种种肢解和歪曲马克思主义的思想。其中，阿尔都塞把青年时期的马克思与成熟时期的马克思相对立，并认为成熟时期的马克思主义才是真正的马克思主义，虽然从某种程度上保卫了马克思主义，但是依旧割裂了马克思主义理论的整体性。以伯恩施坦为代表的修正主义，主张用和平改良的方式进入社会主义社会，这种修正主义的思想使许多社会主义国家走向灭亡。综观社会历史发展的一般规律和资本主义发展的特殊规律，马克思主义认为，只有通过无产阶级革命的方式才能推翻最后一个具有剥削性质的阶级国家，进而达成每个人自由而全面发展的终极目的，只有全面理解马克思主义理论，才能坚持马克思主义的批判精神和革命精神，推翻资产阶级的阶级统治。综上，坚持整体性观念去研究马克思主义，才能抵制修正主义以及一切企图割裂和歪曲马克思主义的思想的侵蚀。

第二，在整体性视域下研究马克思主义批判理论，对于准确理解马克思主义的历史地位以及促进马克思主义的继承和发展具有重要意义。必须明确的是，马克思主义虽然产生于 19 世纪欧洲资本主义发展时期，但是马克思主义是随着实践而不断发展的科学的世界观和方法论，因而马克思主义在当今社会并未过时。在 21 世纪新的时代背景下，我们只有从整体性出发，采用辩证否定的方法研究马克思主义，才能认清马克思主义的真面目，理解马克思主义的真精神。马克思主义从本质上来看是一种批判理论，从马克思主义整体性视域研究马克思主义批判理论，才能真正把握马克思主义的内在本质和精神实质，精准而完整地掌握马克思主义理论的意蕴和价值。

第三，在整体性视域下研究马克思主义批判理论，对于真切理解马克思主义的批判本质具有重要意义。马克思主义的批判理论与之前的批判理论不同之处在于，马克思主义的批判致力于"改造世界"，而马克思之前的批判都只是致力于"解释世界"。真正明晰马克思主义批判理论的实践性，必须从整体性出发，从马克思主义发展史出发，深入理解马克思主义批判理论的历史渊源以及终极任务。马克思在批判启蒙时代的理性主义和空想社会主义的乌托邦过程中，揭示了实践的基本观点。实践是人们能动地改造世界的物质性活动，如果马克思主义理论不落脚于实践，那么无产阶级就无法颠覆资产阶级的统治，人类社会也就无法实现解放的终极追求。从整体性出发研究马克思主义批判理论，是理解马克思主义批判本性的必然要求。

第四，在整体性视域下研究马克思主义批判理论，对于准确把握马克思主义批判理论的内在联系具有重要意义。只有将马克思主义批判理论看成一个有机整体，才能规避割裂马克思主义各个批判理论的错误认知。只有树立整体性意识和开放性观念，才能厘清各个批判理论前后相继、一脉相承的必然关系。如果将马克思主义批判理论划分为彼此孤立的各个部分，必然导致批判的不彻底性。否定马克思主义的整体性等同于否定马克思主义发展史，也就无法真正理解马克思主义的批判理论。在整体性视域下研究马克思主义批判理论强调历史地看待自然、社会和人的发展，坚决反对非历史的绝对主义和教条主义。

2. 现实意义

在研究马克思主义批判理论过程中建立对马克思主义的整体性认知，是正确而有效指导实践的前提和关键，从整体性视域研究马克思主义批判理论，有利于坚持马克思主义的指导地位，坚定对马克思主义的信仰，行之有效地解决实际问题。

第一，从整体性视域研究马克思主义批判理论，是在意识形态领域中巩固马克思主义核心地位的先决条件。对于一种理论体系的整体评价，是正确认识这个思想的基本前提，而正确认识理论本身，又是发挥这个理论功能的重要前提。完整而全面地认识马克思主义批判理论，是发挥其在意识形态领域指导作用的先决条件。马克思主义发展史中产生了太多歪曲和误解马克思主义的思想流派，也有太多时期偏离马克思主义的引领，产生这些现象和问题的根源在于，没有把马克思主义作为一个整体来理解。马克思主义作为一种批判性理论，本身就是在自我批判中实现对自身整体性的建构，因而只有在整体性视域下，坚持马克思主义的批判与自我批判，才能坚持马克思主义的科学性，彻底与马克思主义"过时论"和教条主义划清界限。

从马克思主义的整个发展史来理解和把握马克思主义，并深入理解马克思主义批判理论，就会明晰马克思主义从未忽视人的价值，其是致力于人类解放的革命理论，马克思主义的本性就是批判性，马克思主义是一种批判理论。社会主义作为人类历史发展的新的阶段，必然要在不断的摸索中前进和发展，在这一过程中也难以避免经历挫折和考验。同样地，作为社会主义发展阶段指导思想的马克思主义，也要在不断的批判中完善其自身，在不断的自我扬弃中发展自身。丰富和完善马克思主义批判理论在整体性视域下的研究，能够更加清晰地理解马克思主义关于人类解放的目标，更加明确马克思主义的批判性、革命性、实践性，坚定马克思主义信念，坚持马克思主义在意识形态领域的指导地位。

第二，从整体性视域研究马克思主义批判理论，能够明晰人类社会所处的历史方位，并正确应对各种危机和挑战。革命性和实践性是马克思主义批判理论的显著特征。马克思主义在不同历史阶段针对不同批判对象，揭露了人类现有解放的局限性。只有坚持马克思主义批判理论，坚持历史地看待人与社会的发展，才能揭露资产阶级剥削工人的秘密，并坚定地采取革命的方式推翻资产阶级的统治。在资本主义自由竞争阶段，马克思和恩格斯认为无产阶级革命至少将在几个主要的资本主义国家内同时发生，而在资本主义垄断阶段，列宁指出社会主义革命可能在一国或数国首先取得胜利，可以说，随着人类历史的不断演进，马克思主义理论本身也在不断地进行自我批判。只有坚持马克思主义批判精神，树立整体性观念和历史性观念，才能更好地以马克思主义为指导，处理不同历史阶段出现的各种问题和挑战。

第三，在整体性视域下研究马克思主义批判理论，是新时代正确认识和解决中国特色社会主义实践问题的关键。可以说，没有马克思主义批判精神和革命理论的指导，就不可能有今天的中国特色社会主义道路。中国特色社会主义是马克思主义与中国的具体实践相结合的理论成果。社会主义社会虽然是代表先进生产力的无产阶级推翻资产阶级统治而建立的新的社会形态，代表了人类生产力发展的前进方向，但因为没有现成经验可以依循，在建设过程中必然会遭受很多磨难和挑战。在新时代中国特色社会主义的背景下，应对新问题和新挑战必须坚持从整体性出发全面地理解和把握马克思主义，并坚持马克思主义自我批判的精神。只有将马克思主义与中国具体国情相结合，我们才能运用马克思主义去解决现实问题，并在不断探索和总结经验中开辟新境界。时代要求我们更加全面而深入地研究马克思主义，解决我国经济、政治、文化、社会和生态文明建设等一系列问题，用联系、发展和全面的眼光去看待马克思主义的整体性，只有对马克思主义批判理论表征的马克思主义有一个更深入而全面的理解，才能更好地解决新时代中国特色社会主义建设中的具体实践问题。

二　国内外研究综述

（一）国内研究综述

国内学界从整体性视域研究马克思主义批判理论的专著和论文极少，但是关于马克思主义批判理论和马克思主义整体性的研究专著和论文却不在少数，其中包括马克思主义批判理论的内涵研究、特征研究、针对各个组成部分的专门研究，以及价值研究等。批判性是马克思主义的本质特性，马克思主义在无限的批判过程中逐渐实现其整体性,将马克思主义批判理论看成一个有机整体是马克思主义本质属性的必然要求。整体性研究近十年来取得了显著的成果,这为研究马克思主义批判理论的整体性奠定了坚实的理论基础。从当前国内研究成果来看,从整体性视域研究马克思主义批判理论相关的成果大致可以分为三个维度:马克思主义批判理论的研究、马克思主义整体性的研究,以及马克思主义整体性和批判性之间关系的研究。

1. 马克思主义批判理论的研究

(1)关于马克思主义批判理论内涵的研究

对于马克思主义批判理论内涵的研究,脱离不开其辩证否定的批判核心和"改造世界"的实践基本点。李志坚持实践的观点,指出马克思主义批判理论并不是致力于批判具体的某种理论观点,而是将理论转变为大众批判社会现实的思想武器。[1] 仰海峰运用比较分析法,在道德批判模式、经济学批判模式、黑格尔的批判模式以及马克思的批判模式的比较中,论述马克思的批判理论与其他思想家的批判理论的不同,从而界定马克思主义批判理论的内涵。[2] 白刚和郜爽以《资本论》为研究基础界定马克思主义批判理论,指出马克思主义批判理论是对哲学、宗教、意识形态、政治和经济进行全方位批判的理论。[3] 俞吾金从意识形态领域研究马克思主义批判理论,他认为马克思的批判理论是元批判和去蔽的理论。[4] 黄秋生用"宏大叙事"和"从后思索"两大方法,论述了马克思的批判理论是从抽象批判到现实批判,再从现实批判到抽象批判的"否定之否定"的批判理论。[5] 以上是从各个角度以实践和辩证否定为基本点界定批判理论内涵的研究,鲜有专门从整体性角度去研究马克思主义批判理论的论文或专著。

---

[1] 李志:《马克思理论批判的实践哲学解读》,《武汉大学学报》(哲学社会科学版)2020 年第 5 期。

[2] 仰海峰:《马克思哲学思想中的批判性之维》,《光明日报》2014 年 5 月 14 日,第 16 版。

[3] 白刚、郜爽:《〈资本论〉:马克思的"批判理论"》,《马克思主义与现实》2019 年第 5 期。

[4] 俞吾金:《回到马克思的批判理论——当代西方马克思主义意识形态理论探微》,《国外社会科学》2014 年第 1 期。

[5] 黄秋生:《马克思批判理论的"从后思索"与"宏大叙事"》,《湖南社会科学》2013 年第 3 期。

（2）关于马克思主义批判理论特征的研究

马克思主义批判理论的特征表现为革命性、彻底性、现实性和实践性等，大部分学者主要根据自己的立场论证马克思主义批判理论的特征。李金辉、李伟玲强调了马克思主义批判理论是不同于形而上学的思辨态度的实践性批判。① 丰子义强调马克思的批判是一种根基性的批判，其批判具有批判与自我批判相统一、批判与建构相统一以及肯定性和否定性相统一的特征。② 任皑认为，马克思主义批判理论是批判性和科学性的统一，不能只片面强调其批判性而否定其科学性。③ 罗骞指出，马克思主义批判理论具有社会历史性、实践性，并彰显批判与自我批判的精神。④ 罗骞从现代性和后现代性理论比较的视角阐述了马克思主义批判理论的实践性、辩证性、阶级性以及总体性特征。⑤ 孙麾阐述了马克思主义的批判性、现实性、人民性和开放性的特征。⑥ 现有文献中鲜有具体论述马克思主义批判理论整体性的成果。

（3）关于马克思主义批判理论各个组成部分的研究

其一，关于马克思主义宗教批判理论的研究。

关于宗教批判理论的著作主要围绕宗教的本质，宗教批判的渊源、对象、发展过程及意义等相关内容，其核心内容都是围绕批判人在宗教中的异化而展开的。袁芳认为，马克思针对宗教的概念、宗教批判的发展历程、宗教批判与资本主义批判的内在关联等问题进行了系统研究，强调宗教异化的根源在于资本的异化。⑦ 刘丽指出，革命思想、批判精神是马克思学说的灵魂，宗教批判打开了宗教世俗化的大门，同时也催生了现代

① 李金辉、李伟玲：《实践哲学的批判：论马克思关于理论的"实践的态度"》，《理论探讨》2019 年第 5 期。
② 丰子义：《马克思社会批判的历史深蕴》，《社会科学战线》2007 年第 3 期。
③ 任皑：《法兰克福学派批判理论与马克思批判理论之比较》，《马克思主义研究》1998 年第 3 期。
④ 罗骞：《马克思主义批判理论及其巨大影响》，《理论探索》2020 年第 3 期。
⑤ 罗骞：《马克思主义批判理论的几个特征——从与现代性和后现代性理论比较的视角来看》，《教学与研究》2020 年第 5 期。
⑥ 孙麾：《马克思主义的基本品格及发展的当代特征》，《社会科学》1997 年第 12 期。
⑦ 袁芳：《马克思的宗教批判与现代性批判》，上海大学出版社，2016。

性，其在分析马克思主义宗教批判与其他批判的不同中，厘清了马克思主义宗教观的起源、发展规律、作用和意义。① 王来法阐述了马克思主义宗教观的定义、产生的根源、功能以及现今的意义等问题。②

关于宗教批判理论的论文不胜枚举，大致可以分为论述马克思主义宗教批判思想的历史地位、内容、启示和局限性等方面。邹诗鹏通过辨析马克思主义宗教批判思想，区分了唯物主义与无神论，并提出了宗教批判对于反神学的意义。③ 李晓敏肯定了宗教批判在马克思主义批判理论中的重要地位，并指出对政治经济学的批判首先由宗教批判展开。④ 罗克全、刘秀认为对宗教异化的批判是"人类解放"的逻辑起点。⑤ 唐晓峰主要阐述了人创造了神、人为什么创造神以及人创造神的结局是什么等基本问题，同时提出了无神论教育的当代启示。⑥ 林进平指出，要完成宗教批判，必须上升到市民社会的批判才能理解政治解放的局限性。⑦

其二，关于马克思主义政治批判理论的研究。

马克思主义政治批判主要是立足于国家和法，揭露资本主义政治制度的剥削本质的批判。程广云从马克思思想的发展脉络和逻辑结构出发，将马克思的思想归结为法哲学、政治经济学和形而上学"三大批判"，他认为政治哲学就是实践唯物主义，其核心就是历史唯物主义，而政治哲学体系在资本主义物质生产方式的基础上阐明了资本主义政治的生产和再生产。⑧ 李旸阐述了对当代自由主义正义观的批判和反驳，并在对罗尔斯平等主义的自由主

① 刘丽：《马克思宗教批判思想研究及其当代意义》，巴蜀书社，2009。
② 王来法：《马克思主义宗教观概论》，浙江大学出版社，2016。
③ 邹诗鹏：《马克思主义宗教批判思想之辨析》，《现代哲学》2011年第1期。
④ 李晓敏：《浅析马克思宗教批判理论在其思想体系中的地位》，《学术交流》2010年第6期。
⑤ 罗克全、刘秀：《"人类解放"的前提：〈《黑格尔法哲学批判》导言〉再研究》，《马克思主义理论学科研究》2018年第4期。
⑥ 唐晓峰：《马克思主义宗教批判理论及其对当代无神论教育的启示》，《世界宗教研究》2017年第4期。
⑦ 林进平：《马克思如何看待宗教批判——基于对〈论犹太人问题〉的解读》，《马克思主义与现实》2015年第5期。
⑧ 程广云：《马克思的三大批判：法哲学、政治经济学和形而上学》，中国人民大学出版社，2018。

义和诺齐克的自由至上主义展开批判的基础上，阐明了与自由主义正义相抗衡的社会主义正义的相关内容。① 李淑梅系统梳理了马克思思想各个时期著作的社会政治指向，最终确认其政治批判指向资本主义政治制度的剥削本质。②

与著作的侧重点不同，关于马克思主义政治批判理论的相关论文主要是针对黑格尔国家观的批判，揭露资本主义国家的本质以及如何实现政治解放等主题。张三萍、马慧玲通过对黑格尔法哲学的批判指出，自由必须通过无产阶级革命创建新国家的方式才能实现。③ 邹诗鹏认为，马克思对国家主义的批判主要集中在揭露封建国家的王权和资本主义国家的剥削本质。④ 李应瑞则主要论述了在《莱茵报》时期马克思为贫苦群众争取解放而进行的对黑格尔国家观的政治批判。⑤

其三，关于马克思主义意识形态批判理论的研究。

马克思主义意识形态理论主要致力于批判阶级社会意识形态的虚假性，从而论证坚持马克思主义的必要性。史小宁认为"功能性"和"批判性"是马克思主义意识形态研究不可或缺的两个重要维度，并从"功能性"和"批判性"角度系统阐述了意识形态的功能构建，以及当代中国社会意识形态功能的价值、原则和实现路径。⑥ 侯惠勤立足于当代中国举什么旗、走什么路的基本问题，拨开意识形态的迷雾，透析意识形态的本质，在对德意志意识形态的批判中，阐释了马克思主义的唯物史观。⑦ 孙士聪以意识形态为

---

① 李旸：《分析的马克思主义的政治哲学转向》，重庆出版社，2020。
② 李淑梅：《政治哲学的批判与重建——马克思早期著作研究》，人民出版社，2014。
③ 张三萍、马慧玲：《马克思对黑格尔法哲学的三维批判——对〈黑格尔法哲学批判〉的解读》，《社会主义研究》2021 年第 1 期。
④ 邹诗鹏：《马克思对黑格尔国家法哲学的批判及其理论效应——自由主义批判视域下的重理与检视》，《哲学研究》2020 年第 4 期。
⑤ 李应瑞：《马克思政治批判思想的理论主题及当代启益——基于〈莱茵报〉政论文章的探讨》，《西北民族大学学报》（哲学社会科学版）2020 年第 2 期。
⑥ 史小宁：《马克思主义视阈中意识形态批判及其功能研究》，中国社会科学出版社，2016。
⑦ 侯惠勤：《马克思的意识形态批判与当代中国》，中国社会科学出版社，2010。

支点，讨论了西方马克思主义意识形态批判理论的概况。①

关于马克思主义意识形态批判理论的相关论文，主要围绕批判资本主义意识形态的虚假性以及确立历史唯物主义展开论述。比如，汤荣光、韩喜平从意识形态起始点澄清其本源并论证马克思主义意识形态理论与唯物史观的结合点。② 李晓阳、黄再胜认为马克思和恩格斯通过《德意志意识形态》批判了德意志意识形态的虚幻性和虚假性，同时阐明了唯物史观的相关内容。③张秀琴从哲学向度和政治经济学向度进行马克思主义意识形态批判，并认为意识形态批判是历史唯物主义的重要组成部分。④ 胡大平强调马克思和恩格斯从未发展过一般的意识形态理论，其所有的意识形态批判理论都致力于无产阶级的实际解放和现代资产阶级的科学分析。⑤ 赵敦华指出马克思和恩格斯批判所有的意识形态，认为意识形态是虚假的意识，在扬弃意识形态的过程中走向历史唯物主义。⑥ 张玲娜认为在经济全球化发展的今天，重温马克思主义意识形态批判理论有利于认清西方资本主义意识形态的本质，同时为建构未来理想社会打下了坚实的理论基础。⑦

其四，关于马克思主义政治经济学批判理论的研究。

关于马克思主义政治经济学批判的专著和论文数不胜数、内容庞杂，但其所有著作都离不开一个中心点：资本主义私有财产是异化人最根本的原因，必须消除私有财产、取缔资本主义生产方式，如此才能真正实现人的解放。庄忠正主要研究了从黑格尔的政治经济学到马克思的政治经济学的发展脉络，从政治经济学的形而上学、政治经济学的唯心主义批判和政治经济学

① 孙士聪：《影响与对话——西方马克思主义意识形态批判研究》，上海人民出版社，2008。
② 汤荣光、韩喜平：《唯物史观与马克思主义意识形态理论导源》，《南京社会科学》2020年第9期。
③ 李晓阳、黄再胜：《〈德意志意识形态〉中的意识形态批判理论及其当代启示》，《思想教育研究》2016年第8期。
④ 张秀琴：《马克思的意识形态批判理论》，《现代哲学》2002年第2期。
⑤ 胡大平：《马克思主义意识形态批判理论的原初视域》，《江西社会科学》2016年第6期。
⑥ 赵敦华：《试论马克思恩格斯的意识形态批判理论》，《江苏行政学院学报》2012年第5期。
⑦ 张玲娜：《论马克思主义意识形态批判理论的当代价值》，《人民论坛》2013年第5期。

的历史唯物主义批判三个部分来进行政治经济学批判研究。① 刘召峰通过明确"拜物教"的概念,梳理了关于商品、货币以及资本拜物教的内容,进而阐述拜物教批判对于理解马克思主义学说的价值、内在逻辑和"整体把握"的意义。② 李春火认为,当今世界依旧没有消除资本对人们的异化,必须坚持马克思对资本的批判性分析。③ 平成涛指出,马克思基于唯物史观的批判原则,立足于资本主义社会现实生活和资本主义经济现实,全面剖析资产阶级政治经济学的内在病理。④丰子义认为,马克思主义政治经济学的功能并不是外在的否定,而是用理性的方式指导新的发展实践。⑤ 陈琪、刘文生指出了古典经济学的一些错误观点,并在历史唯物主义原则的指导下揭示了资本主义社会资本对劳动者的剥削本质。⑥

其五,关于马克思主义生态批判理论、现代性批判理论的研究。

康文龙在其著作的导论部分,论述了现代性批判的特征和当代的回响等内容。⑦ 罗骞认为,现代性批判是马克思思想的核心主题,在超越黑格尔理性的现代性批判的过程中,重建了马克思现代性批判的基础:历史唯物主义视域下的政治经济学批判。⑧ 关雁春阐述了西方生态危机的人类危机本质,指出资产阶级理论家并没有抓住事物的本质,从而对西方各种生态理论展开批判。⑨

(4)关于马克思主义批判理论价值的研究

罗骞认为,当代的历史状况是马克思主义理论通过革命实践所造就出来

① 庄忠正:《政治经济学批判》,人民出版社,2018。
② 刘召峰:《拜物教批判理论与整体马克思》,浙江大学出版社,2013。
③ 李春火:《马克思资本批判及其当代意义研究》,中国社会科学出版社,2018。
④ 平成涛:《马克思对资产阶级政治经济学的批判及其当代启示》,《经济学家》2017年第11期。
⑤ 丰子义:《政治经济学批判功能的当代价值》,《中国社会科学》2016年第10期。
⑥ 陈琪、刘文生:《批判视角下的政治经济学与历史唯物主义的内在联系》,《理论探讨》2017年第5期。
⑦ 康文龙:《马克思现代性政治批判及其当代价值》,光明日报出版社,2008。
⑧ 罗骞:《论马克思的现代性批判及其当代意义》,上海人民出版社,2007。
⑨ 关雁春:《佩珀生态社会主义思想的历史唯物主义意蕴》,《学术交流》2011年第4期。

的，不仅如此，马克思主义批判精神倒逼了资本主义的自我调整，同时塑造
了当代的人类批判精神。① 毛华兵还指出，马克思主义批判理论的当代价值
在于善于用否定的态度和怀疑的精神面对现存事物及社会思潮，在内在否定
和自我否定中推动事物向前发展。② 黄秋生指出，马克思批判理论的研究强
调了哲学与现实紧密结合的重要性，有利于把握马克思思想的发展脉络，增
强科学体系的与时俱进品质，坚持理论工作者不断创新的治学态度。③

2. 马克思主义整体性的研究

20 世纪 50 年代，有学者提出应从整体上研究马克思主义，但囿于当下
的客观历史条件、经济发展和学术水平，只能暂时搁置而无法付诸实施。直
至 21 世纪初，国内的经济发展水平和科学技术水平显著提高，国家开始大
力推进马克思主义研究和学科建设。2005 年底增设马克思主义理论一级学科
后，马克思主义整体性问题开始受到学术界的普遍关注并成为热点问题。随
着学术界对马克思主义整体性研究的逐步深入，从整体上把握马克思主义得
到了学术界的普遍认同。近年来，马克思主义整体性问题引起了学术界的高
度重视，相继出版了多部关于马克思主义整体性的著作，虽然不是很多，但
是都具有很高的研究价值。其中包括陈先达所著的《马克思主义基础理论若
干重大问题研究》，着重探讨了"关于马克思主义的整体性问题"，该书主
要从以下四个方面来分析和研究马克思主义整体性问题，即马克思主义整体
性问题研究的必要性、马克思主义理论内容的整体性、马克思主义整体性与
马克思主义本质的关系、学科建设的整体性。④ 张雷声在 2018 年出版的《马
克思主义基本原理专题研究》一书中探讨了关于"马克思主义基本原理的整
体性"问题，分别就马克思主义基本原理的内涵、研究层次、在研究和教学
中的应用，以及马克思主义整体性与世界观、方法论的关系这几个方面进行

① 罗骞：《马克思主义批判理论及其巨大影响》，《理论探索》2020 年第 5 期。
② 毛华兵：《马克思的批判精神及其当代价值》，《马克思主义研究》2015 年第 11 期。
③ 黄秋生：《马克思批判理论的逻辑进路及其当代启示》，《学术论坛》2013 年第 1 期。
④ 陈先达：《马克思主义基础理论若干重大问题研究》，经济科学出版社，2009。

了全面的分析和探讨。① 逄锦聚在《马克思主义整体性研究》中，比较系统地从马克思主义的创立过程和宗旨、各个组成部分的内在联系、革命性与科学性的统一、创新性和实践性在中国的继承和发展等多个角度，研究了马克思主义整体性，同时借鉴了国外学者在马克思主义研究方面取得的诸多有益成果，该书强调了在一定时期内理论界一直强调对马克思主义三个组成部分的研究而忽视整体性研究的问题，提出了必须从整体上理解、把握、继承和发展马克思主义才能适应实践和时代发展新要求的主张。② 童贤成所著的《马克思主义科学体系整体性研究》，以科学体系必须具备自己的科学理论基础、有需要解决的时代课题、有相互联系的一系列基本理论观点、经过社会实践证明的正确性四个要素为依据，以无产阶级和人类的解放主题为主干，从结构整体和发展整体这两个视角，着眼于"两个为什么"和"两个怎样"，从为什么要研究马克思主义整体性、怎样理解马克思主义整体性、为什么要坚持马克思主义整体性、怎样坚持马克思主义整体性这四个问题出发探讨和研究马克思主义整体性问题。③ 赵家祥的《马克思主义的整体性研究》论述了马克思主义哲学、马克思主义政治经济学和科学社会主义学说等各个组成部分构成一个统一的整体，掌握马克思主义的精神实质，完整准确地掌握马克思主义的基本概念和基本原理，必须从整体上理解马克思主义。④ 房广顺所著的《马克思主义整体性研究》，从经典作家的原著和当代实践出发，从马克思主义起源、本质、研究方法、内容和结构、理论发展、实践、中国化，以及学科建设等不同角度论述马克思主义整体性问题。以马克思主义在发展进程中不断涌现的新成果为线索，以正确把握马克思主义的科学内涵为立足点，科学运用马克思主义的科学原理对马克思主义进行整体性研究。⑤ 程恩富所著的《马克思主义整体性新论》是在现阶段存在割裂和肢解

① 张雷声：《马克思主义基本原理专题研究》，中国人民大学出版社，2018。
② 逄锦聚：《马克思主义整体性研究》，经济科学出版社，2012。
③ 童贤成：《马克思主义科学体系整体性研究》，经济科学出版社，2014。
④ 赵家祥：《马克思主义的整体性研究》，北京大学出版社，2018。
⑤ 房广顺：《马克思主义整体性研究》，中国社会科学出版社，2012。

马克思主义整体与部分、部分与部分之间的关系的反马克思主义现象和思潮背景之下，应时代发展和人类实践的要求，为恢复马克思主义本来面貌而进行马克思主义整体性研究的专著。① 肖贵清所著的《中国化马克思主义整体性研究》，旨在通过分析中国化马克思主义的整体性，客观、全面、深入回答中国化马克思主义如何构建理论体系、概括理论主题、理解精髓及总特征、定位价值取向、把握内在联系等目前学术界和理论界正在研究的重点问题。②

除了综合性地研究马克思主义整体性的专著以外，还有数百篇关于专门研究马克思主义整体性及相关问题的论文。分类整合这些学术成果，主要可分为关于马克思主义整体性的内涵界定的研究，关于马克思主义整体性的路径选择的研究，以及关于马克思主义整体性的意义和价值的研究，学者们针对这三大类问题各抒己见并展开激烈的讨论。

（1）关于马克思主义整体性的内涵界定的研究

对于马克思主义整体性的研究，离不开关于马克思主义内涵和本质的界定的研究。一些学者将马克思主义整体性看作马克思主义的本质规定性，并给出了充分的说明和论证。梁树发指出，当代学者忽视了马克思主义整体性因而无法真正认清马克思主义的本质，不论从哪个角度来界定马克思主义本质，都应该从马克思主义的整体性原则去论证其界定的准确性，只有坚持整体性原则，才能真正把握和明晰马克思主义的本质。③ 韩喜平、郭越认为，马克思主义理论是一整块钢，具有整体性。④ 张建云认为，马克思主义是一个具有整体性的科学理论体系，马克思主义的"整体性"表现为具体内容之间的紧密联系以及马克思主义与时俱进的发展性和开放性。⑤ 王玲从马克思

---

① 程恩富：《马克思主义整体性新论》，中国社会科学出版社，2013。
② 肖贵清：《中国化马克思主义整体性研究》，中国人民大学出版社，2018。
③ 梁树发：《马克思主义整体性与马克思主义定义问题》，《党政干部学刊》2005 年第 3 期。
④ 韩喜平、郭越：《关于马克思主义理论整体性的再探讨》，《浙江工商大学学报》2024 年第 6 期。
⑤ 张建云：《马克思主义定义的整体性研究》，《马克思主义研究》2013 年第 12 期。

主义原理学科角度来理解马克思主义整体性的内涵。① 张雷声认为，哲学是研究政治经济学的前提和基础，哲学和政治经济学的研究最终指向人类社会，这是科学社会主义研究的需要，因而掌握整体性的内涵在原理学科中不能排斥和脱离马克思主义三个组成部分的研究。② 叶启绩指出，组成马克思主义基本原理的各个部分和原理都体现着马克思主义的整体性，应通过整体与部分的关系以及部分体现整体的本质来理解马克思主义整体性的内涵。③

除此之外，学者们在不同的视域下阐述马克思主义的整体性内涵，对于马克思主义整体性内涵的理解各有不同。王玲通过论述历史的客观性运动、实践本身的不断发展，以及终极关怀形式三个层面来解读马克思主义整体性的内在逻辑。史小宁从各种维度理解马克思主义的学说，寻找它们的"共有性前提"，从历史、逻辑和方法的整体性中凸显理论的整体性，并认为它们共同形成了马克思主义"艺术的整体"。④ 陈学明指出，把握马克思主义整体性要坚持理论与实践的统一以及革命、建设、改革的统一。⑤ 包炜杰认为，在马克思主义整体性研究视角下，对共同富裕进行阐释，对于深入理解新时代中国特色社会主义共同富裕的逻辑理路与实践路径具有启示意义。⑥

（2）关于马克思主义整体性的路径选择的研究

其一，从经典著作和发展史角度研究马克思主义整体性问题。

赵家祥立足于社会历史发展条件以及马克思主义理论来源之间的内在关

---

① 王玲：《试论马克思主义整体性的逻辑内涵》，《学术交流》2010 年第 11 期。
② 张雷声：《整体性与马克思主义基本原理体系》，《思想理论教育导刊》2011 年第 6 期。
③ 叶启绩：《关于马克思主义及其基本原理与整体性的思考》，《思想理论教育》2016 年第 1 期。
④ 史小宁：《论马克思主义整体性问题的出场语境及其内在逻辑》，《马克思主义研究》2019 年第 4 期。
⑤ 陈学明：《中国的马克思主义研究必须反对五种割裂》，《毛泽东邓小平理论研究》2007 年第 6 期。
⑥ 包炜杰：《马克思主义整体性视域下共同富裕的三重阐释路径》，《马克思主义与现实》2024 年第 1 期。

系，论证马克思主义具有整体性并阐发了从经典著作中考究马克思主义整体性的重要性问题。① 任琳从史、论、著三者之间的关系出发开拓了研究马克思主义整体性的新视角，并认为只有坚持三者相结合才能透析马克思主义的真精神。② 高娜以历史逻辑论证马克思主义发展的连续性和完整性，进而有力地反击了割裂和肢解马克思主义的声音。③ 梁树发深入马克思主义发展史的内容，全面分析了马克思主义和中国化马克思主义之间的内在关系以及马克思主义中国化的成果之间的关系，力求从历史发展的真实图景中探求马克思主义的真面目。④ 何丽野以"唯物史观"为切入点，落脚于国内外反马克思主义的斗争现实来阐释"历史性"是研究马克思主义整体性的重要特征。⑤ 张云芳认为，理解马克思主义整体性的关键在于其产生条件，在其形成条件之中最根本的在于实践的整体性。⑥ 张雷声提出，马克思主义整体性是不断发展的，在发展中掌握马克思主义的关键在于理解其发展史的连续性，从马克思主义产生到中国特色社会主义的形成和发展，其中蕴含着一致性和继承性。⑦ 祝辉、孟祥娟指出，对马克思的"自由人联合体"思想的研究是对整体马克思主义进行研究的中心纽结。⑧

其二，从人的解放的角度研究马克思主义整体性问题。

姚立新基于马克思主义被歪曲和割裂为不同的部分的现象，从整体性视角围绕人类解放，构筑了马克思主义在广义和原义上一致性的关键理论基石。⑨ 贾建芳认为，人的解放构成了马克思主义整体性的内在逻辑，这一终

① 赵家祥：《也谈马克思主义的整体性》，《理论视野》2015 年第 7 期。
② 任琳：《马克思主义整体性的"三位一体"说——从史、论、著三者关系谈起》，《学术论坛》2013 年第 2 期。
③ 高娜：《发展史视域中的马克思主义整体性研究》，《思想理论教育导刊》2011 年第 7 期。
④ 梁树发：《马克思主义整体性与基本原理体系的建构》，《教学与研究》2007 年第 11 期。
⑤ 何丽野：《"物质历史观"与马克思主义的整体性——从〈马克思主义基本原理概论〉教材的一处疏漏说起》，《教学与研究》2016 年第 3 期。
⑥ 张云芳：《马克思主义整体性的形成条件》，《科学社会主义》2014 年第 6 期。
⑦ 张雷声：《论马克思主义的整体性发展》，《教学与研究》2014 年第 1 期。
⑧ 祝辉、孟祥娟：《马克思主义整体性视域下"自由人联合体"思想的建构》，《科学社会主义》2022 年第 3 期。
⑨ 姚立新：《从整体性视角把握马克思主义》，《湖南社会科学》2018 年第 5 期。

极目标贯穿马克思主义发展过程的始终。① 吴育林认为，马克思主义的哲学、政治经济学和科学社会主义从不同维度一致地印证了人类必将走向光明，走向人的解放。② 杨双双基于"现实的人"，阐明了实现人的解放和共产主义都是历史发展的必然环节的结论，而马克思终其一生所追求的终极目标——人的解放，正是探析马克思主义整体性的必要角度。③ 牛先锋探讨人的解放与马克思主义的整体性的关系，其论点基本上与贾建芳、杨双双的观点保持一致。④ 从人的解放角度分析马克思主义整体性，主要表达了人的解放问题对于马克思主义整体性的深刻回应和发挥的中心作用。

其三，从实践的角度研究马克思主义整体性问题。

研究马克思主义整体性必然要回归到实践的维度，实践观点是马克思主义的第一观点。张建云分别在 2015 年的论文⑤和 2020 年的论文⑥中论述了实践对于马克思主义理论研究的重要性，提出了马克思主义理论必须坚持主体、客体和实践之间的统一，注重理论和实践的统一，确立科学实践观是马克思主义整体性实现和发展的重要一环。代建鹏将经验史纳入实践范畴，立足于不同时期马克思主义的存在形态和具体的社会现实，深入研究马克思主义的整体性问题。⑦ 夏建国从实践维度揭示了马克思主义理论由三大部分组成，是"一块整钢"，对马克思主义整体性作了新的研究和解答。⑧

其四，从马克思主义理论学科建设角度研究马克思主义整体性问题。

张雷声认为，在新时代为马克思主义基本原理学科的研究设定一个准确

① 贾建芳：《论整体性的马克思主义》，《马克思主义研究》2015 年第 3 期。
② 吴育林：《从无产阶级和人类解放理解马克思主义基本原理的整体性和系统性》，《思想理论刊》2012 年第 6 期。
③ 杨双双：《马克思主义理论的整体性维度探析》，《南昌大学学报》（人文社会科学版）2010 年第 2 期。
④ 牛先锋：《马克思主义整体性的逻辑生成和逻辑体系》，《中共中央党校学报》2011 年第 6 期。
⑤ 张建云：《实践整体性与马克思主义整体性》，《江汉论坛》2015 年第 10 期。
⑥ 张建云：《如何理解马克思主义理论是"艺术整体"——从"主体、客体与实践'三者一体'"角度理解马克思主义理论体系》，《学术界》2020 年第 4 期。
⑦ 代建鹏：《完善马克思主义整体性研究的三条路径》，《学术交流》2016 年第 2 期。
⑧ 夏建国：《实践与马克思主义理论整体性》，社会科学文献出版社，2006。

的定位，离不开马克思主义整体性研究，只有从整体性出发，才能区别于常规从三个组成部分、发展史抑或中国化的单一角度去定位马克思主义基本原理学科。[1] 袁银传认为，从内容、逻辑结构、历史发展等方面来论述马克思主义整体性，都能印证马克思主义基本原理的整体性和系统性。[2] 孙磊和郜爽认为，在实际教学中应坚持整体性教学思维方式，不应将马克思主义基本原理简单地划分为"三大组成部分"来讲解。[3] 马克思主义理论的学科建设对于马克思主义整体性学术研究具有基础性意义，同时马克思主义整体性研究为马克思主义理论的学科建设提供理论指导。

其五，从方法论角度研究马克思主义整体性问题。

何怀远在利用历史发生学的方法研究马克思主义理论的过程中发现，孤立地研究马克思主义的任何一个部分都会导致对马克思主义的片面性理解。[4] 张雷声认为，方法论和世界观的统一体现了马克思主义基本原理的逻辑整体性。[5]

其六，从马克思主义中国化角度研究马克思主义整体性问题。

崔明浩立足于中国新时代的基本国情和现实实践，将马克思主义三个组成部分纳入中国特色社会主义建设之中，坚持全面和发展地看待马克思主义，以防被曲解和歪曲的马克思主义干扰。[6] 龙小平和张华波认为，马克思主义整体性研究必须与当前的中国特色社会主义建设和中国化的马克思主义整体性研究结合起来。[7] 葛莉从马克思主义中国化理论成果的形成、科学体系和作用三个维度阐明，马克思主义中国化成果是一脉相承、与时俱进且逻

① 张雷声：《论马克思主义基本原理学科的研究定位》，《思想理论教育导刊》2020 年第 10 期。
② 袁银传：《整体性与马克思主义基本原理的科学体系》，《思想理论教育导刊》2011 年第 8 期。
③ 孙磊、郜爽：《"马克思主义基本原理概论"整体性教学思维方式探究》，《思想教育研究》2015 年第 11 期。
④ 何怀远：《马克思主义理论整体性的历史发生学解读》，《南京社会科学》2006 年第 6 期。
⑤ 张雷声：《世界观、方法论与马克思主义基本原理的整体性》，《教学与研究》2011 年第 12 期。
⑥ 崔明浩：《坚持和发展马克思主义的整体性与问题导向性》，《辽宁大学学报》（哲学社会科学版）2017 年第 1 期。
⑦ 龙小平、张华波：《马克思主义整体性研究的几点思考》，《思想教育研究》2013 年第 3 期。

辑紧密、观点完整的有机整体。①

其七，从马克思主义的三个组成部分角度研究马克思主义整体性问题。

三个组成部分，主要指哲学、政治经济学、科学社会主义，而从这个角度研究的学者，大部分承认对这"三大组成部分"的研究对于理解马克思主义整体性具有重要作用。唐斌的论述表明，从方法、内容、前提和归宿上看，三个组成部分对于理解马克思主义整体性具有必要性。② 夏建国将"马克思主义理论整体"看作由"三大组成部分"构成的整体。③ 任洁反对把马克思主义看成三大组成部分的简单结合，主张应该从其内在关系看到马克思主义的有机整体性。④ 李毅和程宏如都认为，应该科学地理解马克思主义的三个组成部分的内在联系，不能僵化和固化马克思主义的组成部分。⑤

（3）关于马克思主义整体性的意义和价值的研究

不同于上述学者从各个角度出发研究马克思主义整体性，还有一些学者专门致力于研究马克思主义整体性的意义和作用。张耀灿、刘伟针对当前对于马克思主义认识不完整的现实情况，论述了马克思主义整体性研究的必要性和意义。⑥ 胡海波和热合木江·巴拉提认为，不论从过程上看，还是从内容上看，发掘马克思主义自身整体性，在当代境遇下对于把握中国特色社会主义理论体系具有重要的现实意义。⑦ 研究马克思主义整体性的学者一致认为，马克思主义整体性研究对于批判肢解和歪曲马克思主义以及坚定正统的

① 葛莉：《马克思主义中国化理论成果整体性的三维解析》，《思想理论教育导刊》2020年第5期。

② 唐斌：《列宁对马克思主义整体性的认识》，《思想理论教育导刊》2016年第2期。

③ 夏建国：《论马克思主义理论整体的基本问题》，《湖湘论坛》2020年第6期。

④ 任洁：《准确理解列宁的"三个来源"和"三个组成部分"思想》，《中国社会科学院研究生院报》2020年第2期。

⑤ 李毅：《加强整体性研究，科学理解三个主要组成部分》，《南开学报》（哲学社会科学版）2008年第4期；程宏如：《论马克思恩格斯理论体系的构建与"三个组成部分"的划分》，《学术论坛》2015年第11期。

⑥ 张耀灿、刘伟：《关于马克思主义整体性的几点思考》，《福建师范大学学报》（哲学社会科学版）2006年第3期。

⑦ 胡海波、热合木江·巴拉提：《马克思恩格斯关于马克思主义自身整体性的基本观点及其现实意义》，《思想理论教育导刊》2014年第1期。

马克思主义信仰具有重要作用。

3. 马克思主义整体性和批判性之间关系的研究

学术界虽然对马克思主义整体性的内涵界定各有不同，甚至是大相径庭，但在批判和否定肢解和歪曲马克思主义的观点和学说方面却保持完全一致的意见，大家一致认为，只有从马克思主义整体性出发才能真正理解马克思主义的本质和真精神。关于马克思主义整体性研究是极其必要的，这也说明了在整体性视域下研究马克思主义批判理论的重要意义。对于马克思主义批判理论的内涵、内容、特征和意义的研究成果颇丰，对于马克思主义各组成部分的批判理论的研究成果数不胜数，但是学术界鲜将马克思主义批判理论看成一个有机整体。学者们从不同路径研究马克思主义整体性，各个研究角度的学术成果都很丰硕，但是从没有将批判理论看成一个整体。综上，学术界鲜有人从整体性视域研究马克思主义批判理论，本研究以马克思和恩格斯的文本为依托，在整体性视域下研究马克思主义批判理论，对于学术科研和方法实践等方面都具有重要的价值和意义。

（二）国外研究综述

1. 国外对于马克思主义批判理论的研究

20世纪20年代，西方马克思主义者并没有遵从马克思主义政治经济学的批判转向，反而转向了对资本主义社会的文化意识形态的批判，究其根源，十月革命的胜利促进了世界无产阶级革命趋势向前发展。在十月革命胜利后的四年间，很多国家爆发了无产阶级革命，但都以失败告终。20世纪30年代，由于西方世界的工人运动处于低潮和法西斯主义在欧洲大陆的崛起，西方马克思主义者开始反思革命失败的原因，他们认为问题的关键并不是政治经济条件不足和组织革命工作不完备，而在于西方社会的文明模式和价值体系、政治机制的弊端。因此，必须对资本主义社会的文化意识形态展开批判，批判理论家们否定工人阶级的意识自觉，着手进行文化意识形态批判。

国外对于马克思主义批判理论的研究相对于国内而言起步较早，从20世纪20年代起，凡是涉及马克思主义批判理论的相关内容都可以涵盖在此研究中。按照时间范畴分类，大致分为早期马克思主义批判理论、法兰克福学派的马克思主义批判理论和英美的马克思主义批判理论。其中法兰克福学派的批判理论集中体现了国外学者对于马克思主义批判理论的研究深度和广度。马克思主义批判理论主要关注社会现实问题以及人的生存境遇，致力于对资产阶级意识形态进行彻底的批判。

（1）早期国外马克思主义批判理论的代表人物和主要观点。早期国外马克思主义学者开始致力于批判第二国际的片面经济决定论，第二国际认为只要经济条件足够成熟，资本主义社会就会以和平演变的方式进入社会主义社会。这种观点削弱了无产阶级的革命意志，在无产阶级丧失阶级意识和群众精神的状况下，革命屡屡失败。葛兰西指出，这种经济决定论消磨着无产阶级的反抗意志。卢卡奇和柯尔施同样反对第二国际的片面经济决定理论，卢卡奇在《历史与阶级意识》中指出，第二国际的理论家们实际上是要教化无产阶级，使其屈服于资本主义的社会历史规律，并甘于接受当下的生活状态，从而抛弃所有的阶级意识和反抗精神。[①] 随着时代的变化，西方发达工业社会的物化现象趋于普遍，早期西方马克思主义者认为，物化意识阻碍了无产阶级的意识觉醒。基于此，早期西方马克思主义者从遵循马克思主张的暴力革命转向了意识形态批判，后期又从阶级意识形态批判转向文化意识形态批判。

在资本主义社会物化现象趋于普遍的历史时代背景下，卢卡奇开始对社会物化意识进行剖析和批判。卢卡奇在《历史与阶级意识》中提出的物化概念，指的是在资本主义商品经济的统治下，人通过劳动创造的劳动产品反过来控制了人，人的存在和人的本质相对立，主体的人变成了客体的人。普遍性的物化影响着人们的经济生活和社会生活，人与人的关系外化成了物与物之间的关系。物化现象的合理化使得人们在资本主义社会下被奴役和压迫的生存状态变成了合理和应当的生活常态。物化意识的显著表现是消磨人们的批判和革命精神，这与无产阶级的阶级意识完全对立，为了揭露资本主义商

---

① 　参见〔匈〕卢卡奇《历史与阶级意识》，杜章智等译，商务印书馆，2018。

品经济的本质必须对社会物化意识展开批判。

葛兰西认为，在资本主义自由竞争阶段，统治阶级并不是通过直接暴力镇压的方式进行统治，而是通过被认可的方式间接实现其统治目的。由此，葛兰西提出了具有巨大影响力的"霸权"概念。所谓"霸权"就是意识形态的领导权，在任何时期，统治阶级为了维护其在文化和社会上的主导地位，必须通过"霸权"的方式让被统治阶级接受其价值观念和文化意识。在经济上占有统治地位的统治阶级要实现统治的稳定，一方面实施直接的暴力统治，另一方面发挥意识形态的政治统治和导向作用。其认为基于彼时统治阶级的统治特点以及无产阶级丧失阶级意识的状况，必须转向文化意识形态批判。[①]

（2）法兰克福学派批判理论的代表人物和主要观点。法兰克福学派的批判理论以社会的反思与批判、超越与重建为主题，主要针对资本主义社会的文化意识形态进行批判，强调"彻底否定"现代资本主义社会，把"否定的辩证法"作为批判理论的方法论。其批判内容主要包括物化批判、工具理性批判、意识形态和文化批判、现代性批判、大众文化批判等方面，按照法兰克福学派的发展阶段划分来梳理批判理论在不同历史时段的主要代表人物及其观点。

第一代法兰克福学派的代表人物主要有霍克海默、阿多诺、马尔库塞等人，第一代的核心人物确定了批判理论的研究方向，即以全部物质文化和精神文化为对象，对资本主义社会进行总体而彻底的批判。在这个时期，第一代法兰克福学派侧重于文化工业批判。

马克斯·霍克海默是法兰克福学派批判理论的创始人，他创立批判理论，主要是为了恢复马克思主义的批判本性。首先，霍克海默在《启蒙的辩证法》中，批判了自启蒙运动以来的理性已经不再服务于自由，而变成了一种实证思维模式，这种实证思维模式只是为了奴役人和压迫人而存在。启蒙

---

① 参见〔意〕安东尼奥·葛兰西《狱中札记》，曹雪雨、姜丽、张跣译，河南大学出版社、重庆出版社，2016。

理性由解放人的思想的武器变成了支配人的工具，这也预示着其必然走向自我毁灭。其次，霍克海默认为，在资本主义社会，所谓的"大众文化"已经是打上了"文化工业"标签的产业运作机制，这样的大众文化已经不是大众所能决定和掌控的。在霍克海默的视域里，文化同时兼有自由精神和文明要素两种属性，而在资本主义文化操纵的社会里，"批判与敬畏都消失了，机械的鉴定取代了批判的职能"①，文化不再具有自由精神的属性，必须对代表意识形态操纵社会的文化工业进行彻底批判。

特奥多·阿多尔诺（也译西奥多·阿多诺）是法兰克福学派非常重要的批判理论家，其核心批判理论是否定辩证法和文化工业批判理论。阿多尔诺和霍克海默在《启蒙的辩证法》一书中，从哲学价值和文化两个方面对文化工业进行了全面的否定，阿多尔诺赞成霍克海默对于文化工业的批判立场和批判内容。阿多尔诺的"否定辩证法"主要提倡一种可以否定一切肯定事物的普遍否定的方法论，他将这种方法看作社会认识的基本原理，"否定"成了阿多尔诺的代名词，他因亚里士多德的伦理概念不能彰显个人与普遍的张力关系，对传统形而上学进行批判，确立了含有否定思维的道德哲学。"否定辩证法"把认识观点和社会历史观点相结合，在现代工业时代，将科学和技术看作一种"意识形态"，这种"意识形态"使人发生了异化。因此，阿多尔诺认为，在工业社会中人的精神价值无法得到救赎，必须对工业社会的意识形态进行猛烈批判。

赫伯特·马尔库塞是西方马克思主义阵营中坚定的马克思主义者，《单向度的人》是他对发达工业社会意识形态进行批判的代表作。他认为发达工业社会意识形态批判的重点在于对技术理性的批判，并希望建立一种新技术理性。他认为，丢弃了思维的批判性、否定性的技术理性，成了统治社会的工具，使科学技术由促进人的解放的力量沦落为阻碍人的解放的桎梏，人的"内在的自由"丧失，人的自由成为不自由的自由，人成为单向度的人。马

① 〔德〕马克斯·霍克海默、〔德〕特奥多·阿多尔诺：《启蒙辩证法》，洪佩郁、蔺月峰译，重庆出版社，1990，第151页。

尔库塞认为，技术理性并不是中立性的存在，而是一种排除了批判性和否定性的肯定性的思维方式。统治阶级用这种具有肯定性的思维逻辑来维护其统治，并拓展了统治社会的新形势。在科技发达的工业社会，丰富的消费品使人获得了满足感和幸福感。然而，这种虚假的需求获得满足的代价是人的真实需求，即人的内在自由被忽视或抛弃。人在琳琅满目的商品面前进行的自由选择，并非人内在的自由意志的选择，而是受有效的诱导甚至控制所支配的不自由的选择。人失去了自己的个性、自主性，丧失了对社会控制的反抗性和对社会进行鉴别、批判的能力。马尔库塞深刻批判了技术理性作为工具理性而削弱人的存在价值，进而导致人与人自身、人与人之间、人与社会之间关系的异化。①

　　第二代法兰克福学派的代表人物主要有哈贝马斯和施密特等人，这一阶段该学派进一步加强了批判理论的建构，并通过批判发达的工业社会进一步揭露了现代人的异化。

　　尤尔根·哈贝马斯是第二代法兰克福学派的领军人物，是第一代和第三代法兰克福学派承上启下的关键人物，前期其批判理论的基本观点与霍克海默和阿多尔诺的思想大致相同，但是侧重点有所不同。霍克海默和阿多尔诺虽然都针对技术理性进行了批判，但是他们没有形成系统的表述，而哈贝马斯在《作为"意识形态"的技术与科学》一文中详细论述了技术理性批判思想。在哈贝马斯的视域下，现代工业社会的科学技术，既有促进生产力发展的动力作用，也成了一种新的支配人和异化人的"意识形态"形式。哈贝马斯认为，"无论是新的意识形态，还是旧的意识形态，都是用来阻挠人们议论基本问题的"。② 哈贝马斯针对科学和技术的意识形态功能进行批判，通过追溯科技异化的根源，深入分析了劳动与交往之间的关系问题，他认为，劳动和交往之间有明确的区别，这点与马克思将交往归于劳动有所不同。哈贝马斯认为，相对于劳动而言，交往处于优先地位。虽然劳动也包含人与人

---

① 参见〔美〕赫伯特·马尔库塞《单向度的人》，刘继译，上海译文出版社，2008。
② 〔德〕尤尔根·哈贝马斯：《作为"意识形态"的技术与科学》，李黎、郭官义译，学林出版社，1999，第69~70页。

之间的交往，但主要是人与自然的改造与被改造的关系。实现人与自然和谐相处，如果处理不好主体间的交往理性，无论如何提高劳动生产率，如何提高人改造世界的能力，都不可能实现真正的和谐。在科学技术迅速发展的现代，劳动与交往更加割裂，人更无法摆脱物化状态，因此，哈贝马斯的批判理论从人本主义出发，在揭露科技异化的过程中，确立了坚持交往理性的价值体系。

第三代法兰克福学派的主要代表人物是霍耐特、奥菲等人，其批判理论的侧重点在于政治伦理转向。

阿克塞尔·霍耐特是第三代法兰克福学派的核心人物，是最重要的实践哲学家之一，他创立了承认理论、多元正义构想以及民主伦理学，最终完成了批判理论的"政治伦理转向"，从而使批判理论转向后批判理论。霍耐特在《自由的权利》这本书中，阐述了关于自由主义的相关问题，他的自由主义思想在很大程度上继承了康德的思想。他将康德的普遍性理想用特殊性取缔，但这依然是徒劳之举。霍耐特想用黑格尔的方式将普遍性和特殊性结合起来，他指出，自由主义的弊端在于没有与实际相结合，"制约当代政治哲学最大的一些局限中，其中一个就是它与社会分析的脱节，这使得哲学只能定位在纯粹规范性的原则上"①。霍耐特清楚地知道，黑格尔思想的范式不可能被简单复制，但能够启示我们要基于社会结构的前提条件来建构自己的理论。

霍耐特的"为承认而斗争"的理论开启了批判理论的新趋势和新方向，承认理论是在继承第一代和第二代法兰克福学派和福柯思想的基础上形成的，霍克海默和阿多尔诺虽然批判了工具理性，但是并没有将社会实践行为理解为社会冲突的一部分，因此，社会学领域处于匮乏状态。霍耐特指出，应该从社会斗争出发来批判权力构成，他的承认理论认为，相互承认关系可以表述为以爱与关怀为主导观念的私密关系、以平等的权利义务为规范的法权关系、以个人成就为社会等级规范标准的社会尊重关系。霍耐特在分析前

---

① 〔德〕阿克塞尔·霍耐特：《自由的权利》，王旭译，社会科学文献出版社，2013，第9页。

人的思想困境的基础上，从合理性角度分析社会病理，在青年黑格尔派的思想和米德的社会心理学的影响下，建构了以爱、法和团结为基础的承认理论体系。承认理论运用于政治哲学后成为一种政治伦理，确立了多元正义观，以此建构社会秩序规范。霍耐特在承认理论视域下分析了劳动的规范性，并明确指出生产活动本应是主体间的承认过程，社会冲突的内在原因在于生产活动并没有受到尊重和重视，反而遭受了蔑视和羞辱，也就是说，合理的承认没有得到认可就会产生社会的不正义。霍耐特的承认理论涉及社会方方面面的内容，其思想不但有助于对个体面临的种种不公正现象进行整体分析，而且有助于深化社会批判理论。

克劳斯·奥菲是德国著名政治社会学家、法兰克福学派第三代主要代表人物，他以研究政治社会学著称，研究领域涉及国家理论、社会政策、民主理论、转型研究，以及二元分配问题，其理论具有鲜明的马克思主义倾向。20世纪70年代以来，随着石油危机的爆发，许多社会福利国家出现经济萧条、失业率居高不下的现象，动摇了凯恩斯主义的社会基础。后期资本主义社会的矛盾与问题引发了奥菲的思考，他"继承了法兰克福学派批判的社会理论传统，将马克思主义批判精神同社会学的结构功能主义、系统功能理论紧密结合，对后期资本主义社会福利国家的矛盾进行了系统分析"。① 奥菲的福利国家危机理论通过全面分析后期资本主义社会的矛盾和危机诠释福利国家的现状以及后期资本主义的发展趋势，同时，积极探索走出福利国家困境的有效途径。

（3）英美学界的批判理论的代表人物和主要观点。法兰克福学派的批判理论影响深远，从哈贝马斯后期开始，法兰克福学派深受英美哲学的影响，批判理论自20世纪80年代以来从德国学界扩展到英美学界。现今的法兰克福学派虽然依旧秉持着霍克海默、阿多尔诺等人对于资本主义社会本身矛盾和弊端的批判，但其新的趋势是更愿意加入西方主流哲学的讨论之中。在这样的历史背景下，英美学界形成了与法兰克福学派既有相似之处又有其新特

---

① 参见〔德〕克劳斯·奥菲《福利国家的矛盾》，郭忠华等译，吉林人民出版社，2006。

点的批判理论。受法兰克福学派影响的一些学者结合了实用主义、女性主义等思潮，创立了英美批判理论，以南茜·弗雷泽、雷蒙德·戈伊斯、塞拉·本哈比、艾瑞丝·杨等为代表，其中极具代表性的南茜·弗雷泽代表了英美批判理论的主流观点。弗雷泽是著名的政治哲学家，是美国纽约新学院大学的教授，他的思想近几年在中国备受重视。弗雷泽指出，跨国的公共领域建成的困难促使对公共领域的概念性前提进行重新思考。另外一位比较重要的英美批判理论家雷蒙德·戈伊斯直面启蒙精神的教条并对此展开批判，他指出，人们已经丧失了对于自己根本处境的质疑精神，对权威、规训的本质以及权威与生活的关系毫不怀疑，由此他对批判主义、伦理学、政治学展开了论述。

2. 国外对于马克思主义整体性的研究

国外对于马克思主义整体性问题的研究没有形成系统的理论成果，也没有提出或者界定"马克思主义整体性"的概念和内涵。绝大多数国外马克思主义研究者都把马克思主义看作一个整体，并一致反对和抵制割裂、肢解和歪曲马克思主义的现象，从而达到保卫马克思主义的真精神和完整性的目的。在与"第二国际"论战和斗争的过程中，出现了很多维护马克思主义整体性的代表人物，同时也产生了许多关于马克思主义整体性研究的理论成果。这些关于整体性的研究主要是围绕整体性的方法以及对于当下的"数字技术、生命政治学、新唯物主义哲学等前沿问题展开对资本主义的批判"[1]。

（1）虽然国外没有形成关于马克思主义整体性的系统研究，但是整体性已经作为西方马克思主义进行研究的方法论原则。不同的国外学者从其已形成的理论体系出发，系统阐释了整体性的方法论，其中具有代表性的包括卢卡奇的"总体性"、阿尔都塞的"总问题"，以及奥尔曼的"内在关联"的整体性方法。

格奥尔格·卢卡奇是匈牙利著名的文学批判家和哲学家，在反对以考茨

---

[1]　韩秋红：《关于国外马克思主义研究整体状况的思考》，《马克思主义理论学科研究》2024年第 9 期。

基为代表的第二国际"经济决定论"的论战中，形成了以总体性的辩证法为核心的正统马克思主义观点。卢卡奇明确指出："对马克思主义来说，归根结底就没有什么独立的法学、政治经济学、历史科学等等，而只有一门唯一的、统一的——历史的和辩证的——关于社会（作为总体）发展的科学。"①卢卡奇视域下科学的马克思主义从来就不是具体理论，而是辩证法。这种辩证法落脚于社会历史活动，并将思想和历史相统一，转化成具有"总体性"的辩证法。卢卡奇认为"总体性"在于"整体对各个部分的全面的、决定性的统治地位"②。卢卡奇认为，各个组成部分只有放在整体中才能够被充分认识和理解，各个部分有机构成统一的整体，并寓于整体之中。卢卡奇高度强调，整体对于各个组成部分发挥着决定作用，并认为脱离整体的部分毫无价值，仅仅是脱离现实的抽象而已。卢卡奇的"总体性"辩证法是对马克思主义整体性的方法论探索，这对理解和把握马克思主义整体性具有重要意义。

　　路易·阿尔都塞是法国著名的"结构主义马克思主义"的代表人物，是马克思主义的坚决维护者。阿尔都塞的结构主义在当时风靡一时，对于保卫真正的马克思主义做出了重大的贡献。在阿尔都塞与肢解和割裂马克思主义者的论战中，形成了阿尔都塞坚持辩证唯物主义和历史唯物主义之下"总问题"的观点。"总问题"是不同的思想和流派确立其思想体系所遵循的最基本的原则和立场。基于这个总问题，衍生出其思想的概念阐释、逻辑结构、演绎方法等，最后形成反映总问题的理论。当别有用心者用青年时期的马克思主义来颠覆真正的马克思主义时，阿尔都塞用结构主义的方式来保卫马克思。现在看来，这可能有形而上学的错误引导，但是这也论证了阿尔都塞的"总问题"的观念。他认为，马克思主义只有一个总问题——历史唯物主义和辩证唯物主义，马克思主义的总体思想只有一个，即成熟的马克思主义，而不是被歪曲理解的人道主义马克思主义。可以说阿尔都塞的"总问题"主

---

① 〔匈〕卢卡奇：《历史与阶级意识》，杜章智等译，商务印书馆，1999，第80页。
② 〔匈〕卢卡奇：《历史与阶级意识》，杜章智等译，商务印书馆，1999，第79页。

要强调理论内在的思想统摄着理论整体，突出思想整体的系统性。虽然阿尔都塞的结构主义和"总问题"的观念有其历史局限性，但其在一定程度上保卫了马克思主义，并抵制了人道主义马克思主义对于正统马克思主义的侵蚀。

伯特尔·奥尔曼是当今世界"辩证法的马克思主义"学派的重要代表人物。奥尔曼与卢卡奇一样重视和关注马克思主义的辩证法，而奥尔曼更侧重用辩证法的思维方式研究资本主义系统里各要素的关系。奥尔曼认为，辩证法的必要性在于，"它是研究由处于不断演进之中的相互依存的过程所构成的世界的唯一明智的方法，也是解读这一方法的最主要研究者马克思的惟一明智的方法"①。奥尔曼从"空间"和"时间"两个维度深入分析了马克思主义辩证法，他强调"空间"要素的内在关联，并认为，马克思只要研究特定背景下的生产方式各要素之间的内在关系，就可以追溯到那个历史时期的生产方式。而在"时间"维度上，奥尔曼通过研究马克思关于资本主义的考察和批判，认为通过研究不仅可以追溯过去，还可以推测未来社会的发展方向。奥尔曼教授认为，马克思主义是一门研究关系、变化的哲学，而马克思主义辩证法是研究各片段、各组成部分和各要素之间的关系变化的方法。阿尔都塞和卢卡奇秉持着整体优先原则，而奥尔曼不仅强调整体对于部分的决定作用和统摄作用，而且也重视部分对于整体的塑造功能。奥尔曼认为，分析整体与部分之间或是各部分之间的内在关联对于应对政治实践和理论实践都具有重要的意义。

（2）马克思主义形成和发展是在不断地批判现实过程中实现的。在马克思主义发展的过程中不乏歪曲和曲解马克思主义的学说，比如人道主义马克思主义、伯恩施坦主义等，但马克思主义都以社会现实为立足点给予了有力回击。马克思主义各个组成部分的终极目标是实现人的解放，而实现人的解放必须推翻资本主义社会的统治，因此，关于国外马克思主义整体性学说的建构多数基于批判资本主义社会现实而确立。

---

① 〔美〕伯特尔·奥尔曼：《辩证法的舞蹈——马克思方法的步骤》，田世锭、何霜梅译，高等教育出版社，2006，第203~204页。

卢卡奇认为："不是经济动机在历史解释中的首要地位，而是总体的观点，使马克思主义同资产阶级科学有决定性的区别。"① 卢卡奇认为，决定社会历史发展的不止经济一个动因，而是由政治、经济、意识形态等各种因素共同决定。轻视马克思主义"总体性"的观点和做法都是将现实与意识、理论与实践相割离的错误看法和观点，不应该就现实而谈现实，要将现实看作一个历史发展过程。卢卡奇的"总体性"的观点有力地批判和打击了资产阶级主张资本主义社会永恒存在的观点，进而驳斥了资本主义永不消亡的论断。卢卡奇"总体性"的观点确证了理论与实践相统一的重要价值，在第二国际修正主义盛行的状况下保卫了马克思主义革命本性，抵制了以科学和哲学为中心却脱离现实的实证主义的错误指挥。

卡尔·柯尔施从社会历史发展是一个整体的角度去理解马克思主义整体性。马克思主义是社会历史不断发展的产物，整个社会历史的总体对于其发展都有一定的影响和作用。柯尔施认为，马克思主义是一种"把社会发展作为活的整体来理解和把握的理论"②。不同历史背景下的马克思主义虽然囊括政治、经济、文化等各方面的内容，但是不论理解马克思主义整体下的哪一具体特征都要历史地去分析和批判，这一历史的整体性原则贯穿马克思主义发展的始终。柯尔施批判和反对将马克思的两大伟大发现——剩余价值理论和唯物史观简单地归为政治经济学和科学社会主义两个领域。随着社会发展和科学理论的进步，政治、经济和意识形态要素逐步分离出来，"在马克思和恩格斯那里，这绝不会产生代替整体的大量的各个独立要素"③，整个马克思主义的发展是一个整体。柯尔施从历史发展的整体性出发，批判和驳斥将马克思割裂为不同的部分的做法，他认为，马克思毕生都在追求无产阶级和全人类的解放，并在人类自由解放最终目的指引下，引导科学社会主义的前进和发展。科学社会主义、政治经济学和实践哲学都是为实现人的解放服务的，三者共生共融于主旨目的之中。柯尔施与卢卡奇的观点基本一致，都具

① 〔匈〕卢卡奇：《历史与阶级意识》，杜章智等译，商务印书馆，1999，第77页。
② 〔德〕卡尔·柯尔施：《马克思主义和哲学》，王南湜、荣新海译，重庆出版社，1989，第23页。
③ 〔德〕卡尔·柯尔施：《马克思主义和哲学》，王南湜、荣新海译，重庆出版社，1989，第24页。

有坚持马克思主义理论与实践相结合的本质特征，但在第二国际却脱离了现实走向了本本主义，丢掉了马克思主义革命性和实践性的基本属性。柯尔施强调，一定要坚决抵制认为马克思主义后期著作消除了革命意志的这种歪曲马克思主义的观点，应从社会历史发展是一个整体的角度去理解马克思主义整体性的理论，为保卫正统马克思主义奠定坚实的理论基础。

罗莎·卢森堡站在唯物史观的整体视域，秉承马克思辩证唯物主义思想，不断推进对于资本主义生产方式新变化的研究，印证了资本主义必然走向灭亡的历史规律。卢森堡对于马克思主义的研究坚持整体向度，对于什么是马克思主义能够有正确的把握。卢森堡将资本积累置于整个资本主义的发展历程中看待，资本积累问题转化为资本积累的条件问题，由此得出资本主义无法实现无限的资本积累的结论。卢森堡资本积累理论深化了关于资本主义生产关系变化的探索和思考，对于"资本主义必然灭亡和社会主义必然胜利"的论断提供了理论支撑。卢森堡将整体性思维用于分析资本主义灭亡的必然性，为社会主义必然胜利提供了有力论证。

弗雷德里克·詹姆逊是后现代马克思主义的重要代表人物，他为应对社会出现的消解总体性的论战重新阐释和澄清总体性的真正含义和基本概念，即总体是面向现实的具有社会历史性的总体，而不是概念的总体。通过厘清"总体性"的真正含义，詹姆逊认为，后现代主义以偏概全，不加区别地把"总体性"当作其攻击和诟病对象的错误做法。

哈特和奈格里以《帝国》文本为基础，在借鉴马克思整体性视域的基础上探讨非物质劳动的内涵和特征。"整个西方社会正在步入以网络化、信息化和服务化等为特征的后工业时代。这种转变的标识是非物质劳动逐渐取代工业劳动成为占支配地位的劳动方式，在社会生产过程中发挥着引领作用"[①]，希望通过在全球化和信息化革命过程中加强对信息经济的变革寻求后现代社会的解放途径。

---

① 陈飞：《非物质劳动的生命政治解读——基于马克思立场对哈特和奈格里观点的批判性反思》，《西南大学学报》（社会科学版）2024 年第 5 期。

国外马克思主义者虽然没有确切提出整体性概念，而且关于马克思主义整体性的认知多种多样，但他们都能坚持运用整体性的方法并着眼于现代社会，从不同角度来理解和阐释马克思主义，其实质是用马克思主义整体性思维来抵制歪曲和肢解马克思主义的理论和做法，为保卫真正的马克思主义提供坚实的理论基础。这也启发我们，要从马克思主义整体性出发，而不能将马克思主义仅仅看成各个组成部分的简单相加，应立足于现实，将马克思主义看成一个各组成部分紧密相连、一脉相承的科学理论整体。只有从马克思主义整体性出发，才能真正认清马克思主义的内在本质和科学内涵，才能使马克思主义成为指导社会主义实践的科学理论。因此，在研究马克思主义批判理论时，也必须从整体性出发，如此才能真正明晰马克思主义批判理论的内在本质和演绎逻辑。

三 研究方法

关于马克思主义批判的整体性研究，本研究主要采取了历史与逻辑相结合、结构与整体相结合、理论与实践相结合以及比较分析的研究方法。

历史与逻辑相结合的方法。历史与逻辑结合是指历史发展的具体事实和思想的逻辑进路的方向总体趋于一致，在理论形成的过程中相辅相成的方法论。对马克思主义各个环节的整体性批判，按照以历史为轴向，以逻辑为导向的原则审视和考察马克思著作中有关宗教、政治、意识形态以及政治经济学批判的相关内容和观点，在马克思主义发展史的视域下研究不同阶段的马克思主义所批判的不同内容之间的关联性和统一性，在历史与逻辑相统一方法的指导下研究马克思主义的整体性问题。

结构与整体相结合的方法。结构分析法是将事物划分为不同层次或者不同部分，在整体结构下分析每个层次和部分的特点和功能。结构分析法要求部分只有与其他部分联系起来、只有在整体的关系网络中才能被理解。本研究在马克思主义批判的整体性的前提下通过剖析和阐释马克思主义宗教批判理论、政治批判理论、意识形态批判理论以及政治经济学批判理论的内容和特点来明晰马克思主义批判理论的整体性本质。同时本研究通过整体的分析方法来研究各部分的对立统一关系，从而透析马克思主义批判理论的整体性问题，不论从横向各部分的批判来看，还是从纵向实现人的解放的批判路径来讲，马克思主义批判都是整体性批判。通过结构与整体相结合的分析方法进行马克思主义整体性研究是对马克思主义学说本真精神的一种回归。

理论与实践相结合的方法。作为科学的理论体系，马克思主义源于实践，并在理论与实践的双向互动中不断得到发展，真正实现了理论和实践的统一。而在理论上得到充实发展的马克思主义理论又不断地使理论面向实践，指导实践。因此，理论与实践相结合是马克思主义所固有的理论特质，也是马克思主义整体性的重要体现。运用马克思主义理论分析问题，既要立足于实践对理论的基础作用，又要注重理论对实践的不可替代的指导作用，从理论和实践相结合的角度，深刻领会和运用马克思主义的整体性研究成果。

比较分析法。比较分析法能够在比较中厘清事物本身的长短和优劣。在理论研究中，比较分析法是常用的分析方法。本研究通过对比分析各学派学者对马克思主义整体性的研究成果，厘清马克思主义整体性研究的现状和问题；通过比较分析马克思主义各批判理论形成背景，了解马克思主义批判理论的基本内容；通过分析比较马克思主义批判理论与其他学派批判理论的不同，确立了马克思主义具有现实性的批判特点等。在比较分析中更容易认清各个理论的特点和本质，同时也有利于理论研究的完善和发展。

第一章 马克思主义批判理论的生成

马克思主义批判理论不是一蹴而就的，它一方面以对前马克思主义批判理论的批判为基础，另一方面实现了批判理论的马克思主义转向，并在宗教批判、政治批判、意识形态批判和政治经济学批判的逐步深化和演进中揭示了其理论特质。前马克思主义批判理论的最大共性在于，无论启蒙运动的理性主义批判、青年黑格尔派的形而上学批判，还是空想社会主义的乌托邦式批判，都是局限于思辨哲学的批判理论，它们忽视现实社会和现实的人无法触及的导致人异化的现实原因。马克思主义批判理论实现了从"解释世界"到"改变世界"、从"副本"批判到"原本"批判以及从理性支配到人性实现的过程，这是马克思主义批判理论相较于前马克思主义批判理论的进步之处，换言之，马克思主义批判理论通过立足现实世界的"原本"批判，在持续地改变世界的过程中实现对人性的复归和还原。马克思主义批判理论坚持辩证唯物主义和历史唯物主义，并赋予了其内在的革命性、彻底性和现实性，在辩证发展的人类社会中不断追求人的自由全面发展。

第一节 马克思主义批判理论形成的理论资源

马克思主义之前的批判理论与马克思主义批判理论的共同点在于，它们都是围绕实现人类解放展开的批判，因为人类解放是对人的存在状态的描述和规范，因而必然地表现为一种消灭现存状况的现实运动，马克思主义之前的批判理论所具有的思辨性和虚假性，已经内在地决定了它们无法在真正意义上立足现实社会实现人的自由全面发展。启蒙运动的理性主义批判，促进了人的理性的觉醒，在批判封建社会借以维持统治秩序的神学权威的基础上，通过对理性核心地位的确认，为资产阶级革命奠定了思想基础。青年黑格尔派的形而上学批判虽然同样坚持无神论，但它从客观精神实体和人的自我意识出发探究导致人的本质异化的原因，最终发展为从属于形而上学的思辨哲学的批判。空想社会主义的乌托邦式的批判已经清晰地意识到，只有超越阶级社会私有财产关系的支配，才能在未来社会主义阶段实现人类解放，这也同时表明，空想社会主义者在私有财产主导的资本主义阶段对共产主义社会的尝试只能是以失败告终的空想。

一 启蒙运动的理性主义批判

在 17 世纪到 18 世纪的欧洲，经过文艺复兴运动之后，人权与教权之间的斗争趋于激烈化，以法国为核心发起的启蒙运动彻底掀起了风靡整个欧洲的思想解放运动。启蒙运动以孟德斯鸠、伏尔泰、狄德罗、卢梭、霍布斯、洛克、斯宾诺莎等思想家、哲学家为代表人物，以"理性之光"为名，以扫除欧洲大陆的愚昧和黑暗为目标，彻底向封建专制主义与宗教愚昧及特权主义发动攻击，将代表近代资产阶级价值理念的自由、民主和平等等思想传播到了欧洲的每一个角落，最后蔓延至全世界，为世界人民民主独立斗争提供了理论武器和精神力量。从根本上看，启蒙运动的本质是运用理性批判封建主义和教会特权的思想文化运动。

启蒙运动的核心问题可以从两个方面来理解和把握：一个是自然秩序，一个是人类天赋。关于自然秩序，它以上帝赋予自然界以先天规定好的具有普遍必然性的秩序为依托，重新把健全的理性即理论理性和实践理性作为规范人们现实生活的价值规范，既不能违反这一健全的理性规范，也不能超出这一价值范畴。自然世界的主宰是上帝，人类社会的主宰是君主。在上帝的领域即自然世界遵从自然规律，在人间的世界即人类社会遵从国家法律。自然世界坚决抵制与自然规律相悖的自然奇迹，人类社会则不断消灭破坏宪政体制的反动力量。在启蒙运动的发起者看来，"真正的理性和正义至今还没有统治世界，这只是因为它们没有被人们正确地认识"①。一旦人们从宗教世界的上帝信仰中解放出来，理性成为人们认识世界和统治世界的主要方式，人的本质才称得上彻底的恢复，理性才得到它应有的地位。正是基于这样的原因，启蒙运动发起的批判注定与文艺复兴运动完全不同，文艺复兴运动仍然需要依靠封建力量反抗罗马天主教会，而启蒙运动不仅仅要批判和推翻基督教信仰本身，还要对封建残余势力发起猛烈批判和攻击，从而为资产阶级和资本主义社会制度扫清思想文化领域的障碍，为发扬资产阶级和资本主义社会属性的价值理念做出不可替代的贡献。

在启蒙运动之初，理性就成为推翻上帝统治世界的最有力的武器，当他们提出要将一切都放置在理性的法庭上加以审判时，上帝也不能幸免。这就致使以自然神论为核心的理性与以上帝主宰为核心的信仰发生冲突时，启蒙运动毫不动摇地选择用理性取代上帝，彻底改变世界运行的法则和秩序。尽管理性本身的发展通过自然科学飞速发展取得了有力证明，但也在某种意义上剥夺了信仰本应获取的地盘和领域。理性与上帝的战争在启蒙运动的伊始就已经决定了有神论的溃败，理性针对上帝的批判以摧枯拉朽般的气势彻底席卷了整个欧洲，这种独断论式的批判即使以理性为名，也没能提出针对理性的理性批判，这在一定程度上决定了启蒙运动针对上帝和信仰的批判并不能完全解释和改变现实世界的种种不公和悲惨境遇。在启蒙运动中所构想出来的"理性王国"中，一切都只不过是资产阶级的理想王国，他们所诉诸的人权也仅仅限定在资产阶级内部。在空想中依循理性原则所要构建的理性王国，也仅仅是建立在知性原则上，基于此，恩格斯在《反杜林论》中对德国宗教改革和农民战争时期的托马斯·闵采尔派、英国大革命时期的平等派和法国大革命时期的巴贝夫予以批判："他们和启蒙学者一样，想建立理性和永恒正义的王国；但是他们的王国和启蒙学者的王国是有天壤之别的。"②

---

①　《马克思恩格斯选集》第 3 卷，人民出版社，2012，第 393 页。
②　《马克思恩格斯选集》第 3 卷，人民出版社，2012，第 393 页。

不可否认，启蒙运动在某种意义上为实现资产阶级革命奠定了思想理论基础，也确立了资本主义社会中以自由、民主和平等为核心的价值理念，然而，这并不能说明启蒙运动所要构建的世界就是合理的和正义的。恩格斯反复强调，启蒙运动的本质是资产阶级发起和需要的反封建和反宗教的思想解放运动，他们所维护的是资产阶级的根本利益，这场思想文化领域的解放运动并没有如同他们所标榜的那样解放了整个世界，而是在另外一个维度上创造了资本主义社会中的不正义和不平等。资产阶级背后的资本逻辑并不会因为思想文化领域的变革发生改变，资产阶级以及资本主义社会制度剥削和压迫无产阶级的阶级本性和社会本质没有改变，因此，恩格斯才这样批判启蒙运动以及其所要宣扬和构建的资本主义社会："按照这些启蒙学者的原则建立起来的资产阶级世界也是不合理性的和非正义的，所以也应该像封建制度和一切更早的社会制度一样被抛到垃圾堆里去。"①

二　青年黑格尔派的形而上学批判

从施特劳斯的《耶稣传》到费尔巴哈的《基督教的本质》，青年黑格尔派成为自黑格尔哲学解体之后在德国颇具影响力的哲学流派，他们都号称自己超越了黑格尔，却仍然盘踞在黑格尔所创造的哲学体系中，摘取出黑格尔辩证法体系中的"只字片语"向全世界"兜售"，却没有任何具有实质意义的改变现实的意愿和尝试，甚至藐视人民大众在历史发展中的应然价值和主体地位，致使青年黑格尔派无法逾越传统哲学中停留在形而上学领域的"原地打转"，尽管他们自己号称针对以往形而上学领域完成了批判，但仍无力改变德国仍然没有摆脱"时代错乱"的现实困境。

马克思在青年时期也参加过青年黑格尔派，青年黑格尔派以无神论为理论武器，试图以形而上学革命的形式颠覆黑格尔所创建的哲学体系，从思辨哲学的角度诠释人的宗教异化的历史必然性，这就决定了宗教批判是青年黑格尔派的主轴。在揭示了宗教对人的精神异化后，青年黑格尔派没有继续探

---

① 《马克思恩格斯选集》第3卷，人民出版社，2012，第393页。

讨宗教在形而上学意义上的异化根源，而是在客观的精神实体和人的自我意识两个方面继续挖掘，虽然这在批判神圣形象的自我异化方面肯定了人的抽象价值，但在另外一个层面上没有触及人的现实本质。在触及人的现实生活方面，青年黑格尔派有意或无意地选择将一切"圣化"之后，集中全部批判的力量发起对宗教或者神学领域的批判。如同马克思和恩格斯在《德意志意识形态》中所指出的那样："所谓占统治地位的形而上学观念、政治观念、法律观念、道德观念以及其他观念也被归入宗教观念或神学观念的领域。"①青年黑格尔派集中于宗教和神学的批判在一定程度上为推翻宗教在德国的统治起到了一定作用，也为德国的宗教改革奠定了理论基础，提供了价值引导，青年黑格尔派的兴起和宗教改革在一定意义上是德国社会发展的历史必然，也是德国资产阶级掌握国家政权和获得政治统治的现实需要。然而正如马克思在《〈黑格尔法哲学批判〉导言》中所指出的那样，在完成了对人的本质在神圣形象的自我异化的批判之后，人的本质在非神圣形象的自我异化又被青年黑格尔派确立起来，他们所推崇的一切主张都只是在形而上学领域的批判，一旦涉及德国人民所处的现实境遇和低于"同时代"水平的政治制度，青年黑格尔派就选择性忽视。这种形而上学的批判在根本上是不彻底的，而且是不切实际的，原因在于形而上学本身的批判如果不深入到现实的个人以及生产实践，批判就失去其变革社会现实的实践意义和价值。

在回答蒲鲁东的《贫困的哲学》中的问题时，马克思指出在德国不仅仅要处理政治经济学的问题，也要处理形而上学的问题："我们在谈论政治经济学的同时还要谈论形而上学。"②蒲鲁东作为青年黑格尔派的代表人物，他试图以等同于政治经济学方面的魁奈的身份为资产阶级做出符合他们的辩护，他的《经济学—形而上学方法解说》就是最好的证明。当蒲鲁东尝试用范畴、原理、规律、观念、思想等语词的情况和来历来论证分工、信用、货币等资产阶级生产关系，并将其说成是固定的、不变的、永恒的范畴时，就

---

① 《马克思恩格斯选集》第 1 卷，人民出版社，2012，第 144 页。
② 《马克思恩格斯选集》第 1 卷，人民出版社，2012，第 216 页。

决定了蒲鲁东所要做的就是把政治经济学转化为形而上学的问题。马克思在《哲学的贫困》中就这样批判蒲鲁东的政治经济学的形而上学："既然把任何一种事物都归结为逻辑范畴，任何一个运动、任何一种生产行为都归结为方法，那么由此自然得出一个结论，产品和生产、事物和运动的任何总和都可以归结为应用的形而上学。"① 黑格尔将宗教和法等绝对理念化之后，蒲鲁东如法炮制，在政治经济学的领域内也要将其形而上学化，这就形成了政治经济学在概念辩证法中的抽象形态的运动，这种纯粹理性的运动虽然符合形式逻辑的正反合命题，但也只是在人头脑当中的系统改组和排列罢了。

三 空想社会主义的乌托邦式批判

从 16 世纪的托马斯·莫尔提出"乌托邦"这个概念开始，社会主义思想便伴随着资本主义的发展而发展起来。然而由于早期对于社会主义的理解和认识仅仅限于无产阶级批判和反抗资产阶级剥削和压迫的情感层面，在马克思提出科学社会主义之前，他们都没有真正发现资本主义社会的基本矛盾和经济危机背后的资本逻辑，这就使这一时期的社会主义思想仅仅限于"空想"阶段，而没有真正从根本上触及社会主义的真正本质和实现手段。

空想社会主义大致可以分为以下三个阶段：16 世纪至 17 世纪、18 世纪、19 世纪初。代表人物分别为托马斯·莫尔和闵采尔，摩莱里和巴贝夫，圣西门、傅立叶和欧文。第一阶段的空想社会主义者尚未意识到资本主义社会中资产阶级对无产阶级剥削和压迫的根源，社会主义思想的基本理念诸如公有制和按需分配等尽管已经出现，但由于当时的资本主义经济发展仍处于前期阶段，这一阶段的社会主义思想没有形成一整套严密而明确的理论体系，也没有结合工人进行社会主义实践的条件，当时整个社会发展的经济基础处于手工工场阶段，还不具备成熟的社会主义革命条件。第二阶段的空想社会主义者逐渐从第一阶段粗糙和简单的模糊印象转向针对资本主义私有制的批判，从对资产阶级和无产阶级之间的经济不平等的批判转向对政治不平

---

① 《马克思恩格斯选集》第 1 卷，人民出版社，2012，第 220 页。

等的批判，这也导致这一时期的空想社会主义者所要追求的社会主义包括以
下三点，即在政治上获取平等地位、在经济上获取公平分配、在需求上主张
禁欲主义。第三阶段的空想社会主义者则彻底进入了批判资本主义制度的阶
段，他们深刻揭露资产阶级的剥削本性，揭示资本主义社会制度的罪恶，在
生产资料上主张财产公有制，在生产目的上主张满足人们的需要，在产品分
配上大多主张平均分配。这些主张对于唤醒无产阶级对资产阶级的反抗起到
了不可忽视的作用。

空想社会主义作为科学社会主义的理论来源，既为科学社会主义的产生
提供了一定的理论条件，也成为科学社会主义主要的批判对象。在马克思和
恩格斯看来，空想社会主义只是一种"不伦不类的"社会主义，原因在于它
没有将理论"置于现实的基础之上"，尽管它融合了批判性言论、经济学原
理和关于未来社会的观念等多种要素，但仍然没有摆脱特定历史背景条件下
的先天制约，具体表现为，"他们都不是作为当时已经历史地产生的无产阶
级的利益的代表出现的。他们和启蒙学者一样，并不是想解放某一个阶级，
而是想解放全人类"①。社会主义如果脱离无产阶级，它就是"空想"而不
是"科学"。科学社会主义也正是在空想社会主义的对立面才能彻底以空想
社会主义为批判对象，完全扫除一切空想社会主义所制造的"幻想"，马克
思在《巴枯宁〈国家制度和无政府状态〉一书摘要》一文中指出："'科学
社会主义'，也只是为了与空想社会主义相对立才使用，因为空想社会主义
力图用新的幻想欺蒙人民，而不是仅仅运用自己的知识去探讨人民自己进行
的社会运动。"② 空想社会主义仅仅依靠诉诸理论去驳斥和批判资产阶级的肮
脏和资本主义社会制度的罪恶，而不探讨人民群众如何现实地推翻资产阶级
的统治和资本主义生产方式，这就内在地决定了其失败的必然性。马克思和
恩格斯在《共产党宣言》中明确揭示空想社会主义走向失败的必然性："在
1847 年，所谓社会主义者，一方面是指各种空想主义体系的信徒，即英国的

---

① 《马克思恩格斯选集》第 3 卷，人民出版社，2012，第 393 页。
② 《马克思恩格斯选集》第 3 卷，人民出版社，2012，第 341 页。

欧文派和法国的傅立叶派，这两个流派都已经降到纯粹宗派的地位，并在逐渐走向灭亡。"① 可见，空想社会主义只是流于表面形式的理论体系和具有实验性质的乌托邦构建，其脱离真正变革社会现实的人民群众，最终必然逐渐走向失败和灭亡的历史结局。

第二节　批判理论的马克思主义转向

马克思主义哲学同以往哲学的不同就在于其批判本质的规定性，这是从解释世界到改变世界，从"副本"批判到"原本"批判，从立足理性到立足人性立场的转变。马克思主义批判理论超越近代哲学仅仅解释世界的功能，使哲学具有批判和改变现实的功能。为了能够改变世界，马克思主义哲学必须从天国降到人间，必须从一种观念批判转变为实践批判。随着从解释世界到改变世界的转变，马克思主义哲学超越黑格尔思辨哲学，从副本问题触及人类社会存在和发展的原本问题。在其现实性上，马克思不再延续理性形而上学批判路径，而是立足人性理解人类历史存在和发展的基础。

一　从"解释世界"到"改变世界"

西方传统哲学从未将"改变世界"纳入其哲学研究范畴，只是将"解释世界"作为第一视角和根本出发点。正如马克思在《关于费尔巴哈的提纲》中总结道："哲学家们只是用不同的方式解释世界，问题在于改变世界。"② 这一论断既是对西方传统哲学的"盖棺论定"，又是对马克思主义哲学的内在意蕴和历史使命的根本性阐释。马克思主义哲学在扬弃和批判传统西方哲学"解释世界"基本问题的基础上，构建了"改变世界"的思维方式。只有在改变世界的实践过程中才能实现在"自由人联合体"中自由而全面的发展。

尽管在西方传统哲学发展史上各种哲学流派秉持着自己立场鲜明的观

---

① 《马克思恩格斯文集》第2卷，人民出版社，2009，第13页。
② 《马克思恩格斯文集》第1卷，人民出版社，2009，第502页。

点，彼此支持抑或针锋相对，但其理论目标都是寻找对于现实世界的最本质的解释，所以说传统西方哲学是"解释世界"的哲学。西方传统哲学家解释世界的着力点在于寻找一个具有自因性、动因性和先验性的本体。换句话说，这个本体是不由任何事物产生又可产生任何事物的，无须验证而先天存在的，推动其他事物发展的终极本体。哲学家们以终极本体为依据解释和演绎世界的其他问题和知识。绝对地追求本体论的理论目标使解释哲学将人作为认识世界的工具而不是目的。因为解释世界要追求多中的一，透过现象追求本质，这就决定了解释哲学必然要抽象掉人的现实生活而追求本源。"和唯物主义相反，唯心主义却把能动的方面抽象地发展了，当然，唯心主义是不知道现实的、感性的活动本身的。"① 在解释哲学领域下的人从来就只是脱离生产实践的、仅仅具有认识能力的抽象人而已。除此之外，解释哲学还必须追寻逻辑的自洽性和体系的完整性。体系的完整性是指在理论构成方面不仅有本体论，还应具备认识论、社会哲学、自然哲学等方面的理论体系。比如社会哲学的每一部分都应该包含其整个哲学的逻辑体系，不能自相矛盾、相互抵触。黑格尔哲学在这一点上做到了极致，其组成的每一部分都包含其哲学体系的逻辑合理性，并穷尽了解释哲学的一切可能，可以说作为解释哲学的巅峰的黑格尔哲学，成为"改变世界"的哲学的前夜。

马克思主义哲学是建立在对解释性哲学的批判基础之上的一场哲学革命。这场哲学革命的核心任务就是超越解释哲学的局限，进而确立"改变世界"的新哲学。解释哲学的根基就是先验的本体，而这种先验的本体消解了世界真正的客观实在，马克思主义哲学要确立以客观实在性为第一性的哲学。旧唯物主义虽然肯定了自然本体的优先性，但是在社会历史发展等问题上又回到了观念本体。马克思必须将理论和实践相统一，将自然与社会相统一，才能建立"改变世界"的新哲学。需要注意的是，马克思主义新哲学从"解释世界"到"改变世界"的转变，并不意味着马克思主义哲学只改变世界而不解释世界，这里的转向只是强调马克思站在物质第一性的角度阐明只

---

① 《马克思恩格斯文集》第 1 卷，人民出版社，2009，第 499 页。

有实践才能将理想转化为现实。

　　虽然有许多的哲学家在否定解释哲学并构建新的哲学，但是单纯地否定解释哲学是无法超越解释哲学的。马克思以实践为基本点批判和扬弃解释哲学，他认为解释哲学就算是把世界解释得再彻底、再完善、再无懈可击，只要解释哲学只在思想的范畴内打转就不可能达到改变现实的目的。同样地，解释哲学也无法帮助活在现实世界的人理解和改造现实生活。因此，马克思指出，"理论的对立本身的解决，只有通过实践方式，只有借助于人的实践力量，才是可能的"①。归根结底，哲学问题的解决只有通过改变现实才有可能实现，解释哲学忽视社会现实的问题，根本在于其把握到的社会现实不是真实的现实，这一问题只有使哲学变成批判现实和变革现实的物质力量才能得以解决。

　　马克思在理论上和思维方式上批判解释哲学，立足于现实将实践观点引入认识论，形成马克思主义的唯物史观，这种完全区别于唯心史观的新的世界观不再是从观念而是从物质实践出发来解释和改变世界。实践性是马克思主义区别于理论的显著特征，是历史唯物主义的根本立足点和根本出发点。马克思用实践去化解哲学本身的问题，用"改变世界"的哲学容纳"解释世界"的哲学，使哲学成为实践的思想环节。因此马克思主义哲学是以思想为工具的改造世界的科学。

　　马克思主义新哲学的功能在于改变世界而不是解释世界，马克思主义就是在从理论批判转向现实批判，从"解释世界"转向"改造世界"的过程中创立了以实践为基础的新的世界观。马克思扬弃了之前哲学"解释世界"的旧模样，重塑了哲学"改变世界"的新面貌，并宣告了哲学"改变世界"的现实任务以及指导现实生活的巨大作用。马克思主义"改变世界"的哲学与一切思辨哲学和一切感性直观都划清了界限。马克思主义新哲学是为了改变世界，为了改变人们的现实窘况所准备的工具，是无产阶级实现人类解放的理论武器。

_____

　　①　《马克思恩格斯文集》第 1 卷，人民出版社，2009，第 192 页。

二 从"副本"批判到"原本"批判

马克思对德国思辨哲学批判的结果就是提出应当从"副本"批判转向"原本"批判。马克思指出"随导言之后将要作的探讨——这是为这项工作尽的一份力——首先不是联系原本,而是联系副本即联系德国的国家哲学和法哲学来进行的"①。"副本"在这里指黑格尔国家哲学、法哲学,《〈黑格尔法哲学批判〉导言》开篇在揭露宗教的本质过程中就结束了近代哲学宗教批判的任务,指出应当转向政治批判、法的批判,随后就联系德国国家哲学对近代哲学思辨属性提出批判。德国国家哲学之所以是思辨哲学,是因为它不仅不对德国现实提出批判,而且是德国社会制度的一种抽象延续。对思辨的法哲学的批判就是对现代国家的批判,就是对德国国家意识和法意识的坚决否定,而这种意识仍然是维护德国现实的虚幻形式。马克思对黑格尔思辨哲学的批判既是对近代哲学非本原的批判,也是对国家制度、法的批判。不仅黑格尔思辨哲学是一种副本,连同黑格尔等人所展开的批判对象也是副本而非原本。"副本"也就从黑格尔等人的批判理论延伸至他们研究的问题域,也就是其批判的对象。当确定黑格尔的批判理论只是一种副本批判而非本质批判后,马克思进一步挖掘问题的本源,重新确立批判的对象。至此,马克思不仅终结了近代哲学的唯心主义属性,而且进一步确立起真正的批判任务。

马克思主义只有从本质问题中才能确立其真正的批判。单单对宗教、政治、国家以及法予以批判并不能达到彻底的批判,必须对社会现实,特别是对利益关系做出批判。在马克思之前诸多哲学家展开的哲学批判包含宗教批判、政治批判等内容,他们把矛头对准宗教、政治领域,并把这当作社会异化的根源进而提出批判。马克思主义哲学超越近代哲学的地方就在于透过宗教异化、政治异化的外在表现,指出真正的矛盾源于世俗社会的二重化,"对于这个世俗基础本身应当在自身中、从它的矛盾中去理解"②。只是由于

---

① 《马克思恩格斯文集》第 1 卷,人民出版社,2009,第 4 页。
② 《马克思恩格斯文集》第 1 卷,人民出版社,2009,第 500 页。

世俗基础自我分裂形成一个宗教世界、政治国家，所以必须从世俗社会的矛盾的角度去理解宗教世界和政治国家的存在基础。因此，马克思需要从现实的人及其生活出发阐述现实的物质生产过程，以市民社会为国家的基础，进而描述各种不同的理论形式和产物。这样就把宗教、国家、法的问题归结为市民社会的物质利益问题，就把批判的对象从宗教、国家、法转向市民社会。对市民社会的批判才是触及问题本源的原本批判，马克思对宗教、国家和法的批判尽管在批判对象上属于副本的范畴，但由于其在批判中直指宗教、国家和法的世俗基础，因此和黑格尔等人的副本批判区别开来。

从副本批判转向原本批判并不是不需要对副本进行批判，马克思恰恰是在对德国国家哲学、法哲学的副本批判中显现出其原本批判的特殊性。马克思主义批判理论和前马克思主义批判理论的根本区别并不在于是不是一种副本批判，而在于是否从副本批判转向原本批判。马克思对德国思辨哲学的批判就是一种副本批判，他必须站在黑格尔等人批判国家、法的层面对批判做出批判。马克思把对副本的批判变成一种原本批判，把形而上学批判变成一种实践批判。马克思对宗教、国家以及法的本质进行揭露，之前哲学家从观念层面对一切事物做出解释，现在马克思从实践出发，从物质生产利益关系出发做出解释。马克思不仅对宗教异化和政治异化进行彻底的批判，也对黑格尔思辨哲学以及德国古典哲学做出批判。

宗教、国家、法等不是批判的终极对象，却是终极批判无法绕开的对象。只有从对政治国家和市民社会的颠倒的关系的披露中，马克思才能从对宗教、政治、法的批判转向对市民社会的批判，同时这也是从形而上学批判转向政治经济学批判，从副本批判转向原本批判。市民社会是随着资产阶级发展起来的重要组织，由在一定生产力发展阶段上形成的交往形式构成，从分析市民社会推进到对资本主义生产关系和交往关系的批判，马克思在政治经济学批判中完成了原本批判。马克思在资本主义生产关系中找到社会异化的根源，即资本主义私有制造成资本和劳动的对立，并造成人与人的异化以及人的本质的异化。这是世俗社会无法调和的矛盾，是在彼岸世界虚构理想王国的原因，也因此产生一个虚幻的共同体——国家，它调和阶级特殊利益和普遍利益之间的矛盾。资本主义生产关系中的宗教异化、政治异化根源在于劳动异化，在于现实的物质利益关系中非人性的存在方式。以往的哲学家们只是关注到异化的外在表现形式，而没有深入资本统治逻辑对异化的根源做出说明。马克思主义政治经济学批判作为一种对社会现实的原本批判，使一切虚幻的意识形式在对物化关系的批判中得到说明，并且表明只有变革现实的物质利益关系，才能根本消除存在于宗教世界以及政治统治中的矛盾。

三　从理性的支配到人性的实现

启蒙运动推动理性主义的发展，是近代西方哲学确立的基础。近代西方哲学对理性法则的发展开始于笛卡尔对上帝权威的解构，其以理性主义为原则解释自然界、人类社会以及人自身，陷入形而上学的本体论认识。立足形而上学的理性原则，人作为主体同作为客体的外部世界达到统一的方式在于高于主体和客体的绝对理性的统摄。理性在人的本质实现过程中的表现就是按照既定目的不断推进人的发展，按照预先规定好的目的引导人不断趋向和接近一种完美完满的状态，在这个过程中人没有支配自己目的的能力，人成为理性实现自身的一个环节。理性形而上学寻求超感性的存在方式，力求以一种统一的、消解了差异的方式把握主观世界和客观世界，却在另一种意义上造成现实的、感性的生命的丧失。在理性形而上学的支配下，人丰富的感性被剔除了，成为一种丧失了现实性和历史性的存在。近代理性精神在反叛上帝意志和皇帝意志的过程中发展起来，理性把人从一种从属和附庸的地位中解放出来具有进步意义。但是理性精神在去神圣化、神秘化的同时也削弱了人的价值主体地位，以合工具的理性主义精神不断侵蚀人的主体地位。随着理性原则的建立，包含在理性中的矛盾就凸显出来，理性法则似乎为自然界和人类社会立法，却以一种普遍化的、绝对化的原则反过来遮蔽人的主动性和能动性。在理性原则的指导下，主体被抽象为一种绝对意识、绝对观念，而人成为抽象存在物，降格为一种自然存在物。黑格尔之后哲学家的科学主义和人本主义以批判传统理性主义为出发点，拒斥和否定传统理性形而上学，却重新陷入形而上学的建构性逻辑中。直到马克思主义立足历史唯物主义对理性精神进行批判，才最终清算了近代哲学的唯心主义立场。马克思站在历史唯物主义的起点上对理性形而上学的批判，不仅指明了人的实践性，而且重构了现代哲学发展的历史性视域。

近代哲学家理性形而上学的批判原则只是用不同的方式解释世界，他们没有触及现实生活的范畴。所以马克思在批判黑格尔国家哲学、法哲学的过程中提出，"一旦现代的政治社会现实本身受到批判，即批判一旦提高到真正的人的问题，批判就超出了德国现状"①。也就是说，一旦批判立足于现实的社会生活，即批判一旦转化为实践，也就能超越抽象的理性原则而深入对人的本质的把握。马克思主义认为，人的本质是社会关系的总和，人们再生产自己生命的自然关系和社会关系决定了社会生活和人在本质上是实践的。人们再生产自己生活的方式决定了人成为什么样的人，也决定了意识、观念的表现形式。如果考虑到现实的社会基础，道德、哲学、宗教以及形而上学就无法保留其独立性的外观。马克思主义唯物史观的人本主义基础恰恰在于打破对人的先验规定，从现实物质生产实践出发理解意识的形式，从现实的社会生活作为形而上学的历史根源的角度出发理解近代哲学的本质，就会发现理性主义原则的抽象性以及人性的丰富性和现实性。马克思从理性转向人性，不是从抽象的理性原则建构人的本质，而是从社会实践出发描述人性的生成。这就充分表明，人的本质不是固定的抽象物，人在社会实践中不断确立自己的目的，特别是在改变世界的历史活动中不断生成自由和解放的目的。

从历史唯物主义到政治经济学批判，关键在于立足人性原则而非理性原则批判资本主义生产方式，进而揭示人类社会发展的一般规律。马克思主义唯物史观从社会实践出发把握人的本质，构成马克思主义批判的立足点，因此能够在批判国民经济学的抽象原则中完成对原本的批判。国民经济学按照劳动创造财富的理性原则，形成一套适用于资本、劳动、土地的分配原则，并形成一套资本生产的规律和公式。从这样一种理性原则出发无法指摘资本主义生产的不正义，因为资本生产利润，而劳动力生产工资，这是合理的分

① 《马克思恩格斯选集》第 1 卷，人民出版社，2012，第 6 页。

配结果。只有从人性原则而非理性原则才能对资本主义生产的非正义性提出批判，即私有财产是异化劳动的结果，由于异化劳动，由于人在劳动中不断丧失自我，不断否定自我，人的关系、人的本质发生异化，而在结果上却不断生产资本家的财富。这是对资本生产前提的批判，也是对资本增殖合理性的质疑，不仅揭开了资本剥削的秘密，而且从根本上指出资本生产不正义的原因。这样一种财富增殖的逻辑是按照理性原则实现的，其中包含着对人性的奴役和损害。按照理性原则，资本统治逻辑就是把工人变成纯粹的劳动力，把资本塑造为具有独立人格的存在物。资本在实现增殖的过程中把人变成工具性的存在，这成为资本增殖的一个环节。资本生产把人一方面变成商品，用于供给劳动力并使之沦为纯粹动物性的存在，另一方面把人变成商品的附属，以购买和消费商品为目的，不断占有对象化的产物。人一切丰富的感觉和特性沦为对象性的存在，人的主体地位被剥夺。所以，马克思从异化劳动导致人的本质的丧失出发，对资本主义私有制提出批判，最终回答了资本主义剥削的不正义性，以及推翻资本主义生产方式实现人自身解放的可能性。

第三节　马克思主义批判理论的特质

马克思主义批判理论因其内在的辩证否定性实现了对过去批判理论的超越，辩证否定性既是马克思主义批判理论区别于其他批判理论的根本特质，同时也是马克思主义关于如何实现人类解放的现实回答。根据马克思主义批判理论的自身逻辑，辩证否定性具体表现为通过对宗教信仰的革命性批判，依托唯物主义在社会历史中的展开，立足对私有财产主导的现实社会关系的彻底性批判，寻求人类解放的现实方案，革命性、彻底性和现实性是马克思主义批判理论的辩证否定性在理论和实践中的展开。

一　革命性

马克思主义产生之前的宗教批判理论把对宗教的批判局限在思辨领域。早在古希腊时期，柏拉图遵循哲学的超验本体论，把世界二分为现实世界和理念世界，现实世界只能分有但无法完全占有理念世界的"至善"，在"至善"理念支配下，现实世界的人们通过理性不断控制自身欲望，实现个体正义和社会正义。在黑格尔看来，中世纪宗教神学的发展是对柏拉图理念论的传承。宗教统治下的现实生活并不能实现人的解放，它要求人们压制人性忍受世俗世界的痛苦，从而追求来世的解脱，宗教控制着包含人在内的一切，"它甚至能把石头都弄得服服帖帖，石头看来都鬼气森森地通灵会意似的，连这最顽强的物质也宣扬着基督教的唯灵主义"①。近代以后一直延续到马克思主义之前的宗教批判理论都是在理性主义的限度内展开的，它们在思辨层面对宗教进行否定和置换。康德以理性为根据，取消了宗教塑造的上帝在现实世界存在的可能性，把宗教看作具有私人性的自在之物，宗教并不高于现实世界，它只是灵魂的一种内在活动。黑格尔批判宗教解放的虚幻性，通过为抽象的精神自由寻找现实"定在"的方式，把作为绝对精神现实载体和最高表现的政治国家看作对社会普遍利益和自由的真正实现。黑格尔因为把对宗教的批判拉回到现实社会而具有某种程度的开创性，但当他在考察现代国家时却通过绝对精神的外化来确证精神世界的优先性，实质上并没有逃脱出理性主义的思想框架，直到费尔巴哈从现实的人出发考察宗教问题，才在真正意义上开启了从人本学立场对宗教的批判。费尔巴哈认为把宗教理解为人的本质是对人的异化，人的最高本质在人本身，对宗教的批判目的在于实现向人的本质的返还。可以说，费尔巴哈发现了宗教批判的突破口，但他在理解人的类本质时，从人的自然本性出发把人的本质理解为抽象的"意识"，同样没有揭示出人的社会性本质。

马克思主义批判理论通过对宗教的革命性批判，实现了从思辨领域向社会现实的转变。在马克思看来，过去对宗教的批判因为无法触及产生宗教的根本原因，所以把本应该改变现实社会关系的实践问题误解为脱离客观现实的哲学思辨，宗教是由身处苦难中的人们创造出来的一种虚假的自我意识，人们不能依靠宗教改变现实处境，反而正是宗教使人们逃避现实而专注于毫

---

① 庞立生：《历史唯物主义与信仰精神的革命性变革》，《哲学研究》2020 年第 9 期。

无意义的彼岸世界，宗教解放追求的是虚幻的幸福。宗教具有意识形态功能，只有深入社会历史发展的内在矛盾，才能寻找人类解放的现实可能性。

马克思主义批判理论立足对现实社会的革命性批判，逐步确立起实现人类解放的"此岸世界的真理"①。人的观念只是形成宗教的必要不充分条件，宗教产生的现实土壤是客观的人类社会，一味地从唯心主义和旧唯物主义出发批判宗教对人的奴役，无法跳脱出有神论的理论局限，因而马克思逐步深入社会历史发展的内在矛盾分析宗教和现实社会对人的自由全面发展的约束，形成了历史唯物主义。历史唯物主义作为辩证唯物主义在社会历史中的展开，它的产生与旧唯物主义对传统有神论的超越不同，旧唯物主义是作为有神论的对立物宣告对这种非实在性的否定，而历史唯物主义则是从社会现实出发追溯产生超验性的意识形态的原因以及它们发展成为支配人们本质的力量的过程。历史唯物主义作为对实现人类解放的"此岸世界的真理"的追寻，它的作用绝不仅仅局限于揭示神圣形象的自我异化和非神圣形象的自我异化，更重要的是在人类社会的自我生成和展开中，深入市民社会对法和政治展开批判，实现人类的自由全面发展。

二　彻底性

马克思在解答现实的物质利益困惑过程中，逐渐展开政治经济学批判。马克思在《莱茵报》工作期间通过《林木盗窃法》首次揭示了私有财产的法权外衣，《评普鲁士最近的书报检查令》使马克思意识到平等自由权利在私有财产主导的政治国家只能是虚假的存在。"私人利益把自己看作是世界的最终目的。因此，如果法不实现这个最终目的，那就是不合目的的法。"②以国家理性形式存在的一切价值追求都取决于现实的物质利益关系，这就决定了对政治国家和法的批判必须深入到对政治经济学的批判中，而在此之前，马克思通过对黑格尔法哲学和国家哲学的批判，首先阐明了国家和市民

① 《马克思恩格斯选集》第1卷，人民出版社，2012，第2页。
② 《马克思恩格斯全集》第1卷，人民出版社，1995，第272~273页。

社会的关系。黑格尔的法哲学试图通过对"副本"的批判达到批判"原本"的目的，这种尝试必然失败的原因在于，忽视了政治国家所依托的市民社会基础，虽然黑格尔承认市民社会和国家的分离，但他在把握二者关系时出现了偏差。对政治国家的认识必须退回到市民社会的物质利益关系中，退回到私有财产本身。马克思认为，私有财产本身反映的只是一种事实上的占有关系，但当它与政治国家相关联而成为私有财产权时便被赋予了某种具体指向性，"私有财产的真正基础，即占有，是一个事实，是无可解释的事实，而不是权利。只是由于社会赋予实际占有以法律规定，实际占有才具有合法占有的性质，才具有私有财产的性质"①。马克思依托私有财产权为宗教、政治和法的问题找到了国家批判的现实立足点，把对"副本"的批判转向了"原本"，对市民社会物质利益关系的把握成为对国家展开批判的重要内容。基于此，马克思为解答物质利益困惑而转向了对政治经济学批判的批判。

马克思主义政治经济学批判作为立足现实的彻底性批判，指明了实现人类解放的物质前提。政治经济学批判的彻底性，一方面体现在它实现了对过去宗教批判、政治批判和法的批判的超越，另一方面在于它深入导致人们异化的私有财产本身，通过对私有财产的积极扬弃为人类解放奠定了物质基础。马克思在展开政治经济学批判时，首先对国民经济学中理所当然作为事实的私有财产进行了批判，国民经济学家正是把私有财产这一应该论证其合理性的内容作为前提，才得出了资本主义国家合乎正义的结论。资本主义社会中创造财富的工人最终受到自己生产的劳动产品的控制，私有财产的积累在创造巨大社会财富的同时，也在不断地造成人们的普遍异化，而这种异化不仅体现在丧失生产资料的劳动者身上，掌握私有财产的资本家也未能幸免。劳动者在资本主义社会的私有财产关系中降低为动物般的存在，除了维持基本生活之外丧失了自我实现和自我发展的可能性；资本家尽管占有生产资料，但同样成为以剩余价值为终极追求的工具般的存在；资本家与劳动者之间建立起来的是资本对劳动的剥削关系，人与人之间的平等被物与物之间

---

① 《马克思恩格斯全集》第 3 卷，人民出版社，2002，第 137 页。

的支配关系取代。马克思通过彻底的政治经济学批判揭示了造成资本主义社会非正义的私有财产根源，消除一切阶级剥削和压迫的物质前提是实现对私有财产的积极扬弃。根据马克思主义唯物史观的基本观点，对私有财产的积极扬弃不是一蹴而就的，它依托社会历史的辩证展开，私有财产主导的阶级社会形态之间的转变并不能从根本上消除私有财产，它改变的只是占有私有财产的主体，而只有作为阶级社会高级发展阶段的资本主义社会才能在创造极大物质财富的基础上，满足并超越全社会对物的依赖关系，实现向人类解放的共产主义阶段的过渡。

三 现实性

马克思主义批判理论考察的是现实的人的感性活动。在马克思看来，社会生活不是从观念中臆造和演绎出来的，它是人们实践活动的展开，作为实践活动的主体，人们在现实的感性活动中不断恢复人之为人的根本特性，人与自然之间分化统一的辩证否定关系既为满足人的动物性存在提供物质前提，同时还在不断生产着人与人之间的各种关系，"人作为人"的尊严体现在人与人之间平等的社会关系中，现实的人的感性活动即是对各种不平等的社会关系的否定。人的感性活动在阶级社会受到物质发展水平的限制，无论是变革社会的革命还是物质生产劳动都具有明显的阶级局限。人类从原始社会走向资本主义社会的历史已经在实践中充分证明私有财产所处的支配性地位，阶级社会的演进历史不过是掌握着社会财富的不同阶级轮流占据社会中心地位的历史，资本主义社会政治解放的不彻底性已经内在地决定了人的感性活动的局限，即它并不能真正涵盖各种平等的社会关系。马克思主义批判理论考察现实的人的感性活动，实质上追求的是在消解各种不平等社会关系的现实运动中，实现向人的类本质的复归。

马克思主义批判理论立足的是现实世界。根据马克思主义的观点，人的本质不是单个人固有的抽象物，它在现实性上是一切社会关系的总和，实现对人的本质的复归需要以现实世界为依托。马克思肯定了费尔巴哈从世俗世界出发对宗教的批判，但费尔巴哈诉诸旧唯物主义，借助感性直观把市民社会理解为一种永恒的存在，马克思则以现实的人的感性活动为出发点，把社会生活本身理解为一种从低级向高级的辩证发展过程，社会历史既不是对过去历史发展阶段的简单集合，也不是把某一阶段永恒化的尝试。就市民社会而言，其作为实现人类解放的必经阶段具有存在的暂时合理性，但市民社会并没有实现对人的本质的复归，费尔巴哈因为无法理解人的感性活动，因而不能对世俗世界本身展开批判。马克思立足所处的资本主义阶段，揭示了市民社会私有财产的秘密，异化劳动既是私有财产产生的原因，同时也是私有财产的产物，市民社会主导的资本主义国家追求的自由和平等内在地指向掌握着私有财产的资产阶级，对于广大无产阶级而言，因为局限于特定的社会关系而丧失了自由全面发展的现实条件。马克思与费尔巴哈的最大不同体现在，他以唯物史观为根据揭示了人类社会最终超越市民社会发展阶段的历史必然性，未来理想的人类社会在消除私有财产基础上追求的是人类解放。

马克思主义批判理论贯穿人类解放的现实问题。马克思主义从宗教批判、政治批判到意识形态批判，每个阶段都以人类解放为终极追求，直至深入政治经济学批判才真正找寻到实现人类解放的现实路径。现实社会在生产力和生产关系的矛盾运动中通过阶级斗争的方式被划分为不同阶段，而在马克思看来，只要社会还存在着阶级的划分，政治国家作为阶级统治的工具就必然沦为私有财产的守护者，处于社会边缘的被统治阶级和处于社会中心的统治阶级作为阶级斗争的双方并不以人类解放为共同追求，他们总是试图占据社会中心从而把对手置于自身统治之下。造成阶级对立的根本原因在于，物质财富的匮乏导致人们把私有财产转变为一种奴役他人的权利，马克思并不反对人们占有财产，但反对利用这种占有奴役他人，实现人类解放首先需要完成对剥夺者的剥夺。

小 结

马克思主义批判理论的生成有一个渐进的过程，在西方思想史上和哲学史中存在着较多以"批判"为核心的思想理论体系。无论是启蒙运动的理性主义批判，还是青年黑格尔派的形而上学批判，抑或空想社会主义的乌托邦式批判，都从"理性""自我意识""空想"的角度试图对社会进行现实的变革，他们要么诉诸地面上的理性——国家，要么凭借自我意识的演绎诠释"逻各斯"的世界，要么依靠实验凭空构建一个"世外桃源"，这些所谓的"批判"都被历史和实践证明是脱离人民群众现实生产生活的抽象批判，没有触及真实的具有"物质力量"的社会现实。直到马克思恩格斯开启了马克思主义批判以后，才实现了从以往的"解释世界"到"改变世界"、"副本"到"原本"、理性的支配到人性的实现的根本转向。这种转向是无产阶级批判资产阶级的客观需要，也是社会主义推翻资本主义的必然结果。这就涉及一个核心问题，为什么马克思主义批判能够实现这种转向，原因在于马克思主义批判理论的理论特质。辩证否定性是马克思主义批判理论的逻辑内核，只有从辩证否定的角度看待马克思主义批判理论对以往一切批判理论所做的批判，才能辨析和把握马克思主义批判理论的革命性、彻底性和现实性。马克思主义批判理论的革命性是针对那些主张与统治阶级和谐共处的资产阶级哲学而言的，尽管在资本主义革命的早期他们也曾提出革命性的口号，然而一旦掌握国家权力之后他们就转化为整个社会的反动力量，成为马克思主义批判理论的批判对象和革命敌人。马克思主义批判理论的彻底性是针对那些仅仅止步于天国彼岸的批判或者是思想精神领域的批判，他们一味追求脱离现实的抽象理论批判的彻底性，却从未追求现实的生活世界批判的彻底性，一旦碰到人民群众活生生的现实生活，触及政治经济学的范畴，他们就失去了批判的动力，也丧失了批判的彻底性。马克思主义批判理论的现实性是针对始终围绕"理性"或者某一概念所作的批判而言的，只有触及现实世界的批判才是真正革命的、彻底的批判，马克思主义批判理论深入和探求市民社会的根源和资本剥削的秘密，拒绝虚与委蛇的逻辑论证，基于一切无产者的现实需要，真正将批判转化为实践，彻底转化为变革人民群众现实生活的"物质力量"，从而生成了具有人的高度的革命运动，为人的解放奠定了坚实的理论基础，提供了充足的客观条件。

第二章　马克思主义宗教批判

马克思主义整体性批判以宗教批判为开端，原因在于马克思所生活的时代宗教统摄着人的经济生活、政治生活和文化生活等各个方面。宗教是一种世界观，是人们对这个世界的总体认识，是关于"世界的总理论"。马克思指出，"对宗教的批判是其他一切批判的前提"①，因为认识世界的切入点无法避开宗教这一问题。近代以来哲学家对宗教的批判只是对宗教现象的揭露，只是从宗教的自然化、理性化、人本化的发展过程来阐释宗教的背景，因而只形成对"神圣形象的自我异化"的认识，但这样的宗教批判并没有真正揭露宗教产生的现实根源。宗教本质上是异化的意识形态，这种异化的意识形态统治着政治、经济、文化。要从根本上消除异化的意识形态对整个社会的统摄和影响，让人们从宗教的束缚中解放出来，只能将批判指向产生宗教的现实根源。马克思在深刻分析和全面考察了宗教改革运动和宗教批判运动的基础上，针对近代宗教批判未完成的任务进行彻底的宗教批判。马克思认为宗教是麻醉人民的"异己的自我意识"，并作为一种"颠倒的世界观"统治着这个世界。马克思认为宗教的根源在世俗社会，只有对作为宗教产生的世俗基础予以批判才能在深层次上触及人类社会的本质问题，因此提出从宗教批判出发重新建构现代哲学的任务。宗教批判构成马克思主义批判的起点，把宗教批判放置在新的视域下，从批判神圣形象转向批判非神圣形象，就会把矛头转向对现实的批判。

---

① 《马克思恩格斯文集》第 1 卷，人民出版社，2009，第 3 页。

第一节 马克思主义宗教批判的缘起

宗教是一种世界观。就宗教自身发展而言，应在宗教改革中不断实现宗教观念和宗教意识的更新，但是还应当从不断变化的宗教现象中进一步揭露宗教的本质。宗教现象在各个层面构成人民社会生活的内容，宗教和国家的关系是中世纪推进宗教改革和政治国家改革的根源。人们之间处理社会关系的内容在很大程度上受到宗教观念的影响，此外人们认识自身和他人的关系总是受到宗教价值准则的限制，可以说宗教构成人们关于世界的总理论。

一 宗教是"世界的总理论"

宗教虽然以幻想的方式复写这个世界，但是宗教依旧是掌握这个世界的一种方式，是人们关于世界的总体看法和观点，是关于人类社会的一种世界观。马克思指出，"宗教是这个世界的总理论，是它的包罗万象的纲要，它的具有通俗形式的逻辑……它借以求得慰藉和辩护的总根据"①。也就是说宗教渗透于政治、经济、文化、生活方式等各个方面，构成人们对整个世界思维逻辑的出发点和总根据。

宗教和经济发展息息相关、密不可分，宗教无法离开物质基础而独立存在，作为意识形态的宗教必须依托社会机制和物质媒介才能得到广泛的传播和发展。开展宗教活动不可缺少的条件就是宗教活动场所和器物、教职人员和教徒等社会实体。教职人员和教徒存在的前提和基础就是物质生产，宗教活动的场所和器物也是经济发展到一定阶段的产物。罗马教会之所以是最具影响力且体系最完备的教会就在于其强大的宗教经济实力。宗教活动离开了宗教经济将无法运行，可以说宗教的兴衰直接取决于其经济实力。经济实力是宗教运动产生和发展的前提和基础，所以宗教的产生和发展都离不开经济的发展。同时作为上层建筑的宗教对经济有内在的制约和促进作用，宗教对

---

① 《马克思恩格斯文集》第1卷，人民出版社，2009，第3页。

经济的影响具有"不自觉性"，这种宗教对经济的不自觉影响源于宗教内部存在的许多经济现象，而且宗教团体本身就在从事宗教领域外的经济活动，我们也可以称之为宗教经济。伟大的神学家、哲学家托马斯·阿奎纳（也译托马斯·阿奎那）认为"月上天国"和"月下世俗"是相互渗透、彼此联系的，而不是相互排斥、相互分离的。神创造了一切，创造了人类，并将对尘世的经济管理权赋予了人类。人类基于对上帝的虔诚信仰，秉承着对上帝负责的原则，必定会在满足自身基本需求的基础上对尘世经济生活认真管理以不负上帝的信任，因而宗教具有经济功能。

宗教本身开展活动需要大量的资金，而资金一部分源于信仰上帝和神明的人们。教徒因崇尚神明会自愿地给予宗教大量的布施和贡献，社会团体和政治机构主动地为宗教提供经济资助，进而通过宗教控制人们的思想以达到实现自身利益的目的。这些收入仅仅是宗教物质积累的一小部分，宗教运用这些筹集来的资金进行生产经营以维持宗教的运转。在中世纪，僧侣们大肆收购廉价土地，通过出租土地、向民众征收各种苛捐杂税来增加收入。僧侣俨然已成为新兴地主阶级，他们沉迷于私利的世俗财物而远离了神学领域。到近代，宗教的经济活动除了之前以侍奉神明为核心的行业经济，还涉及了军火工业，天主教、新教和犹太教都对军事工业进行了大量的投资。罗马教会更是召集"十字军"清除异端，但"十字军"借清除异教徒之名，行烧杀抢掠之实。宗教发战争财受到了民众、许多教徒和一些教职人员的不满和谴责，因为宗教的这些做法已经完全超越了宗教事业的范畴，与世俗无异。但不能否定的是宗教对于经济产生了积极的影响。宗教的经济活动确实推动了市场经济的发展并推动人们进入宗教行业，这对于整个社会经济发展起到了促进作用。同时不能忽视的是宗教经济的快速发展使得基础性生产遭到严重破坏，过度的宗教消费浪费了大部分资源导致部分资源紧缺的地方无法进行再生产，严重阻碍了生产力的发展。不论宗教对经济起着消极抑或积极的影响，可以确定的是宗教和经济是相互影响、相互制约的关系。

同样地，政治应宗教问题而生，宗教因服务于政治而发展，二者紧密相连，密切相关。宗教在政治国家出现以前一直作为人们一切思想和行为的最高原则和唯一准则。人们认为上帝和神创造了一切，人遵从神、信奉神是一种既定事实。宗教的枝叶在天国但其根茎却植根于世俗。宗教本质上是人的自我意识的异化，要消除人在宗教中的异化必须深入世俗社会。而政治制度是宗教异化的最直接表现，因为在政治国家中人依旧没有实现自我，异己的力量由神变成了"理性"。更荒诞的是，政治国家的出现源于对宗教的批判，但国家的建立却没有使宗教消失反而作为政治国家的统治工具而存在。统治阶级认为利用人们崇拜的万能神来统治人民更节约成本且更有效，这样作为"人民的鸦片"的宗教具有了政治功能。可见政治国家的出现、发展都离不开宗教的影响，比如封建国家要建立基督教国家就将宗教信条和国家政治结合到一起，这样做的目的就是造就完全臣服于国家管理的臣民。

宗教和文化相互影响、相得益彰。宗教应人的精神需求和心理需求而存在，是人们掌握世界的一种方式。对于宗教，不同种族、不同时代、不同国家都有不同的定义。在不同时代背景和不同意识形态下，宗教所反映的是不同的文化，可以说宗教是一种特殊的文化现象。同样地，文化也离不开宗教的影响，从古至今的文化发展都包含着宗教的内容，比如原始文化其实质就是原始宗教。宗教是文化发展的必然环节和必要阶段。可以说文化的产生即自我意识的形成，人类有了自我意识之后开始将自己与自然界的动植物区分开来，也正是人类形成了自我意识，开始追求生命的无限性并将自我意识异化为神灵才形成了宗教，也就是说人对自我意识采取了一种宗教形式的表达。可见，宗教和文化是同宗同源的，宗教的出现是人的意识不断进步的表现，更是文化发展的标志。宗教与文化是相互渗透、相互影响的关系。19世纪浪漫主义主张艺术是宗教的产物和结晶，宗教是艺术的前提和基础。那个年代的艺术本就是基于神和上帝的影响，艺术创作的灵感基于宗教社会的现实，艺术的内容大多描述的是宗教或是宗教相关的内容，这凸显了宗教的影响力，同时也证明了宗教的辐射范围的宽广程度。

宗教不仅包含经济、政治、文化的相关内容，影响经济、政治、文化的前进和发展，还影响人们的生活方式，比如现在一夫一妻制的形成就源于基督教，基督教要求夫妻要忠诚于彼此。基督教的教义倡导人们平和地对待他人，禁止打架斗殴等不当行为。相对于基督教，佛教对于我们来说更加熟悉，佛教强调因果关系，种下什么因就会得到什么果，在佛家思想的引导下，人们在生活中能够怡然自得。

宗教是关于"世界的总理论"。马克思在《〈政治经济学批判〉导言》中指出："整体，当它在头脑中作为思想整体而出现时，是思维着的头脑的产物，这个头脑用它所专有的方式掌握世界，而这种方式是不同于对于世界的艺术精神的，宗教精神的，实践精神的掌握的。"① 包含政治、经济、文化等方面内容的宗教是掌握世界的一种方式，其本身就是一个整体。只有站在整体性的角度才能在包罗万象的宗教现象中剥离出宗教的本质，进而针对宗教异化人的本质的事实进行批判以达到将人从宗教中解放出来的目的。

二　宗教改革运动

宗教改革运动是欧洲新兴资产阶级在 16 世纪发起的一场反封建、反神权的政治改良运动。宗教改革运动的兴起有其社会历史必然性。政治上，罗马帝国被教皇所控制，受教廷的经济剥削和压迫尤深，社会危机严重。天主教会奢侈腐化、荒淫无度、教阶森严，阶级矛盾激化。经济上，资本主义的发展受到了教会统治的阻碍和束缚。社会生活上，人们的生活困苦不堪，甚至无法生存。在这样的情况下，人们只能拿起手中的武器奋起反抗。虽然当时文艺复兴使得人的思想有所解放，但依旧没有形成系统的理论并指导革命。在这样的主客观条件下，新的生产力的代表——新兴资产阶级无法建立与自己阶级地位相适应的意识形态和思想武器，只能通过宗教的力量来实现终极理想。

马丁·路德作为资产阶级宗教改革的奠基人、新教路德宗的创始人，其宗教改革思想对于实现资产阶级革命理想具有基础性和开创性的意义。获得博士学位的路德在教授《圣经》的过程中，对《圣经》展开了深入的研究。路德冲破了罗马教会思想的束缚并提出所谓"义"源于信而不是功，只有信

---

① 　《马克思恩格斯选集》第 2 卷，人民出版社，2012，第 701 页。

才能使人称义，因此他对"善功称义"开始产生怀疑。路德本人将这次发现看成一次巨大的解放，从此以"因信称义"为核心的宗教改革思想开始形成并广泛传播。"因信称义"是指人们的灵魂得到救赎在于上帝的恩典和人们对于上帝的信仰程度，而不在于人们自己行善积德的程度，这里所说的"义"就是灵魂得到救赎的人。路德的"因信称义"的思想就是针对罗马教皇哄骗人们购买赎罪券而提出的宗教改革思想。路德认为教皇所售卖的赎罪券并没有使人们免于责罚的功能，而赎罪券还能顺利售卖的原因在于人们对于基督教教义毫无条件的信任和崇尚。基督教认为人生而有罪，人是带着"原罪"来到这个世界，人没有能力自救也不能自救，只有救世主耶稣才能拯救世人，只有听从神的旨意才能得到救赎。罗马教会利用人们想要得到救赎的强烈愿望售卖赎罪券以达到召集民众参加"十字军"的目的，可随着贵族逃避参军现象的扩大化，赎罪券又具备了敛财的新功能。巨大的利益促使罗马教皇热衷于发售赎罪券，教皇强加于人们身上的经济剥削和经济压力加剧了人们的不满。人们受压迫的现实状况加之路德"因信称义"思想的广泛影响，使德意志各地的赎罪券销量大大减少。罗马教皇和天主教会的权威受到了极大的打击，这大大促进了人们的思想解放，这次宗教改革运动使得人们纷纷加入反对封建神权的行列之中。

虽然路德提倡改良而反对靠暴力和流血的斗争方式有其局限性，但其领导的宗教改革依然具有显著的进步意义。首先，马丁·路德的宗教改革带有明显的反封建的革命精神，这种革命精神大大地推动了人民群众的反封建斗争，沉重打击了罗马教皇的封建统治势力。其次，宗教改革运动使人们开始质疑罗马教会的教义并寻求信仰独立。人文主义挣脱了教会的枷锁和牢笼而得到了进一步的传播和发展。宗教改革带来的一大改变就是社会上出现了新的教派，罗马天主教不再是人们唯一可以选择和信奉的宗教。教派之间的斗争促进了人们思想的解放并为宗教自由思想的发展奠定了坚实的基础。

新兴资产阶级的代表、宗教改革家、神学家约翰·加尔文深受路德"因信得义"思想的影响，同样主张信仰得救并将其理论发展为"先定论"学说。他认为人无法决定自己，根据上帝的旨意，人被拣选为一些得以救赎的

"选民"和一些注定有罪而灭亡的"弃民"。加尔文"先定论"的深层含义揭示了人能否得到救赎与贫穷和富有没有任何关系，一切都是上帝预先设定好的。也就是说封建贵族并不能因为其财富而得到上帝的救赎。加尔文的"先定论"打击了封建贵族的特权势力，抨击了天主教所宣扬的人生而有罪的固化思想，客观上促进了资产阶级革命的发展。恩格斯给予了宗教改革高度的赞扬，"宗教改革——路德的和加尔文的宗教改革——这是包括农民战争这一危急事件在内的第一号资产阶级革命"①。加尔文于 1541 年建立了加尔文教，其教义带有明显的资本主义性质，他提倡资产阶级的"急功近利"并通过"先定论"为资产阶级资本积累打掩护。实质上，信仰加尔文教的原因在于当时未知的经济力量——价值规律确实让一些人瞬间暴富，同时也让一些人顷刻间破产而一无所有，在这时加尔文站出来用"先定论"解释这一切，人们在不明白经济规律的情况下，也就自然拥护加尔文的说法。由此加尔文的"先定论"学说开始对人们的生活产生作用和影响。

加尔文的宗教改革运动对于欧洲资产阶级革命的发展具有深远的影响。首先，天主教的专制独裁统治遭到打击，传统的基督教生活模式被打破，人们要求信仰独立和自我意识的诉求愈发强烈，这激起了人们努力工作、积极生活的热情，燃起了人们追求个性解放的激情。其次，加尔文的宗教改革思想为英国资产阶级革命提供了理论武器。受加尔文主义影响，清教徒将《圣经》作为唯一准则和最高权威。他们将加尔文的思想与自己的政治诉求相结合，将代表封建统治阶级的查理一世处死并建立了资产阶级性质的共和国，实现了资产阶级革命的目标。最后，加尔文的"先定论"学说维护了资产阶级的利益，为资本主义的发展保驾护航。按照"先定论"定律，被拣选出来受到救赎的人必是对上帝极其虔诚的信徒，他们也必然会努力工作和生活来回报上帝、履行对上帝的义务。那么资产阶级的物质生产生活也就是按神的旨意而进行，也必然要受到尊重和保护，加尔文编织了一件适合资产阶级发展的宗教外衣来维护资产阶级的根本利益，当然这也促进了资本主义的

① 《马克思恩格斯全集》第 21 卷，人民出版社，1965，第 459 页。

发展。

追随路德宗教改革的还有另外一位"平民革命家"——闵采尔，与路德温和式改革不同，他没有依靠世俗力量，而是依靠群众斗争的方式走向了激进改革之路。相对于《圣经》，闵采尔更重视圣灵，他认为只要人的心是敞开的，人就可以读懂任何文字同时也能感受到圣灵，通过圣灵可以听见上帝的声音。也就是说人们根本不需要教士来传达上帝的旨意。这显然已经触及教会的利益，然而闵采尔并未止步于此，他要求改革教会的礼拜仪式并宣称普通民众也有同统治阶级一样的权力。在闵采尔的教义宣传下，更多的民众加入宗教改革的队伍中来。闵采尔的宗教改革运动加速了从宗教改革到社会改革的进程，为农民战争奠定了坚实的思想基础。

以上三位宗教改革的主要代表人物所进行的宗教改革最初源于对于"苦难的现实"的不满，即对于本国的政治统治和现实生活的不满。宗教改革的起点是宗教，所属范围也是宗教，但宗教改革在现实意义上完全具备资本主义性质。因为在宗教改革期间所创立的新教教义与资本主义的内在精神相一致，宗教改革的目标就是建立一个与国家政权相分离，脱离政权控制的平等、公平、自由的理想社会。因此宗教改革运动对于解放人们的思想、打击封建统治势力以及加速欧洲资本主义进程具有不可替代的促进作用。

三 宗教批判运动

在基督教实现权威统治的中世纪时期，人们对于基督教产生了一种绝对的依赖和信任。神和上帝掌管着人们的生产生活秩序，并决定着人们的行为准则和标准。人们认为神具有人所不能企及的思维至上性，因此甘愿屈从于这种绝对力量，但无条件地信奉和膜拜神灵并没有解决人们面临的生活艰难及思想禁锢的困境。随着对于世界认识的不断加深，近代思想家们开始对准宗教这个靶子，试图打破宗教的虚假面具，使宗教从神化向人本化过渡。宗教经历了自然化、理性化和人本化的进程，这是对于宗教的扬弃过程，也是宗教的发展历程。

第一，宗教自然化是自然科学脱离神学的首次尝试。近代宗教批判运动是宗教批判的开端，思想家们由此开始深思宗教存在的适宜性和宗教本身的局限性。宗教批判从文艺复兴运动开启了"人本"代替"神本"、人取代神的本体论的转向。因为在中世纪，基督教信奉神为世界的一切，在世界的人无须有所作为，只要听从、跟从神的旨意和命令即可。文艺复兴的主要目的就是将人从神和宗教的奴役和束缚中解放出来，重塑人对于世界的统治权威，给予人独立的人格，着重强调人的价值和作用。文艺复兴是基督教灵与肉二元对立达到顶点的产物，是神性美好理想与腐朽凄惨现实的分离所造成的必然结果，是与中世纪封建神权对抗的一次具有里程碑意义的思想解放。随着文艺复兴运动的开展，人们原本早已习惯的传统和信条被打破，自然科学的价值和功能得到了重塑。

哥白尼不畏宗教的强权和地心说的权威，撰写《天体运行论》来阐述和论证日心说的正确性，哥白尼"日心说"的确立也标志着以理性为核心的自然科学作为一种独立的力量登上历史舞台。在仅仅崇尚神学的中世纪时期，自然科学的独立发展撕开了反对思想固化和神学至上的口子，人本主义和理性主义得到了发展。在文艺复兴的影响下，人们开始渐渐地重视科学和理性的力量。其中，伽利略反对亚里士多德关于重量大的物体比重量小的物体先落地的观点，打破了人们固有的认知。英国实验科学的奠基人培根提出了科学归纳法，他认为科学实验和归纳法是密切相关、相辅相成的。科学实验以归纳法为方法论，归纳法的运用促进了科学实验的发展，尤其是逻辑学的发展。培根的归纳逻辑以自然科学为主要研究对象，为深化对自然科学的认识又提供了一条研究思路。荷兰哲学家斯宾诺莎认为，"人为恐怖所制的时候才会陷于迷信"[①]。而宗教迷信产生的根源也不过如此。人们限于现阶段的生产力和科技水平而无法认识和利用自然规律，对于自然法则的一无所知导致人们在自然灾害和未知的灾祸来临时只能听天由命、求神拜佛，无知所造成的恐惧感让人们开始信奉宗教、崇尚宗教。基于此，斯宾诺莎指出，"神根据

---

① 〔荷〕斯宾诺莎：《神学政治论》，洪汉鼎译，商务印书馆，1997，第10页。

必然性而认识自己，也根据同样的必然性而动作"①。斯宾诺莎将神等同于自然，所以"神"已不再是具有人格、情感、意志的超自然属性的存在物。而且他认为所有的一切必须服从自然规律的必然性。宗教的自然化使神的崇高地位被削弱并促进了人的思想解放。

第二，宗教理性化是"理性"代替神学的宗教批判进程的第二个环节。虽然文艺复兴时期反对神性提倡人性，但是在否定神的价值体系的同时并没有建立一个新的可取代宗教的核心价值体系。这个未完成的任务落到了启蒙运动的身上，启蒙运动提出了"理性"并认为理性作为价值之源、认识之源完全可以取代宗教和神成为至高无上的绝对力量。启蒙思想家们认为制约社会发展和科技进步的根本原因在于人们的思想长期遭受宗教精神的灌输、奴役和控制。要想解放思想，必须挣脱宗教神的掌控，树立以"理性"为基础的科学社会。

笛卡尔没有关于宗教的专门著作，但是他创造性地提出了理论怀疑的方法。他在《方法谈》一书中曾提到，"我"是一个全部本质或本性表现为思想的实体，这个实体不需要依靠地点或外部物质表征自身的存在。所以笛卡尔认为所谓高高在上的神也是由思想而推理出来的，物质世界和精神世界都是可以怀疑的，那么基督教传统也自然可以纳入可怀疑的范畴。"我思即我在"的怀疑精神和推理精神冲击了宗教的权威和神的绝对统治。除此之外，作为二元论者的笛卡尔认为拥有独立灵魂的精神是独立于物质而存在的，同时机械唯物主义自然观论证了物质是按固有的机械反射运动而进行的，与精神力量无关，那么这就印证了神对于人们的引领和指导毫无意义。笛卡尔对于宗教批判的作用无可替代，理论怀疑和理性推理使得人们敢于质疑处于统治地位的权威的神，开始相信理性力量的存在，进而打击了封建势力的统治。

但霍布斯和斯宾诺莎都反对笛卡尔的二元论，霍布斯是彻底的机械唯物主义者，他认为世界绝不存在"无形实体"，所有思维的东西必然是物质的，

---

① 〔荷〕斯宾诺莎：《伦理学》，贺麟译，商务印书馆，1958，第43页。

即有形的东西，而宗教信仰的精神实体——神就是不存在的。对于"无形实体"的否定实质上就是对于宗教神存在的根本否定。在宗教起源的阐释中，霍布斯不仅认为宗教是基于人们的恐惧而产生的，而且提出了新的观点，他认为宗教是封建势力统治人、压迫人的政治统治工具。统治阶级利用宗教可以使人们甘于统治者的非人道的统治并安于现状。霍布斯在本体论领域坚持无神主义，在社会政治领域否认君权神授，一句话，宗教只不过是应统治需要而设。霍布斯的思想无疑推进反唯心主义和反宗教神学的发展。

在启蒙时代晚期，黑格尔秉承着启蒙运动的理性主义精神，对于宗教的专制统治进行了激烈的批判。黑格尔认为宗教的神是一种"绝对精神"、一种"绝对理念"、一种"绝对理性"。宗教并不是神圣而不可侵犯的，宗教的神只不过是另外一种形式的形而上学，不过是抽象的、对象化的人的自我意识。黑格尔认为宗教理性化就是逻辑和精神的发展过程，理性和精神通过不同环节的概念得以发展以达到概念的规定性，各个环节的简单概念规定形成了全部的概念规定，最后形成了绝对理念，这种绝对理念就是全部规定性。宗教的神和上帝就是一种"绝对理念"，这种绝对理念也是通过各个阶段的宗教概念发展而来的，最终形成了完满的宗教。因此，宗教是绝对的观念形式，是一种理念和理性本身。黑格尔把上帝的本质界定为理性，把宗教的发展看作概念的形而上学的演进过程。那么上帝就应该是按照其概念发展而自在自为地完善自我的精神实体。也就是说宗教的神圣化随着理性的复苏会在宗教的发展过程中逐渐与自我调和，最终宗教包含的矛盾就自觉地得到完满的解决。黑格尔以概念为基础构建了宗教这个绝对精神运动的严密而完整的形而上学大厦。宗教理性化确立了宗教自然化未确立的价值体系核心——理性，同时为宗教人本化的发展奠定了基础，宗教理性化是宗教发展过程中的中间环节和关键一环，促进宗教批判不断向前发展。

第三，在宗教自然化和理性化完成的基础上，宗教批判向宗教人本化发展。宗教人本化的主要代表人物为德国旧唯物主义学家费尔巴哈。费尔巴哈从人本学出发进行宗教批判并全面考察宗教本身从而形成其人本主义宗教观。费尔巴哈承认宗教是自然化的产物并且同意宗教产生的基础是自然。他认为自然是先在的，自然产生了人和人的意识，是人赖以生存的前提条件。诚如其所言，自然"不仅建立了平凡的肠胃工作，也建立了头脑的庙堂"①。费尔巴哈认为人必须脱离自然的掌控才能获得真正的自由，也就是说神性必须由自然转移到人的身上才能实现人创造宗教的终极目的。所以费尔巴哈超越了自然人和理性，选择了人这个"感性实体"作为其宗教批判的立足点。

费尔巴哈指出，"人是宗教的始端，人是宗教的中心点，人是宗教的尽头"②。可见在费尔巴哈的逻辑体系中，"人"被赋予了极高的价值和地位。但需要强调的是费尔巴哈视域下的"人"完全区别于旧哲学概念下作为抽象实体的"人"，这个"人"是同时兼具感性和理性的人，是具有能动性和主体意识的人，是本质完全属于其肉体的人，是感性的人。人只有以"感性实体"的方式存在才是真正意义上的存在。费尔巴哈认为是人创造了神，而不是神创造了人。因为属神的本质就是属人的本质，只不过人们不自知而已。万能的神不过是人跨越了生命的有限性，超越了现实的局限性而塑造的一个主体客体化的虚幻形象，而后"又使自己成为这个对象化了的、转化成为主体、人格的本质的对象。这就是宗教之秘密"③。人在倾听上帝的启示时所理解和接受的程度不是取决于上帝，而是取决于人想要领悟多少以及人的领悟能力，人能理解多少上帝就启示多少，那就意味着人的思想决定着上帝的思想，人的价值决定着上帝的价值，也就是说人的本质决定着上帝的本质。

因此费尔巴哈认为上帝是人的自我对象化，并且这种对象化的存在变成了人格化的主体，拥有了人的本质，反过来控制了人这个本体。费尔巴哈对宗教的批判指出神的本质事实上就是人的本质的异化，所以宗教批判就是要将人的本质还给人。宗教作为人们认识世界和改变世界的总体看法和根本观点已经统治了人们数个世纪，但是神统治世界的神话终将随着社会物质生活的不断发展而被打破。近代宗教批判运动使人们开始质疑宗教和神至高无上的绝对地位，并且醒悟神对于人的压制和奴役，将神从主宰世界的神坛拉入

---

① 〔德〕费尔巴哈：《费尔巴哈哲学著作选集》上卷，荣震华等译，商务印书馆，1984，第84页。
② 〔德〕费尔巴哈：《费尔巴哈哲学著作选集》下卷，荣震华等译，商务印书馆，1984，第222页。
③ 〔德〕费尔巴哈：《费尔巴哈哲学著作选集》下卷，荣震华等译，商务印书馆，1984，第56页。

世俗生活。近代宗教批判虽以不同的世俗载体取消神对人进行的统治和奴役以改变人们对于神的无条件的信仰和崇拜，但实质都是将宗教逐渐世俗化的宗教批判运动。宗教批判运动为马克思主义宗教批判奠定了基础，为马克思主义宗教批判转入社会现实扫清了障碍，是宗教批判进程中不可或缺的一部分。

第二节　马克思主义宗教批判的基本内容

宗教主要是一种颠倒的世界观，是一种颠倒的世界意识。马克思发现宗教是人们获得的关于这个世界的虚幻的反映，在政治国家（Political State）中宗教经常被用来麻痹人民，使其忘记现实世界的苦难，在本质上宗教不过是自我意识的异化。马克思深入到对宗教现象的分析中，在解析宗教本质及其产生的根源过程中提出现代哲学的总问题。在马克思看来，此岸世界的苦难恰恰是虚幻的宗教幸福得以构成的根本原因，因此必须在揭露宗教问题过程中把批判的矛头对准现实的社会生活。

一　宗教的功能："人民的鸦片"

马克思在《〈黑格尔法哲学批判〉导言》中写道："宗教是人民的鸦片。"① 得出此著名论断是因为马克思认为"宗教是被压迫生灵的叹息，是无情世界的情感，正像它是无精神活力的制度的精神一样"②。马克思是在欧洲大革命爆发前夜写下这段经典语句，当时德国正处于一个四分五裂的封建专制国家末期，穷途末路的封建统治阶级加大了对劳苦大众的剥削和压迫，人民的生活穷困潦倒、痛苦不堪，甚至无法生存。在马克思看来，人们的苦难生活主要源于社会阶层的不平等和国家的强权政治。在如此强大的"异己力量"的控制之下，人们只能通过宗教寄托心中对美好生活的向往，宗教是劳

---

① 《马克思恩格斯文集》第 1 卷，人民出版社，2009，第 4 页。
② 《马克思恩格斯文集》第 1 卷，人民出版社，2009，第 4 页。

苦大众对于被压迫和被奴役现状的无奈的"叹息"。在阶级压迫下宗教变成了人们的情感寄托，这种寄托和倾诉并不是毫无意义和价值，因为寄托和倾诉具有缓解人们现实中的痛苦的功能。所以面对阶级社会的无情奴役和压迫，人们必须且不得不寄希望于宗教这个精神鸦片，虽然不能解决根本问题，但是精神得到了慰藉，心灵得到了安慰。人们对于宗教的信仰反映了人们对于现实生活的不满以及对于美好生活的向往。宗教具有"人民的鸦片"的功能，一方面是因为人们在阶级统治下过着困苦不堪的生活，人们主观上通过宗教慰藉自己的心灵；另一方面是因为统治阶级利用宗教麻痹人们的精神从而达到维护其阶级统治的目的。

马克思所指的"无情世界"不仅针对残酷的阶级剥削和压迫，还指现实世界中人们之间赤裸裸的金钱关系。在金钱关系引领下，资本逐渐掌控整个现实世界，统治阶级的眼中只有物质财富和利益交换，根本无暇顾及劳苦大众的贫困潦倒。"异己力量"的强大和现实世界的无情致使人们陷入了无止境的"现实苦难"。即便是暂时逃避现实的苦难、短暂躲开残酷而长久的压迫和奴役，对于人们来说都是一次愉悦的喘息、一种虚幻的美好和快乐。宗教为苦难的人们创造了一个没有压迫、没有苦难的天国，在天国里神可以救赎一切，神可以拯救一切。因而在神的帮助下，人可以被救赎，不必再陷于苦难生活。

马克思将宗教比作"鸦片"，说的是宗教具有和鸦片一样暂时慰藉人们精神、安慰人们心灵的功能。宗教在现实世界就是人们自我安慰、自我麻痹、自我救赎、自我解脱的手段和工具。宗教的教义宣称人们生而有罪，遭受苦难是每个人赎罪的"必修课"，这样的教义增强了人们对于苦难生活的承受力，同时也减少了人们对于苦难的抱怨和不满，这时宗教像鸦片一样发挥了镇痛作用。而对于统治阶级来讲，宗教就是统治人民、愚化人民，让人民甘于苦难生活进而维护其阶级统治的精神工具。统治阶级利用宗教麻痹人们的精神以达到遮蔽现实苦难的目的，在现实世界中让人们好似感受到"真切而长久"的幸福以及自由平等的生活。但是在现实生活中，宗教永远都无法给予人们所期冀的没有压迫和剥削的美好生活，宗教只不过是人民的精神鸦片，这种虚幻的美好过后依旧是现实的苦难生活。马克思说："宗教里的苦难既是现实的苦难的表现，又是对这种现实的苦难的抗议。"① 因为宗教的产生直接反映了人们的痛苦遭遇，承载了人们逃离现实苦难的渴望，表达了人们反对阶级统治和向往平等生活的心声。

在社会现实中，人的根本问题不过是人的存在问题，其中包括死亡、痛苦、不幸等。而宗教的功能就在于将这些存在问题进行转化，将痛苦、恐惧、死亡转化为幸福、安宁和追求下一世的幸福。因而宗教变成了人们获得幸福的最高手段，当然这种幸福和快乐都是虚幻的。而虚幻的快乐之所以能够出现，一方面是因为统治阶级需要用宗教来麻醉人们的精神以达到维护其阶级统治的目的，另外一方面是因为人们无法逃脱现实的苦难而愿意相信宗教所创造的天国世界。因此宗教具有了"人民的鸦片"的功能。

二　宗教的外化："颠倒的世界观"

"世界观"这个词曾作为主观认识世界的意义而使用，而后许多学者对"世界观"一词赋予了不同的含义，例如修拉埃尔马赫尔将"世界观"界定为"对世界的直观"并将其等同于宗教的本质，谢林认为世界观根源于"我们"。不论是"世界的直观"还是"我们的根本界定性"，对于世界观的界定都带有明显而浓重的主观意味。直到马克思主义诞生，世界观才得到了一个科学的阐述和概念界定，马克思主义世界观阐明了世界的内在本质以及人类社会的发展规律，形成了人与世界关系的总看法和总观点。

马克思主义的世界观以物质第一性为出发点去看待整个世界，而宗教是精神主宰一切的"颠倒的世界观"，是一种客观唯心主义世界观。回顾和挖掘宗教从产生到发展的历史进程，虽然宗教是物质世界不断发展的产物，但是随着宗教的不断发展却产生了超自然的力量，这种超自然的力量逐渐抽象化并与现实的客观存在相脱离，最终成为脱离物质的独立存在。不论宗教是把抽象的神，还是理性，抑或情感作为至高无上的存在或绝对力量，这些抽

---

① 《马克思恩格斯文集》第1卷，人民出版社，2009，第4页。

象化的存在都是脱离物质而自生的虚幻的存在物。从这个角度看，宗教是
"颠倒的世界观"的含义就是客观唯心主义所坚持的客观精神主宰一切。

究其根源，"颠倒的世界观"的产生源于"颠倒的世界"的存在。马克
思认为，"这个国家、这个社会产生了宗教，一种颠倒的世界意识，因为它
们就是颠倒的世界"①。也就是说宗教是颠倒的世界的虚幻映象和反映，而颠
倒的现实世界是由"还没有获得自己"或者是"再度丧失自己的人"构成
的世界。回溯人类社会初期，因生产力低下，人们面对强大的自然力量束手
无策、无能为力，只能膜拜和祈祷神灵，希望神灵能够拯救一切。进入文明
时代之后，当人们面对社会阶级分化带来的阶级统治和残酷剥削却依旧无能
为力时，人们习惯性地选择寻求神灵的庇佑，幻想神能为世人解决一切疑惑
和困难并确立秩序和规范。进入资本主义社会之后，由于生产方式是建立在
资本主义私有制基础之上，以追求剩余价值为根本目的，人们无法支配自己
的劳动也无法占有自己的劳动成果，在现实生活中处于无尽的自我异化之
中。资本主义社会对于人的剥削和压迫较之前的社会更残酷，所以处在世俗
社会的矛盾中的人们仍然需要在云霄中固定一个独立王国"安置"人自身的
分裂。正如恩格斯指出的，"人们就像受某种异己力量的支配一样，受自己
所创造的经济关系、自己所生产的生产资料的支配"②。也就是说人并不能按
照自己的意愿而生活，自己无法占有自己，人处于非人的阶段。不论是史前
社会，还是阶级社会，人都在异己力量的支配和控制之下，原因就在于"颠
倒的世界"即社会现实的存在。社会基础和物质条件没有发展到共产主义的
高度，那么"颠倒的世界"就不会消除，"颠倒的世界观"就会存在。

众多哲学家以合乎逻辑的各种形式论证宗教是一种世界观，但其论证和
论证方式依旧只是脱离现实的虚幻观念和荒诞形式，而没有揭露宗教是异化
于人类本质的神秘力量。人们崇拜人本身的外化形式，但这实质依旧是在虚
幻的想象下所进行的逻辑推演。宗教世界观的"颠倒"是人的外化形式与人

---

① 《马克思恩格斯文集》第 1 卷，人民出版社，2009，第 3 页。
② 《马克思恩格斯选集》第 3 卷，人民出版社，2012，第 704 页。

的本质之间的颠倒，这种颠倒的根本原因在于世俗世界里人的自我异化，而自我异化的虚幻形象又被宗教披上了神圣的外衣，这使这种"颠倒"更加神圣化了，所以宗教具有了外化的虚幻而神秘的色彩。宗教是不符合现实甚至是与现实世界相悖的世界观，人们遵循这样的世界观，必定无法实现自我，无法回归真正的人的本质。所以，马克思明确指出，"对宗教的批判是其他一切批判的前提"①。"颠倒的世界观"与"颠倒的世界"处于不断的恶性循环之中，换句话说，在这样的世界观的指导下，现实世界将更加苦难，主体存在与主体本质将更加分离，人的存在与人的本质将更难统一。

三　宗教的实质："异化的自我意识"

马克思批判地继承了费尔巴哈、鲍威尔等人关于宗教本质的论述，指出宗教不过是异化的自我意识。宗教已经成为一种社会现象，统摄着政治、经济、文化等各个方面。透过宗教的现象深究宗教的本质才能真正明晰宗教对人们的影响，才能揭开宗教的神秘面纱，揭露宗教的"属神"本质不过是人的"异化的自我意识"的"属人"本质。费尔巴哈是宗教人本化的主要代表人物，他认为"属神的本质不是别的，正就是属人的本质"②。也就是说，人所崇拜的宗教神的本质其实质只不过是人的本质。费尔巴哈对于宗教本质的人本学解释是宗教批判的巨大进步。

费尔巴哈的"类"的概念是指从个别感性存在抽离出来并脱离于感性存在的内在精神。例如具有理性的"人"就是从个别人抽离出来脱离感性而存在的"类"。在整个人类历史的进程中，每个人对于世界的认识由于受到生命长度和深度的限制而变得有限，但是整个人类对于世界的认识是无穷无尽、无限发展的。由是，宗教将人类对于世界无限的认知能力和理论知识赋予脱离个别人之上的"人"——上帝或神灵，拥有这种人的"类"本质的上帝或神灵自然就具有无所不能、无所不知的超自然能力和绝对力量。人的

---

① 《马克思恩格斯文集》第 1 卷，人民出版社，2009，第 3 页。
② 〔德〕费尔巴哈：《费尔巴哈哲学著作选集》下卷，荣震华等译，商务印书馆，1984，第 39 页。

"类"本质是从个别人抽离出来的共性，但高于个别人而存在，个人的本质的实现则需要借助于人的"类"本质来达成。所以人必然崇尚、依赖自身的"类"本质，因为只有通过"类"本质才能完成自身的本质实现。因此人们顺理成章地信奉具有人的"类"本质的神和上帝，只有虔诚地信奉、崇尚神灵的人才能作为人而存在。但是费尔巴哈揭露所谓的无所不能的神灵和上帝不过是人的"类"本质，所以人最该信奉的是人本身。费尔巴哈的宗教批判将宗教彻底拉回了尘世，让人们认清神的本质。费尔巴哈的宗教批判思想对近代哲学变革产生了巨大的影响，所以当《基督教的本质》出版之后，人们"一时都成为费尔巴哈派了"①。费尔巴哈有理有据地证明了人们为什么毫无条件地信奉神灵而不是自己的内部因素，创造性地揭露了宗教只是"类"本质的客观化，"而这个本质，突破了个体的、现实的、属肉体的人的局限，被对象化为一个另外的、不同于它的、独自的本质，并作为这样的本质而受到仰望和敬拜"②。

马克思深受费尔巴哈宗教思想的影响，在《〈黑格尔法哲学批判〉导言》中高度评价了费尔巴哈对于宗教批判的思想并再次强调："人创造了宗教，而不是宗教创造人。"③费尔巴哈将宗教从神坛拉到世俗，在宗教批判意义上取得了巨大的成功，但其宗教批判的局限性在于没有将人放在社会历史的领域去理解，只是把人当作一种感性直观，抽象而孤立地研究人的本质。马克思扬弃了费尔巴哈的宗教思想，将人的本质的研究植根于现实社会。在马克思视域下的人，是参与物质生产实践和社会政治实践的"现实的人"，不再是脱离任何阶级和社会关系的抽象的人。

回到马克思的文本，可以全面探究马克思主义视域下宗教的真正本质。马克思明确指出，"宗教是还没有获得自身或已经再度丧失自身的人的自我意识和自我感觉"④。"没有获得自身""再度失去自身"的人是指无法认识

---

① 《马克思恩格斯全集》第 28 卷，人民出版社，2018，第 329 页。
② 〔德〕费尔巴哈：《费尔巴哈哲学著作选集》下卷，荣震华等译，商务印书馆，1984，第 39 页。
③ 《马克思恩格斯文集》第 1 卷，人民出版社，2009，第 3 页。
④ 《马克思恩格斯文集》第 1 卷，人民出版社，2009，第 3 页。

自我本质的人。宗教主体无法掌握自己命运的特征主要缘于其在现实生活中的特殊境遇，这可以追溯到早期人类对于自然力量的畏惧和人们对于社会残虐统治力量的无能为力。在现实生活中，人们无法挣脱苦难而实现自由，所以面对强大的自然力量和残暴的阶级统治，人们只能将自己寄托于虚幻的彼岸世界。这是因为人无法按其本质而生活，只能自己为自己建造一个虚幻的美好国度——"天国"。人们自己建立的"彼岸世界"中没有压迫和奴役，神和上帝可以妥善解决一切矛盾和冲突。对于神的期冀根源于现实生活中主体存在与主体本质相异化的现象，这种异化体现为劳动者与劳动之间的异化，劳动者无法决定自己的劳动，更无法决定劳动成果的归属。劳动行为与劳动者之间是异化的，劳动行为与劳动成果之间也是异化的。无法占有自己本质的人们一直处于不断地自我异化之中。

"宗教是人的本质在幻想中的实现，因为人的本质不具有真正的现实性。"①"在幻想中的实现"是指人们将自己的本质归于抽象虚幻的"人"——上帝或神，而"不具有真正的现实性"是因为人本身没有实现自身的本性——人性。那么人的本质在现实中丧失了人性，也只能在宗教这个虚幻的世界实现其现实性，也就是本质的虚幻现实性。马克思聚焦于世俗世界的现实生活，瞄准社会和国家的不合理性来揭露宗教的虚假面具，同时论证宗教的真正本质——异化的自我意识。

宗教主体的异化根源于现实生活的特殊性，之所以说宗教是异化的自我意识，是因为宗教源于人们对于现实生活的美好希望，这种幻想创造了一个"彼岸世界"的理想王国——宗教。宗教不过是人的幻想的反映，一切神灵都是人的意识创造出来的，并不是真实存在的。人所要达到的目的不过是在"彼岸世界"获得精神的抚慰和灵魂的慰藉，或者说获得片刻脱离"现实的苦难"的喘息。虚幻"彼岸世界"的存在点燃了人们对于生活的希望，安顿了无处安放的心灵，更消解了对于死亡的畏惧。所以马克思认为宗教的实质是"异化的自我意识"。

---

① 《马克思恩格斯文集》第 1 卷，人民出版社，2009，第 3 页。

第三节　马克思主义宗教批判的整体性指向：政治批判

马克思从对宗教的功能和宗教的外化形式的研究中辨明了宗教的本质，由此确立了其哲学批判的切入点，即批判宗教产生的基础——世俗社会。宗教之所以以异己的自我意识表现人自身，是因为现实社会不断生产异己的生活内容，所以仅仅揭露宗教作为一种自我意识的本质尚不能达到批判的目的。宗教批判必须诉诸彻底的社会批判，而且只要把宗教问题植根于社会现实的土壤去考察，就会使批判跳出理性精神的范畴，直指社会生活领域的异己关系。也就是说宗教批判完成后必将转向政治批判，在政治批判中实现宗教批判。

一　从"神圣形象的自我异化"到"非神圣形象的自我异化"

从对"神圣形象的自我异化"的批判到对"非神圣形象的自我异化"的批判推动了近代哲学向现代哲学的发展，同时也彰显了人类存在方式的转变。人崇尚在"彼岸世界"的"人"——神和上帝，在"彼岸世界"寄存自己的本质，慰藉自己的精神，但"彼岸世界"的人并不是现实社会中的人，而是人在现实社会中的异化。

"人创造了宗教"，同时也创造了让人们顶礼膜拜的"神圣形象"，人之所以创造"神圣形象"，例如神、仙、上帝、佛等，首先因为人自觉到生命的有限并对于生命的有限和向死而生的自然规律无能为力，于是将自己对无限生命的向往寄托于"神圣形象"。其次是因为人们无法脱离"苦难的现实"，更无力在"苦难的现实"中实现真正的自己，于是将对美好生活的向往寄托于"神圣形象"，将无所不能的绝对力量赋予"神圣形象"，将自己的本质托付于"神圣形象"，这种寄托和托付根源于主体存在与其本质的分离，根源于现实社会中人无法实现自我的现状，根源于劳动者与劳动的异化。因此，宗教作为"神圣形象"的"自我异化"根源在于"非神圣形象的自我异化"。

"神圣形象的自我异化"的现实性是通过人对于"神圣形象"的无条件

的、绝对的信仰而实现的。对于"神圣形象"别无他选的依赖和信任加强了人与"神圣形象"的黏合度，提升了人对其信仰的虔诚度。人们对于"神圣形象"的信仰不仅仅在于外在形象上的顶礼膜拜，抑或精神上的依赖和敬畏，人们的内心秩序的建构和世界观的塑造都内含"神圣形象"的因素。对于"神圣形象"的敬仰变成了对待世界的一种方式，内化为人们存在与生活的一种行为准则和基本根据。也就是说"神圣形象"的意识代表着人们对于事物发展规律的绝对认知，"神圣形象"不再是外在形象的代表，而是真理的代表。而宗教也不是必须拥有一本《圣经》的人才可以去信奉，而是内化为内心的一种秩序而存在。这也足以看出上帝在人们日常生活中无可替代的作用，"神圣形象"在人们日常生活中的规范性存在彻底实现了人的"自我异化"。"神圣形象"的"自我异化"是人在"苦难的现实"中无法实现自己的本质并将自己的本质灌注在神的身上的结果，但神反而作为统治自己的"神圣形象"而存在。所以马克思要批判"神圣形象的自我异化"。在研究宗教的本质和根源问题的过程中，马克思发现了宗教中存在着两个悖论：宗教根本无法超越自我异化，宗教也无法超越"现实的苦难"。

马克思明确地指出："就德国来说，对宗教的批判基本上已经结束。"① 这里所指的"结束"是指以费尔巴哈为代表的青年黑格尔派对于"神圣形象"的"自我异化"的批判的完成，青年黑格尔派基本上阐明了宗教的本质。但马克思对于宗教批判的意义在于他并没有止步于在观念上对宗教进行阐释，并没有像鲍威尔那样发展自我意识以解决宗教异化问题，也没有完全遵循费尔巴哈将宗教设定为人类的本质异化的逻辑思路。马克思从研究宗教产生的根源入手批判宗教，并发现宗教产生的原因在于人们对于现实生活的不满，所以他得出"废除作为人民的虚幻幸福的宗教，就是要求人民的现实幸福"② 的结论。也就是说，只有实现了人们在现实中的幸福，才能彻底废除人们在宗教中所追求的虚幻幸福。意识是对物质世界的反映，认识具有摹

---

① 《马克思恩格斯文集》第 1 卷，人民出版社，2009，第 3 页。
② 《马克思恩格斯文集》第 1 卷，人民出版社，2009，第 4 页。

写性，所以只有消除"需要幻觉的处境"才能从根本上消除"关于处境的
幻觉"。马克思基于以上思考，认为"对宗教的批判就是对苦难尘世——宗
教是它的神圣光环——的批判的胚芽"①。因此"真理的彼岸世界消逝以后，
历史的任务就是确立此岸世界的真理"②。"神圣形象的自我异化"被揭露之
后，马克思宗教批判的历史任务就在于揭露"非神圣形象的自我异化"。

由"犹太人问题"未解决就可以发现"非神圣形象的自我异化"提出
的历史必然性。可能在德国这会表现为纯粹神学的问题，但是在摆脱了神学
统治的英国和美国，异化问题仍然没有解决，所以问题的根本不在于犹太教
和基督教的冲突，而是宗教世界和世俗世界的冲突。自我异化的"神圣形
象"是指将自己的本质赋予一个异于己而凌驾于一切的上帝，而自我异化的
"非神圣形象"在这里指的是在世俗社会中无法让人实现自我本质的统治阶
级，更进一步讲，是现实社会的状况无法使劳动者真正地拥有自己和自己的
劳动和劳动成果。劳动者无论付出多少劳动，其劳动产品都不会完全属于自
己，甚至几乎都不属于自己。揭开神圣形象的神秘面纱，可以清晰地发现
"非神圣形象"的压迫，这是对宗教批判的根本目的所在。

当时的德国正处于封建专制制度转向资本主义制度的过渡时期，人民的
生活比原本的生活还要艰难，人民不仅受到封建地主阶级的压迫，还要受到
来自新兴资产阶级的剥削和压迫。虽然农奴制迫于种种压力被取消，但实质
上领主依旧具有很多特权，农奴依旧过着没有人身自由的"非人"的生活。
在这个时期，人民不仅生活上困苦不堪，思想上也受到了严重的束缚。德国
封建统治者实行书报检查令，让民众失去了言论自由。政府更是颁布专制法
令、设置秘密法庭，惩治一切进行推翻封建统治的革命的人。在德国封建统
治的社会下，人们在政治上无任何权利，在经济上受到封建地主和资产阶级
的双重剥削，受剥削和压迫程度愈加严重，生活愈加困难。就在这样的"苦
难的现实"下，人们只能求助于或寄希望于虚幻的上帝并将其视为无所不能

---

① 《马克思恩格斯文集》第 1 卷，人民出版社，2009，第 4 页。
② 《马克思恩格斯文集》第 1 卷，人民出版社，2009，第 4 页。

的绝对力量，来安慰自己无处安放的心灵，慰藉疲惫不堪的精神。究其根本，还是现实生活的苦难让人们产生了对于虚幻的神的虔诚的信仰和膜拜。所以马克思指出："揭露具有非神圣形象的自我异化，就成了为历史服务的哲学的迫切任务。"①

二 从"天国批判"到"尘世批判"

马克思在"博士论文"阶段仍是青年黑格尔派的忠实跟随者，认为在意识和思想层面进行宗教批判就完全可以解放人的思想并促进社会进步。但是当马克思"遇到物质利益发表意见的难事"的时候，他才认识到所谓万能的"理性"无法解决物质利益纠纷，更进一步说，物质利益凌驾于理性之上，理性无法管理和驾驭物质利益。马克思意识到物质利益的强大力量并不遵从理性的原则，也不会因为观念要求其改变而发生任何变化。马克思认为是事实决定观念而不是观念决定事实。与"青年黑格尔派"划清界限的马克思开始立足于现实本身看待宗教问题并对宗教进行彻底的批判。

"神圣形象"是因为人们对于现实苦难不满和无能为力而确立的，而"天国"也是因为世俗的局限，人们为自己设立的虚幻而美好的世界。"天国"是"尘世"苦难现实的反映，在世俗生活中，人们的精神和肉体受到种种限制，在人之外的异己力量在社会生活的各个方面异化人、束缚人。对未来的恐惧让他们的灵魂充满了谦卑和虔诚，同时也让他们变得敏感而残酷，当骑士们占领一座城堡的时候，他们首先做的就是杀光妇女和儿童，虽然他们会马上前往圣地祈求上帝的宽恕，但是转头他们依旧会再次变为嗜血狂魔。也就是说在世俗中人们的生命安全完全没有任何保障，随时都可能变成刀下亡魂。人们把一生的大部分时间都用来为来世做准备，但今生过得极其穷苦，所以说幸福美好的天国和苦不堪言的地狱生活同时存在是切切实实的社会境况。

尘世中人们生活的艰难，人与人之间不平等的关系以及人无法实现自身

---

① 《马克思恩格斯文集》第 1 卷，人民出版社，2009，第 4 页。

的困境造就了"尘世"之外的"天国",要揭露"天国"美好生活的虚幻性必须改善世俗中人们的生活方式,在改变人与人之间的社会关系中实现人在尘世中的价值和本质,实现人的政治解放。所以马克思明确地指出:"他们一旦消除了世俗限制,就能消除他们的宗教局限性。"① 人将自己的最高品质给予了神,这些无所不能的神反而控制了其本身。在人的认知中,神是来自没有剥削和压迫的理想世界——"天国",在"天国"的世界里,人们可以摆脱苦难过上平等、自由的生活,虽然"天国"不过是宗教为了麻痹人们的反抗精神而创造的虚幻国度,但是这依旧成为人们信奉宗教的一个原因。因而马克思指出:"人就是人的世界,就是国家,社会。"② 并进一步提出"反宗教的斗争间接地就是反对以宗教为精神抚慰的那个世界的斗争"③。揭露了"天国"只是人们未能实现其本质生活的虚幻想象。人们在"天国"所寻的智者和超能力的实质只是自己本质的幻象,人们只有回到世俗世界才能真正实现自己的本质,找寻到现实性的本体。

宗教批判不能局限于哲学理性,囿于宗教本身的批判,而应对世俗社会的人们处于不公和非人的现实困境这一现象进行批判。我们要"把神学问题化为世俗问题"而不是"把世俗问题化为神学问题"。只有消除尘世的苦难和不公,坚信并追寻"尘世"的美好和幸福,人们才会撤弃对于"天国"执着不懈的追求,才能彻底消解宗教现象以及"天国"效应的根源。宗教批判的终极目的是实现人的解放,直接目的是将神性复归到人本身,在"尘世"中实现"天国"的理想,让"天国"在"尘世"的土地上得到最真实的呈现。在"尘世"的人不再仰望自己创造的神,也不再是触不到"天国"的渺小信徒,而是可以主导自己生活环境、决定自己生活方式、创立社会关系的主体。

在马克思将目光转向"尘世"时,马克思不仅聚焦于人们生活的现实,而且关注人的本质和地位。人之所以用生命的大部分时间为彼岸世界做准

---

① 《马克思恩格斯文集》第 1 卷,人民出版社,2009,第 27 页。
② 《马克思恩格斯选集》第 1 卷,人民出版社,2012,第 1 页。
③ 《马克思恩格斯文集》第 1 卷,人民出版社,2009,第 3 页。

备，其根本原因是无法从尘世的苦难中找到救赎之路。马克思指出人只有回到现实的生活中认识人自身，才能从神圣形象的异化中获得解放，从被创造的谬误走向创造的真理，人本就应该保持自觉自在的自由状态。当然从人的意识中剔除神的观念何其困难，所以我们只有弄清"尘世"造就"天国"的内在原因，人才能真正地从"天国"解放出来。从"天国批判"转向"尘世批判"的宗教批判是青年马克思由唯心主义转向唯物主义的关键环节，实现了马克思以理性为中心到以现实为中心的批判原则的转向。

三　从神学批判到政治批判

马克思在《〈黑格尔法哲学批判〉导言》中开门见山地指出，"就德国来说，对宗教的批判基本上已经结束"①。马克思说宗教批判已经结束的原因在于，不论唯心主义者还是旧唯物主义者，对宗教现象和本质问题的探究都已基本结束。宗教经历了文艺复兴、宗教改革和启蒙运动，以自然化、理性化和人本化的发展历程完成了宗教形式的变化，在费尔巴哈等人对宗教这一本质的揭露中，对宗教现象的批判已经非常彻底和完整。由于哲学家们对宗教的批判只局限于揭露"神圣形象"的虚幻性而没有深入研究"神圣形象"产生的社会根源，历史上的宗教批判没有真正解决宗教解放的问题。马克思提出"对宗教的批判是其他一切批判的前提"②的论断是为了强调神学批判转入政治批判的必要性，在完成对神圣形象的异化本质的揭露之后，应从对宗教的批判深入社会批判，因为在对宗教的批判中将显现出根本的社会问题。马克思认为要实现对宗教的彻底性批判必须致力于宗教产生的社会根源，即在此岸世界寻找宗教异化的根源，唯如此才能真正地解决宗教异化问题。

那些被宗教幻想所遮蔽的苦难必须在对国家、政治制度的批判中继续显现其自身。宗教遮蔽了苦难或者说宗教的虚幻性不是我们要批判的问题，为

① 《马克思恩格斯文集》第1卷，人民出版社，2009，第3页。
② 《马克思恩格斯文集》第1卷，人民出版社，2009，第3页。

何会生成需要遮蔽的苦难和窘迫才是我们要反思的,这就把矛头指向国家制度中的阶级压迫问题。马克思所处的时代是封建社会向资本主义社会转型的过渡时期,不论是在封建社会还是在资本主义社会,宗教之所以存在都是因为人们在阶级统治下,无法实现自身的价值和自由,无法实现人的本质。只能通过宗教才能在高压的阶级统治下幻想出现实生活中无法拥有的作为"人"的一切内容和形式。马克思领悟到,"因为宗教本身是没有内容的,它的根源不是在天上,而是在人间,随着以宗教为理论的被歪曲了的现实的消失,宗教也将自行消亡"①。这里的现实指的是落后于其他资本主义国家的德国封建统治。虽然当时德国处于封建统治下,就政治制度而言落后于英、法等资本主义国家,但是马克思认为还是应该把德国的政治制度作为批判对象,坚决"向德国制度开火"②。因为只有解决政治制度问题才能消除宗教异化,才能将人从宗教中解放出来。

相对于封建专制统治的国家,资产阶级使国家摆脱了神权的束缚,挣脱了封建思想的禁锢,建立了一个民主的资产阶级性质的现代国家。资本主义国家鼓吹自由、民主,并宣称其创建了一个人人平等的社会,也就是在资本主义社会中人人应享有平等的政治权利和经济权利。为了取信于人民,赢得人民的支持,资产阶级在法律上给予了社会成员合法的"公民"身份,宣布人民不再是封建统治下的臣民,也不再是神权统治下的教徒。但事实上"公民"依然处于资产阶级隐蔽却残暴的剥削和压迫之下艰难度日。人民无法真正地享有平等的权利,甚至无法满足基本的生活需要。虽然资本主义国家法律赋予了人民"人人平等"的权利,但其实这种平等只适用于统治阶级,在现实生活中无产阶级毫无话语权,工人通过劳动得到的劳动成果大部分都被资本家无偿占有,资产阶级和无产阶级是剥削和被剥削的关系,是压迫和被压迫的关系。一句话,现代资本主义国家的自由和平等是只限于统治阶级内部的虚假的自由和平等。

---

① 《马克思恩格斯选集》第4卷,人民出版社,2012,第404页。
② 《马克思恩格斯选集》第1卷,人民出版社,2012,第4页。

即便人还没有摆脱宗教信仰，但当现代政治国家和宗教相分离时，国家就不再从宗教神学的角度显露自己，而人的异化问题也失去其神学意义变成真正世俗的问题，那么批判也不再是对神学的批判而是对政治国家的批判。紧接着，处于现代政治国家的人们在现实社会生活所拥有的远远低于身为"公民"所应享有的这一事实被揭露，而政治国家所谓赋予人们的"平等权利"也不过是统治阶级的花招和噱头而已，也就是说"政治国家的成员信奉宗教，是由于个人生活和类生活之间、市民社会生活和政治生活之间的二元性"①。资产阶级国家因为宗教改革而兴起，但是宗教并没有随着资本主义国家的建立和资本主义生产力的发展而消亡，反而再一次登上了历史舞台并作为维护资产阶级统治人们的思想工具而存在，这种荒谬而又合理的转变并不是宗教决定的，而是政治国家的历史必然性决定的。因为统治阶级希望被统治阶级完全臣服于其统治，或者说希望被统治者甘于被剥削和压迫，比起武力镇压而言，利用人们固有的对神虔诚的信奉和信仰来统治人们是最省力、最快捷的方式。那么宗教就是现成的且无须进行任何改造的有效工具，所以统治阶级要建立一个全民为之信奉的基督教国家并将宗教教义融合到国家政治律条中。那么宗教教义和信条又变为衡量人们日常行为准则的唯一标准，宗教在这个层面来说并没有消亡，而是透过政治来实现其对于整个世界的控制和治理，现代国家的政治生活不过是宗教生活的一种外显形式而已，国家政治的根本属性就是宗教精神。正如马克思说："政治制度到目前为止一直是宗教领域，是人民生活的宗教，是同人民生活现实性的尘世存在相对立的人民生活普遍性的上天。"②

人在政治国家中依旧无法实现其自身，在现实生活中依旧存在政治彼岸世界，要想消灭政治彼岸的"真理"只能消灭政治制度——资产阶级政治制度。只有解决现实生活的异化才能真正解决宗教异化问题。马克思指出，"因为宗教的定在是一种缺陷的定在，那么这种缺陷的根源就只能到国家自

① 《马克思恩格斯文集》第1卷，人民出版社，2009，第36页。
② 《马克思恩格斯全集》第3卷，人民出版社，2002，第42页。

身的本质中去寻找"①。因此宗教批判只有转向政治批判才能深入宗教的产生根源，从而在现实中完成宗教批判。宗教批判拉开了马克思主义政治批判、意识形态批判和政治经济学批判的序幕，掀开了马克思追求人类解放的新篇章。宗教批判是政治批判的基础和前提，宗教批判的完成基于政治批判，只有解决政治中人是如何异化的问题才能真正解决人在宗教中的异化问题，才能真正解决"非神圣形象"的自我异化问题。

小 结

宗教批判是马克思主义整体性批判的起点和前提，虽然近代宗教批判完成了对"神圣形象的自我异化"的揭露和对神学的批判，但是依旧没有消除宗教异己力量对人的统治，人们依旧没有从宗教异化中解放出来。马克思主义植根于社会现实，发现宗教产生的根源是社会现实，而在阶级社会中异化人最直接、最现实的内容就是政治国家，在阶级社会中政治国家就是政治生活中的宗教领域。也就是说，宗教批判的真正完成必须基于政治批判，只有政治批判才能真正消除宗教对人的控制和影响。马克思从宗教批判转向政治批判，是马克思从揭露"神圣形象的自我异化"转向批判"非神圣形象的自我异化"，从"天国批判"转向"尘世批判"的现实路径。宗教批判转向政治批判意味着马克思开始置身于尘世生活考察和研究一切问题，从产生宗教根源的社会生活入手，通过政治批判实现对宗教的彻底批判。

马克思宗教批判转向政治批判是马克思主义整体性批判纵向上的第一次转向。因为宗教异化会直接导致政治异化，而政治异化也是宗教异化在政治领域的体现，要彻底消除宗教异化就必须进行政治批判。政治国家会借助一切手段不断强化统治阶级的意识形态，比如宗教就是强化统治阶级意识形态非常有效的一种方式，除此之外，国家政治统治还包含丰富的意识形态内容，可以说要彻底完成政治批判必然要求进行意识形态批判。由于批判无法

---

① 《马克思恩格斯文集》第 1 卷，人民出版社，2009，第 27 页。

回避现实的社会利益关系，由于宗教、国家以及意识形态的异化总是源于社会关系的异化，从宗教批判开始，经历政治批判、意识形态批判，最终进入政治经济学批判，完成人的本质的复归，从而实现人的解放。因而人类解放就是宗教批判、政治批判、意识形态批判的完成，是从"天国的批判"到"尘世批判"的完成。宗教批判作为政治批判、意识形态批判、政治经济学批判的起点，在马克思主义整体性批判中起着承上启下的重要作用。

第三章　马克思主义政治批判

　　马克思从宗教批判转向政治批判，因为政治制度是异化人最直接、最现实的内容。政治国家的发展尽管在形式上取消了神权统治下的奴役和剥削，却使隐藏在政治制度中的剥削和压迫浮出水面。不论是封建国家还是资本主义国家，都将其统治阶级的权力变成了统治人和压迫人的统治力量，其出发点和目都是维护统治阶级的利益。马克思转向政治批判的原因就在于要进一步揭露政治国家本质，对至今为止形成的奴役人和压迫人的社会关系进行彻底的揭露。国家政权是阶级统治的重要手段，所以对国家政权的社会批判是政治批判的主要内容。马克思从政治关系的演变以及政治国家的形成得出，政治关系和国家不论如何演变也无法改变其作为阶级统治工具剥削人和压迫人的阶级本性，即便是现代资本主义国家也依旧是作为阶级统治工具而存在的。马克思针对国家和法的异己内容进行政治批判，马克思以市民社会和国家的颠倒为批判前提，将政治批判的对象指向资本主义政治制度本身，因为不论资本主义国家如何以各种方式改变其政治组织形式都无法改变其国家的剥削本质，所以政治批判的最终目的在于消灭国家，而消灭国家实现政治解放只有通过无产阶级革命这种"物质力量"，当无产阶级消灭社会上最后一个剥削阶级——资产阶级时，最后一个剥削性质的国家也至此消亡。国家将管理人民的职能归还给社会，这是在人类社会的人们实现自我管理和自我发展，进而真正占有自我，实现人类解放最终目标的关键一步。政治批判构成马克思主义批判的重要一环，因为在批判政治国家中马克思才能真正发现作为基础存在的物质利益关系，因而能够在历史唯物主义的立场上把握各种形式的意识形态统治。

第一节　马克思主义政治批判的缘起

政治关系构成人与人之间交往的重要内容，政治生活影响着人们关于人类社会以及人自身的观点和看法。随着生产力的发展和社会的进步，政治关系在不断变化，但是不论政治关系如何变化，在阶级社会必然形成以剥削和被剥削为主的阶级关系。马克思主义政治批判的核心指向对国家制度的批判，这里既包括对封建专制制度的批判，也包括对资本主义国家制度的批判。

一　政治关系的演变

马克思指出："以一定的方式进行生产活动的一定的个人，发生一定的社会关系和政治关系。"① 也就是说人类社会中现实的人只要进行生产活动就会产生一定的社会关系和政治关系。而社会中的政治关系纷繁复杂、包罗万象、多种多样，包括公民之间的关系、国家之间的关系、政党之间的关系、民族之间的关系、阶级之间的关系等。只有深入研究人们在政治活动的基础上形成的政治关系，才能更准确地分析政治现象的内在根源和本质特征。

恩格斯说："经济学研究的不是物，而是人和人之间的关系，归根到底是阶级和阶级之间的关系。"② 以这个逻辑思考问题，政治学所研究的虽然是现实的人的政治活动以及国家政权的活动，但政治现象实质上体现的是人与人之间的关系。无论是政党、政治组织还是政府之间的关系，都以不同的组织方式体现着某种阶级关系。其中阶级关系最为直接的表现为统治阶级与被统治阶级的政治关系，奴隶主与奴隶、封建地主和农民、资产阶级和无产阶级之间的关系都是剥削和被剥削的阶级关系。因而政治关系在一定的条件下

---

① 《马克思恩格斯选集》第 1 卷，人民出版社，2012，第 151 页。
② 《马克思恩格斯选集》第 2 卷，人民出版社，2012，第 14~15 页。

被看作阶级关系。必须指出在社会主义社会里，政治关系主要表现的是人民内部的关系而不是剥削与被剥削的关系，因为最后一个剥削阶级——资产阶级已经被消灭了。

政治关系是建立在一定的经济关系基础上的，而不是独立存在的，是与其他社会条件相联系的。从历史唯物主义观点出发，经济生活是政治生活的基础，在生产活动过程中必然会产生一定的政治关系以及其他社会关系。政治关系随着经济关系的变化而变化。《德意志意识形态》中详细地描述了政治关系的演变过程。但是不论政治关系在社会主义社会之前如何演变，都是在普遍意志的遮蔽下的阶级关系。

建立在"部落所有制"下的"国家"，人们主要靠"狩猎、捕鱼、畜牧，或者最多靠耕作为生"①。这种耕种并不是在现在人类改造大自然之后的耕地上耕种，而是在大量未开垦的土地上的耕种。"部落所有制"的"国家"的核心管理模式是"父权制"，即指男子在家庭、社会中拥有支配性特权，在政治、经济、宗教、法律等各个方面有绝对的权威。部落以男子为绝对领导，管理部落成员及奴隶。维系部落的社会秩序主要靠传统习惯和首领的威信。原始氏族部落丈夫对妻子、父亲对子女的管理构成早期奴隶制关系的雏形，随着人口的不断增长以及交往范围的不断扩大，这种潜在的奴隶制影响范围也逐渐扩大。

马克思明确地指出："一个民族的生产力发展的水平，最明显地表现于该民族分工的发展程度。"② 分工是生产的基础，生产发生的一刻就伴随着分工的产生。原始家庭内部有自然分工，而打猎、采摘等生产活动也讲究相互配合分工协作。随着生产力水平的提高以及分工的发展，不同生产资料和劳动产品在不同所有者之间的分配催生了不同阶层，社会也由原始形态的共同生产、共同享有生产资料，逐渐过渡为奴隶社会的私有制和阶级分化。在奴隶社会中，出现了统治阶级——奴隶主，以及被统治阶级——奴隶，奴隶主

---

① 《马克思恩格斯文集》第 1 卷，人民出版社，2009，第 521 页。
② 《马克思恩格斯文集》第 1 卷，人民出版社，2009，第 520 页。

剥削、压迫、奴役奴隶，并将奴隶等同于财产，可进行自由买卖。这种建立在"公社所有制和国家所有制"基础上的奴隶制国家的产生代表着阶级社会、阶级政治的产生。奴隶制国家是镇压奴隶、维护奴隶主的奴隶制统治的工具。这时形成了奴隶主与奴隶之间的剥削与被剥削的政治关系。

　　建立在"封建的或等级的所有制"基础上的封建制国家与建立在"古典的国家所有制"基础上的奴隶制国家都采取一种国家共同体的形式。但是封建制国家和奴隶制国家相比，其正在进一步打破公社关系，封建国家逐渐从农村向城市扩张。"封建制度的发展是在一个宽广得多的、由罗马的征服以及起初就同征服联系在一起的农业的普及所准备好了的地域中开始的。"① 农村逐渐形成了以土地占有为基础的封建结构，基于土地占有的等级结构使得封建贵族掌握了控制农奴的权力。这样就产生了封建地主统治农民的封建等级结构。与此同时，在城市形成了与农村相适应的手工业的封建等级制度——帮工制度和学徒制度。这两种所有制都是"由狭隘的生产关系"② 所决定的，是封建王国为适应统治阶级即封建贵族的统治需求并维护封建统治阶级的利益而建立的。

　　中世纪的罗马教皇拥有绝对的权威并处于至高无上的地位，人们受制于教权和王权的双重枷锁。与教会统治下的封建帝国相适应的经院哲学通过抽象而烦琐的论证，宣称教权凌驾于一切权力之上，世俗权力必须服从于教会权力，政权完全臣服于神权。到 16 世纪的近代社会，文艺复兴运动以人文主义精神为核心推动了自然科学的发展，打破了天主教会为了统治人们编造的虚假学说，挑战了宗教神学的权威，使人们逐渐摆脱了传统从宗教的角度看世界的旧思想。人们开始意识到要挣脱教权的控制，摆脱神学的桎梏，要突出主体人的自由意志。

　　虽然到 18 世纪之后，人们的思想受到过人文主义精神的洗礼，但是社会生活和政治生活依旧受制于教会和封建领主的统治，而当时的封建贵族横

---

① 《马克思恩格斯文集》第 1 卷，人民出版社，2009，第 522 页。
② 《马克思恩格斯文集》第 1 卷，人民出版社，2009，第 523 页。

征暴敛、挥霍无度，致使国库空虚，教会里的僧侣们以神的名义敛取大量财富，就连帮人洗礼都要收取费用。教会与封建势力相勾结对人们的压迫愈加严重，人们穷困潦倒，没有任何地位，没有任何正义可言。反对教权和王权的火苗冉冉升起，反对教权和王权的力量正在逐渐壮大。随着资本主义生产关系萌芽的出现、商品经济的快速发展，封建生产关系已经成为生产力发展的桎梏，新兴资产阶级亟须变革封建生产关系，冲破旧制度对其在经济、政治、文化等方面的束缚。

在 18 世纪爆发的启蒙运动是应时代的需求而生的一场反教会和反封建的思想运动。启蒙运动的任务和功绩在于进一步反对教权形成世俗权利，重塑人的理性，批判君权神授思想，彻底剔除教权在世俗的统治。在反对教权的同时，启蒙运动积极批判专制主义和特权主义，宣传自由、平等和民主，对王权展开了猛烈抨击，在新兴资产阶级反对封建王权的过程中形成了资本主义国家。伴随着启蒙运动自由、平等、理性精神的发展建立起来的资本主义国家，在政治生活各个方面以一种进步的形式赢得人们的支持，这也使其统治形式更为隐蔽，所以马克思需要首先从其虚假的形式中揭露其本质。

从古代社会一直到社会主义社会前的社会都是阶级社会，是一个阶级统治和压迫另一个阶级的社会。从"部落所有制"的原始社会进入"国家所有制"和"封建所有制"的阶级社会，人与人的关系依旧没有逃离阶级关系。虽然在 16~18 世纪思想家们致力于批判专制国家，但只是停留于表面，并没有触及国家的根源。马克思恩格斯在《共产党宣言》中指出："至今一切社会的历史都是阶级斗争的历史。"① 也就是说在马克思恩格斯看来，文明社会以后的社会都是阶级社会，社会上存在着"始终处于对立的地位"的"压迫者"和"被压迫者"。过去的历史时代的对立的阶级双方不断消亡，但同时又产生了新的阶级对立面，奴隶社会的消亡使得奴隶主和奴隶消失，但是从其灭亡中产生的封建社会并没有消除阶级对立，同样的，封建社会的消亡所产生的现代资产阶级社会也没有消除阶级对立，阶级社会的更迭不过

---

① 《马克思恩格斯选集》第 1 卷，人民出版社，2012，第 400 页。

是新的阶级对立代替了旧的阶级对立而已。在阶级社会生活的被统治阶级无法实现其真正的自我，在政治统治中发生了异化，当然对于统治阶级来讲，其本身也产生了异化，只是介于本身的物质生活条件的优越而体现得不明显。实际上阶级社会本身就是对人的异化、奴役和压迫，人们无法过真正"属人"的生活。可以说剥削国家的人与在宗教统治下的人是同等意义下被异化的人。基于此，马克思对政治的批判实际上就是对整个剥削阶级国家的批判，是对整个阶级制度的批判，其目的在于实现人的政治解放进而实现人的真正解放。

二　政治国家的形成

国家是人类社会发展到一定阶段的产物。追溯国家产生的根源还要落脚于社会生产力的发展。随着生产力的发展和社会分工的进一步发展，剩余产品急剧增长导致个人或小团体独占生产资料和劳动产品的所有制逐渐代替了社会成员共同占有生产资料和劳动产品的所有制。私有制一经出现就伴随着不同的阶层的出现，不同阶级之间在争夺利益中形成阶级矛盾。阶级矛盾激烈化就会产生阶级斗争，而这种斗争不会因为自发调节而消失，这时就需要有不同于两大对立阶级的"第三方力量"凌驾于两大对立阶级之上来调节两大对立阶级的对立，将冲突控制在一定的"秩序"之内。应这样的需要国家作为调和阶级之间的冲突、维护社会秩序的工具应运而生。"这种从社会中产生但又自居于社会之上并且日益同社会相异化的力量，就是国家。"①

恩格斯在《家庭、私有制和国家的起源》一书中阐述了雅典式国家、罗马式国家和德意志式国家三种主要的国家形式。不同国家的形成虽然具有其特殊的历史条件，但都可囊括在这三种国家的范式里。这三种形式的国家极具代表性和普遍性，对于研究国家的产生和形成具有广泛而普遍的意义。

雅典是在三次社会改革中逐渐从氏族的废墟中建立起的奴隶主民主共和国。雅典本来是以血族关系为基础和核心的氏族，但随着生产力和社会分工

---

① 《马克思恩格斯文集》第4卷，人民出版社，2009，第189页。

的发展，不同部落和氏族的成员都聚居在一起共同生产生活。但因为氏族是以血族关系为基础的组织单位，所以外来居民无法参与本地氏族的日常事务管理，更无法享受氏族权利，这就形成了氏族和外来人员的矛盾。新的矛盾的产生促使雅典发生了第一次社会改革——提修斯改革。提修斯在改革中确立了凌驾于各部落和氏族之上的民族法，规定没有生活在自己属地的人也是享有权利受法律保护的雅典公民，并设置中央管理机关管理公共事务，同时确认了阶级的合法化，这样已经在经济上处于统治地位的贵族在政治上就变成了具有合法地位的特权阶级。提修斯改革打破了氏族制度按照血亲关系所确定的权利和义务，取而代之的是以财产关系为基础的阶级原则所规定的权利和义务。此时雅典出现了国家的雏形。

随着提修斯的改革，社会上的政治经济大权已经完全转移到了贵族手中，贵族势力的扩张使一些人民因为剥削和奴役沦为奴隶，但同时也大大促进了商业和航海业的发展，因此也出现了一个新兴的富有阶级——工商业奴隶主。工商业奴隶主因为利益的冲突对贵族专权极度不满，所以工商业奴隶主、奴隶与贵族奴隶主之间的矛盾日益尖锐，逐渐形成了要求推翻贵族奴隶主专权的社会改革——梭伦改革。梭伦改革的主要目的就是打击贵族奴隶主的势力，从而保护工商业奴隶主阶层的政治经济利益，促进工商业的发展。在经济上实行"解负令"，在政治上实行以财产多寡为标准的官职制度，从而取消贵族奴隶主的世袭权。

虽然工商业奴隶主的势力有所壮大而贵族奴隶主的势力有所削弱，但是不同利益集团的党派斗争依旧存在。代表贵族利益的平原派要求恢复旧制度废除梭伦的改革。代表工商业奴隶主利益的海岸派则主张维护梭伦改革。代表贫苦人民利益的山地派则要求分配土地。三派都从自己集团的利益出发，导致阶级矛盾激化，最终克利斯提尼的改革作为终结宣告了海岸派的胜利。克利斯提尼进行了废除氏族制度并建立国家制度的政治改革。其具体措施包括以地区为单位组织居民，建立中央国家机关推行大会选举，人民投票设立人民大会等。这些新制度使得氏族制度再无立足之地，从此雅典建立了以私有制为基础的国家制代替以血族关系为基础的氏族制度的奴隶主民主共和国。雅典国家是基于贵族阶级与贫民阶级的矛盾在氏族社会的基础上形成的，这是一个没有任何暴力干涉的最典型、最纯粹的国家产生的形式。

罗马国家的产生方式和雅典国家不同，雅典国家是在氏族内部的矛盾之中产生的，而罗马国家是基于氏族内部的贵族阶级和氏族外部的贫民阶级之间的矛盾建立起来的。罗马一开始也是氏族社会，社会上也存在着贵族阶级和贫民阶级之间的矛盾，但是这个贫民是异族——不属于罗马血统的贫民。因为罗马在社会发展过程中会向外扩张并征服了一些工商业的异族，这些异族不能跟罗马人通婚，不能参加人民大会，受到不公的待遇，只有义务而没有权利。所以这种异族与贵族阶级之间必然产生矛盾，随着异族贫民的人数不断增长，社会力量不断加强，异族贫民和罗马贵族的矛盾激化，与贵族阶级展开了长期的斗争，他们要求废除氏族制度，要求同罗马人享有同样的政治和经济权利，建立一个新的国家。由于异族贫民社会力量强大，所以罗马人不得不进行塞尔维乌斯·土利乌斯改革，这个改革也标志着罗马氏族制度的废除以及平民阶级要求建立罗马国家的诉求的实现。罗马国家由外部暴力因素所产生，这种方式是国家形成的第二种形式。

德意志国家的产生有其深刻的内外部条件。从德意志内部看，德意志本来就是一个人口众多的民族，他们的生产生活主要靠游牧、狩猎甚至于战争。随着经济的发展和人口的增加，德意志开始因狩猎范围受限、牧场不足而焦虑，唯恐无法支持自己的生存和"种"的延续，所以剩余人口就开始向外迁徙，同时为了争夺土地发起了对罗马帝国的进攻。恩格斯指出，"德意志人的进攻必然是由他们自己内部发生的变化引起的"①。德意志国家产生的外部条件主要是罗马帝国的消亡。由于罗马统治者在对外扩张的时候强制推行"罗马化"的政治统治和文化教育并对人民实行残酷的剥削和统治，所以民族矛盾极其尖锐。同时在对外扩张的过程中占领了大片田地，既培植了大奴隶主，同时也因为扩张而俘获了大量的奴隶，常年的征战使得奴隶承受繁重的苛捐杂税并过着穷困潦倒的生活，所以阶级矛盾也日益尖锐。这是罗马

---

① 《马克思恩格斯全集》第25卷，人民出版社，2001，第235页。

帝国走向灭亡的政治因素，而罗马帝国的经济危机成了压倒骆驼的最后一根稻草。严重的经济危机和政治危机证明了"古典古代的奴隶制，已经过时了"①。德意志国家征服罗马帝国之后，生活在罗马帝国地区的德意志人也必须适应当地的历史背景和客观条件，奴隶主也必然无法向前发展。在罗马帝国奴隶制的废墟上建立了封建农奴制的国家。德意志国家作为第三种形式的国家是在征服其他国家、扩大领土过程中建立起来的。

基于氏族建立起来的三种政治国家都是在私有制和阶级矛盾出现的前提下为调和阶级矛盾而产生，所以毋庸置疑，国家必然是一个阶级统治其他阶级的暴力工具。所以这些国家都是具有政治统治功能的国家。可以说在社会主义社会之前，国家都是剥削阶级统治被剥削阶级的暴力机器。需要明确的是虽然社会主义社会这种具有过渡性质的"半国家"依旧具有政治统治功能，但是这种统治是大多数的劳动者对于极少数的敌对分子的统治，而这种"半国家"的形式也是为进入共产主义社会服务的。因此政治国家应生产力的发展和社会需求而出现，其存在对于人类社会发展有重大的意义，也是人类进入无国家社会的必要阶段。

三 现代国家的实质

启蒙运动促进了人的理性的觉醒，它在批判重神性而轻人性的宗教权利的同时，也对封建社会的世俗权力进行了批判，为新兴资产阶级建立现代国家奠定了思想基础。与现代国家不同，无论是奴隶制国家还是封建制国家，它们在维护阶级的统治秩序时普遍采取了一种直接和外在的方式，如奴隶主对奴隶的完全占有和任意支配，地主对农民的残酷剥削和奴役。可见前资本主义社会把世俗权力作为阶级统治工具的本质暴露无遗。而就现代资本主义国家而言，它在确立之初就宣扬人的自由和平等，这在很大程度上掩饰了它同样作为国家而无法逃脱的剥削本性，只不过相对于其他的国家形式而言更具隐蔽性和欺骗性：资本家和工人之间通过看似公平的交换确立了雇佣劳动

---

① 《马克思恩格斯选集》第4卷，人民出版社，2012，第166页。

关系；工人生产的剩余价值作为预付资本的产物被资本家合理占有；资本家把作为自己私有财产的剩余价值转变为资本。现代国家的运行表面上为实现人的自由、平等创造了条件，但在现实生活中造成了资本家和工人之间截然不同的生活境况，"一方面出现的需要的精致化和满足需要的资料的精致化，却在另一方面造成需要的牲畜般的野蛮化和彻底的、粗陋的、抽象的简单化，或者毋宁说这种精致化只是再生出相反意义上的自身"①。面对资本主义社会理想和现实之间的落差，马克思展开了对资本主义国家的研究，指出资本主义国家与封建国家的不同在于，它把统治阶级和被统治阶级的对立由地主阶级和农民阶级置换为资产阶级和无产阶级，这种形式上的演变并没有也不可能彻底改变现代国家的剥削本质。

马克思对现代国家本质的揭示，主要建立在对描述性政治哲学和规范性政治哲学在资本主义阶段表现出的虚假性和剥削性进行批判的基础上。在展开对规范性和描述性两种类型的国家的研究之前，需要明确一个问题，即无论规范性还是描述性，都与无政府主义存在着本质不同，这种不同主要表现在规范性和描述性以承认政治社会或国家对个人的必要性为前提。政治社会或国家规范着个人权利的界限，还是从个人权利出发推导出政治社会或国家的性质，是划分规范性和描述性的依据。

以个人权利为出发点的描述性政治哲学规定着国家的功能和性质。中世纪神权至上的宗教权威在社会中占据支配地位，之后追求个人自由权利的世俗王权逐渐兴起，并在与宗教权威的斗争中逐渐占据上风。以马基雅维利为代表的王权维护者提出了绝对王权的观点，他否认道德力量在政治权力和社会财富分配中的作用，认为只有借助统治者的威信才能保证社会安全平稳运行，君主或国王由此获得了至高无上的权力和地位。从现实的政治生活来看，世俗王权在超越神权政治的同时，以实现人的自由权利为借口，仍然没有摆脱对人事实上的剥削和压制，"这就决定了在以后的实际政治生活中，

---

① 《马克思恩格斯文集》第1卷，人民出版社，2009，第225页。

刚摆脱作为神坛祭品的人们不可避免地只是王权的羔羊"①，就个人权利而言，王权只是另一种形式的神权。如何反对宗教神权和封建王权对个人权利的侵犯，形成以真正维护个人自由权利为目的的政治社会或国家，是近代描述性政治哲学关注的核心问题。不同于古代政治理论把善作为政治社会的中心内容，近现代描述性政治哲学把善理解为个人权利的要求，并以此为根据形成国家或政治社会。善作为人的内在原则是政治社会永远无法实现的，它只能为人们追求善提供外在的制度保障。而就政治社会与个人的关系而言，政治社会不仅不是人的自由，还是个人实现自由的限制，但如果没有政治社会对个人之间同等的自由权利划定界限，个人自由就会永远作为善的理念而无法在现实社会中实现。因此，国家或政府是为了实现自由而对自由的限制，它只是一种实现个人自由的手段而非自由本身。洛克在《政府论》中把人们的生命、财产和自由看作基于自然法获得的个人权利，为了避免在自然状态中的各种不便以更好地保障个人权利，人们从自然状态过渡到政治社会，"政治社会的首要目的是保护财产"②。诺齐克继承洛克基于个人权利的契约论传统，他在《无政府、国家和乌托邦》的开篇指出："个人拥有权利。有些事情是任何他人或团体都不能对他们做的，做了就会侵犯他们的权利。"③ 国家作为个人自由权利的政治保障必须以中立的形式存在，任何为了社会利益而对个人利益的侵犯都是不合法理的，因此维护个人财产的"持有正义"原则要求的国家是"最弱意义的国家"。

规范性政治哲学强调国家作为目的而存在，它是对个人权利的规范和约束。人们在与物的关系中体现着自然属性，而在人与人的关系中表征着自身作为类的社会性，人是天生的政治动物，政治是人与人关系的最高表现，人们只有在不断满足物质利益追求的同时，逐步摆脱以物质利益为目的的意识，才能通过在政治社会或国家中的社会关系体现人作为人的真正价值。就

---

① 罗克全：《最小国家的极大值——诺齐克国家观研究》，社会科学文献出版社，2005，第3页。
② 〔英〕洛克：《政府论》下册，叶启芳、瞿菊农译，商务印书馆，1964，第52页。
③ 〔美〕诺齐克：《无政府、国家和乌托邦》，何怀宏等译，中国社会科学出版社，1991，第329页。

政治社会而言，作为人们存在的表现形式，它的"任务就是要把我们会给纯粹的事实遮住了眼睛以致看不到的一些理想的成分揭示出来，据以说明社会的性质"①，政治社会是人的个体性和社会性的统一。古希腊的苏格拉底既是西方政治哲学的开创者，同时也是规范性政治哲学的创始者，柏拉图和亚里士多德作为其思想的继承者虽然在道德与政治的优先性问题上存在分歧，但二者都赞同以道德的方式来解释政治。在亚里士多德看来，个人作为不完满的存在无法通过自身说明自己的本性，只有在作为政治共同体的城邦中才能以道德规范人的行为，而且作为政治共同体的国家不同于柏拉图以观念形式存在的理想国，它必须是在现实社会中可实现的，为此他进一步探讨了君主制、贵族制和共和制，并最终把共和制作为最优化的政体。② 柏拉图追求至善的理想国，亚里士多德要求建立作为平民政体的共和制国家，他们都以道德为目标，而道德作为人的内在品质是政治社会合理性的基础。根据规范性政治哲学的观点，国家或政治共同体先于个体而存在，国家或政治社会的最高价值追求对个人的行为具有规范性和约束性，对于国家而言，除它自身之外的任何人都不能对它进行处置。康德认为，一个合理的政治社会必须建立在两个原则基础上，即自由原则和平等原则，它是政治社会实现的可能。③

通过上述论证不难发现，无论是描述性还是规范性，它们对政治社会和个人关系的论证都揭露了现代资本主义国家的剥削本质。反对教权和王权中形成的资本主义国家以个人权利为追求，个人权利是现代国家的限度，这体现了政治哲学的基本观点，而在人们基于自然法形成的个人权利中，财产权具有基础性地位，"人们联合成为国家和置身于政府之下的重大的和主要的目的，是保护他们的财产"④。就现实而言，资本主义社会以私有制为基础，国家的目的是在不改变私有制的基础上，进一步维护和保障这种造成人与人对立的私有财产关系。可见，现代资本主义国家必然成为资产阶级利益的代

① 〔英〕L. T. 霍布豪斯：《形而上学的国家论》，汪淑钧等译，商务印书馆，1997，第11页。
② 参见〔古希腊〕亚里士多德《政治学》，颜一、秦典华译，中国人民大学出版社，2003。
③ 参见〔古希腊〕柏拉图《理想国》，郭斌和、张竹明译，商务印书馆，1986。
④ 〔英〕洛克：《政府论》下册，叶启芳、瞿菊农译，商务印书馆，1964，第77页。

言人。资产阶级在启蒙运动时期和资产阶级革命阶段提出了自由和平等的价值追求，主张摆脱封建剥削和束缚，实现人的彻底解放，这与规范性政治哲学的至善追求具有极大的相似性，但二者的不同在于，资本主义社会的自由和平等作为一种价值规范，它的实现不能脱离现实处境，具有普遍性的自由和平等追求在现代国家转变为资产阶级的特权，人类解放仅仅表现为人的政治解放。现代国家虽然带有规范性政治哲学的某些特征，但它只是将人类解放的规范性价值标准作为掩饰追求资产阶级个人权利的工具，这在根本上决定了它的阶级局限性和剥削本质。

第二节　马克思主义政治批判的基本内容

市民社会是国家产生的基础，国家是市民社会利益关系的代表。在这个前提下，马克思将政治批判的对象落脚于资本主义政治制度的批判，因为尽管现代政治国家不断以更为民主的形式组织起来，试图诠释其建立的自由平等的政治基础，但不论采取何种形式，不论如何在程序和占有方式上推进财产分配，只要是在阶级社会状态下，就无法改变其维护阶级利益的性质。所以马克思政治批判的效应就在于对现代发达国家的批判。资本主义政治制度如何改变也无法根除其资本主义制度剥削的实质，只有消灭国家，消除产生国家的现实根基，才能彻底消除资本主义国家作为阶级统治工具的剥削实质。

一　政治批判的前提：市民社会与国家的颠倒

在西方政治思想上存在两种以善恶为区分标准的截然对立的政治观：崇尚"至善"并将其作为政治目标的积极政治观，只是追求规避"必要的恶"的消极政治观。追求社会成员"最大幸福"的至善目标需要人们在政治上采取理性而积极的行动，这种观点实际上是理性主义观点。而黑格尔的国家观将国家归属于"善"的类型，黑格尔高度崇拜和迷信理性国家，他认为国家是高于一切的绝对力量，国家因为具有理性也不需要革命就可以自行完善。

马克思曾是青年黑格尔派的一员，也曾肯定黑格尔的理性主义国家观。马克思起初也赞同把国家看作理性精神的代表，认为国家能够按照理性精神处理社会争端和矛盾并公平、公正地对待社会中的每一成员。从国家的理性主义出发，法律应该"因为它是事物的法理本质的普遍和真正的表达者"①，即便是统治阶级的利益与国家理性发生冲突时也应遵从理性。林木盗窃案发生后，大众认为国家一定会按照理性的原则公平、公正地处理问题。但是林木盗窃法的颁布使马克思对理性国家的崇尚和信奉彻底倒塌。所谓的理性国家不顾贫苦大众的处境，完全站在了统治阶级的一边维护统治阶级的利益。马克思认为如果国家的法律认定贫苦人民拾捡枯枝的行为都可以称为盗窃，"那么法律就是撒谎，而穷人就会成为合法谎言的牺牲品了"②。马克思认为所谓的理性国家根本不维护穷人的习惯权利，贫困人民靠枯枝取暖做饭，这本就应该受到习惯保护的而在法律上却没有权利。法律权利表现为只保护富人的利益和习惯。用马克思的话说，"这些立法只要认为任意的非分要求具有合理的法理内容，它们就把这些要求变成合法的要求"③。

从黑格尔理性国家的角度出发，马克思谴责并批判统治阶级私人利益的法律化，私人利益应该服从理性国家而不应凌驾于国家和法之上。但是在现实中私人利益却成为立法的工具，普鲁士国家变成了维护私有财产的工具，国家由理性的最高表现降低为私人利益的维护者。马克思在考察和探究摩塞尔河的农民贫困问题中，更加确证了自己对理性国家只维护统治阶级利益的认知，同时加深了国家与市民社会之间关系的认识。马克思明确了国家和法有其存在的客观基础，要探寻国家、法以及权利的规律要深入社会生活之中，深入现实中不以人的意志为转移的客观关系之中。在这个时期马克思虽然指出了摩塞尔河贫困问题与普鲁士政府的紧密关系，但依旧没有找到解决问题的方法，更没有找到普鲁士政府和理性国家相分离的根本原因。后来在《莱茵报》被查封后，马克思在克罗茨纳赫时期总结了这一年多的政治实践，

---

① 《马克思恩格斯全集》第 1 卷，人民出版社，1995，第 244 页。
② 《马克思恩格斯全集》第 1 卷，人民出版社，1995，第 244 页。
③ 《马克思恩格斯全集》第 1 卷，人民出版社，1995，第 250~251 页。

基于实践和马克思自身的省思，马克思开始怀疑黑格尔的理性主义国家观，并初步形成了"现实"决定"观念"的唯物主义观点。后期马克思弄清了国家和法存在的客观基础是市民社会，并在《德法年鉴》中针对市民社会和国家的关系指出，"绝不是国家制约和决定市民社会，而是市民社会制约和决定国家"①。

市民社会理论和国家理论是黑格尔法哲学的两大成就，市民社会是一个很古老的术语，亚里士多德曾用"市民社会"指代城邦，西塞罗用"市民社会"指代一种政治状态。近代启蒙思想家们将"市民社会"看作脱离自然状态而与之相对立的社会和政治国家。而黑格尔对市民社会的定义区别于以上的思想家，他认为市民社会是"通过维护他们特殊利益和公共利益的外部秩序而建立起来的"经济体系，是个人利益和公共利益相冲突、相对立的城域。黑格尔的法哲学逻辑是市民社会高于家庭，而国家高于市民社会的建构逻辑。市民社会的形成使个人从家庭中退出并取代家庭的功能，即个人从私人生活转向构建公共生活。

黑格尔不仅指出市民社会和家庭之间的分离，还分析了国家和市民社会的关系。黑格尔强调市民社会"必须以国家为前提，而为了巩固地存在，它也必须有一个国家作为独立的东西在它面前"②。在黑格尔看来，国家是市民社会存在的基础，市民社会的利益关系受国家理性的统治。因为以个体自由、个人利益为出发点的市民社会是以自我为中心的，在市民社会中每个人要求充分发展私人利益。每个人追求自己的特殊利益同国家的普遍性之间必然产生矛盾，市民社会的私人性和国家的公共性之间必然产生矛盾，所以黑格尔在市民社会的自我矛盾中找不到解决问题的钥匙，认为只能依赖于外在的政治权威才能把冲突控制在一定范围内以免自我毁灭，显而易见这个政治权威就是国家。黑格尔认为，"国家高高地站在自然生命之上，正好比精神是高高地站在自然界之上一样"③。也就是说国家具有高于一切的绝对力量。

---

① 《马克思恩格斯全集》第 28 卷，人民出版社，2018，第 274 页。
② 〔德〕黑格尔：《法哲学原理》，范扬等译，商务印书馆，1996，第 197 页。
③ 〔德〕黑格尔：《法哲学原理》，范扬等译，商务印书馆，1996，第 285 页。

"因此，我们必须崇拜国家，把它看做地上的神物"①。需要注意的是从黑格尔的论述中我们会发现市民社会与国家起初是相互分离、相互独立的，但后来他指出国家高于社会，超越于社会，社会是依赖于国家而存在的，结论是取消了市民社会的独立性。

马克思虽然肯定了黑格尔理性主义国家观的积极因素，但是对于其消极因素也进行了坚决而彻底的批判，并在此基础上形成了自己的国家观和政治观。首先，马克思坚决否定黑格尔关于国家决定市民社会的主张。黑格尔将国家置于思辨逻辑中并将国家制度看成绝对精神的体现，看成伦理理念的体现，在观念中完成国家制度形式的演绎。将市民社会和家庭这种现实的存在当作非现实的、观念的有限领域，把条件颠倒成了结果，本末倒置。马克思纠正道："政治国家没有家庭的自然基础和市民社会的人为基础就不可能存在。它们对国家来说是必要条件。"② 可见，马克思从唯物主义出发考察、论证和评价问题，与黑格尔绝对精神的唯心主义观念划清了界限，旗帜鲜明地站在了黑格尔理性主义国家观的对立阵营。

其次，马克思批判了黑格尔消极的革命态度。要改变上层建筑、变革国家制度，就必须进行革命，而不需要改革的国家制度必须体现人民的意志和要求。可见马克思已经意识到革命的重要性，但是此时还没有准确地区分资产阶级革命和真正的革命之间的内在区别，更没有指出这场革命的现实力量和指导思想。

黑格尔的学说是建立在主观概念基础上的，颠倒了主词和宾词的关系，在思辨范畴内思考现实，将现实的存在观念化，最终认为所有的一切都应该是理性的。与之相反，马克思将国家、政治制度落实在现实中，从现实生活中"真正的人"出发来考究人的解放问题。即便从宗教和封建专制国家中解放出来转而进入资本主义社会人们依旧没有实现真正的解放，因为在资本主义社会人依旧处于异化之中，无法真正地拥有其自身，也无法实现人的本

---

① 〔德〕黑格尔：《法哲学原理》，范扬等译，商务印书馆，1996，第285页。
② 《马克思恩格斯全集》第3卷，人民出版社，2002，第12页。

质。所以必须推翻资本主义政治制度，只有推翻最后一个阶级国家才能最终实现人的政治解放，进而实现人的解放的终极目标。

二 政治批判的对象：资本主义政治制度

人无法单独表现自己的生命，总是表现为一种社会性的存在，人的吃、穿、住、用、行总是在一定的社会生产和交往活动中进行，政治国家的建立就是为了表现和组织一种共同体的生活。共同体在原始社会以氏族部落形式存在，后来逐渐演变为国家的形式。正如马克思所说："只有在共同体中，个人才能获得全面发展其才能的手段，也就是说，只有在共同体中才可能有个人自由。"[1] 建立在资本主义私有制基础上的国家不是一种"真正的共同体"，只能是一种"虚幻的共同体"形式。因为于资产阶级国家而言，"实际上国家不外是资产者为了在国内外相互保障各自的财产和利益所必然要采取的一种组织形式"[2]。以维护公共利益之名，行维护私人利益之实。

马克思指出："现代的国家政权不过是管理整个资产阶级的共同事务的委员会罢了。"[3] 国家作为上层建筑要与一定的经济基础相适应，具有"维持"社会经济运行和所有制关系的义务，资本主义国家建立后，废除了封建行会制度，统一了不同利益、不同政治、不同关税的各个地区，取消了各地区的关卡，这更有利于社会的进步和发展。资本主义国家在一定意义上履行了一定的社会职能，但是所有的社会职能也是为了资本家的共同利益服务的。

资产阶级专政的国家不外乎是利用国家权力来保卫资产阶级的私有财产权的统治工具，是为了保护和促进资本主义的发展而集中的有组织的社会暴力机关。在资本主义社会中，丧失生产资料的劳动者与资本家所拥有的生产资料相结合进行生产，资本家作为生产资料的拥有者、政治上的统治者用国家这个"公共权利"来维护其所有的资本，即资本家的共同利益。资产阶级国家会无所不用其极地维护资本的积累和再生产，使劳动力的再生产能够顺

---

① 《马克思恩格斯选集》第 1 卷，人民出版社，2012，第 199 页。
② 《马克思恩格斯文集》第 1 卷，人民出版社，2009，第 584 页。
③ 《马克思恩格斯文集》第 2 卷，人民出版社，2009，第 33 页。

利进行。所以资产阶级国家的建立不过是为了防止工人或者个别资本家破坏和侵犯统治阶级利益而建立的组织。这样的社会和国家通过暴力维护了少数统治阶级的利益却侵害了大多数人的利益，但力图让社会的每一个成员都相信它是公平、公正的化身，是维护社会普遍利益的组织，但实质是蔑视人、剥削人、奴役人，阻碍人的发展，限制人的自由的罪魁祸首。所以共产主义社会要消灭私有制，消灭阶级，消灭国家，揭露"虚幻的共同体"的真实面目并用"自由的共同体"取而代之。

在资产阶级革命后，马克思发现资产阶级国家并没有实现人的真正自由，反而限制了人的自由，所以马克思针对资产阶级的政治自由展开了批判。人们对于政治自由的追求可以追溯到奴隶社会，柏拉图曾想建立一个自由的理想国——奴隶制的自由王国。但事实上，奴隶制国家的奴隶毫无政治自由可言。在封建社会，虽然贫苦人民不再像物品一样从属于奴隶主，但是依旧束缚于封建领主，政治自由只属于少数封建贵族，农民对于政治自由可谓望尘莫及。直到资产阶级标榜"自由、平等、博爱"进行资产阶级革命，在革命胜利之后资产阶级国家将自由写入宪法。但是资产阶级民主制的自由只是废除封建剥削的自由，只是贸易的自由，只是资产阶级可以压迫和剥削工人阶级的自由，并不是劳动人民的自由，也不是劳动人民反对资产阶级压迫和剥削的自由。

资产阶级民主制虽然比君主制要进步，但是建立在资本主义私有制基础上的民主必然具有阶级局限性。资本主义民主制不过是隐蔽性极强的剥削制度。从资产阶级的阶级本性出发，马克思对资本主义确立统治地位之后的普选制、议会民主和政党制度进行了深度探析和批判。

马克思指出，"现代资产阶级国家体现在议会和政府这两大机构上"①。资产阶级国家通过政府的管理职能对无产阶级实行阶级统治并维护其阶级利益，但是这不代表议会就没有存在的意义，议会是资产阶级民主制的核心组成部分，议会是通过普选产生的执行资产阶级国家立法权的立法机关，由选

---

① 《马克思恩格斯选集》第 3 卷，人民出版社，2012，第 163 页。

举产生的立法权机构相对于君权神授来讲具有不可比拟的进步性。虽然议会并没有代表民意，更没有体现人民的主权，也就是说议会的民主具有虚假性，但是议会的存在确确实实缓解了无产阶级对资产阶级的敌对情绪，因为议会制造了一种无产阶级也具有参与国家管理、行使主权的假象，制造了一种"参政"的幻象，议会的存在有利于资产阶级以公正、合法的方式维护自己的利益，有利于被统治阶级更容易接受资产阶级的统治。

资产阶级的议会表面看似是人民权力的机关，但实质上只代表资产阶级的意志和利益，议会不过是国家进行阶级统治的粉饰和佯装。所谓选举，到底是怎样的选举，又是什么在决定选举权呢？恩格斯毫无避讳地回答："是财产在进行统治。财产使贵族能支配农业地区和小城市的议员选举；财产使商人和工厂主能决定大城市及部分小城市的议员选举；财产使二者能通过贿赂来加强自己的影响。财产的统治已经由改革法案通过财产资格的规定明确承认了。"[①] 所以，通过选举出来的议会成员也不过是各个派别的资产阶级而已，也许不同派别的资产阶级的利益略有不同，但是整个资产阶级的共同利益一定是一致的，那就是剥削和压榨工人阶级的最大剩余价值，追求更多的资本利润。马克思对于议会制本质的揭露彻底打碎了一些人对于资产阶级民主制给予人民民主的幻想，验证了资产阶级民主共和制依旧是阶级统治的机器。

普选制的设立原本是为了监督国家履行维护社会普遍利益的职责和义务，防止国家成为某一个阶级的统治工具，也就是说，国家应该是社会的公仆而不是社会的主人。但在资产阶级民主共和制的国家里，普选制表面上给予成年公民选举投票的权利，实质只是资产阶级用来维护资产阶级统治的工具。普选制只不过是"测量工人阶级成熟性的标尺。在现今的国家里，普选制不能而且永远不会提供更多的东西"[②]。但是人们总是被普选制的表象所蒙蔽和迷惑，一些民主党派甚至寄希望于普选制以实现其政治目标。这也说明

① 《马克思恩格斯全集》第 3 卷，人民出版社，2002，第 567 页。
② 《马克思恩格斯文集》第 4 卷，人民出版社，2009，第 193 页。

了小资产阶级无法认识到资本主义国家是维护资产阶级统治的工具。

三　政治批判的效应：对现代资本主义国家的批判

马克思在明确了国家的形成和现代国家本质的基础上，立足资本主义社会展开了政治批判。马克思主义政治批判指向了黑格尔理性主义国家观，还原了被黑格尔颠倒的市民社会和政治国家的关系，并对资本主义制度进行了针对性批判。历史上不乏批判政治国家的活动，他们政治批判的内容和马克思主义政治批判的区别在于，其停留于对国家形式的变革，试图以新的政权形式、新的国家组织机构解决存在于现实生活中的阶级矛盾。所以从不发达的政治国家到发达的政治国家的演变，可以说是无数政治家进行政治批判的结果，但是在马克思看来，政治批判在于揭露国家的实质，在于从改变上层建筑转向变革经济基础。尽管政治批判能够涵盖现代发达国家，但并不能从根本上改变资本主义制度的实质，而想要彻底地消除资本主义国家作为阶级统治工具的剥削实质，必须彻底地消灭国家，消除产生国家的现实根基。

现代发达资本主义国家与过去同样作为阶级统治工具的国家相比，人实现了一定的政治解放，作为社会历史发展的必经阶段有其存在的合理性，同时为实现人的自由全面发展创造了条件。资本主义国家虽然使广大无产阶级成为自由的劳动者，但他们没有不劳动的自由，如果不加入资本主义生产中，无产阶级就没有其他维持生存的机会和可能性。资本主义制度取代封建制度创造了新的文明，但资本主义国家的进步性是有限的，受现实的物质生产关系的支配，人们依旧处于劳动异化和本质异化的状态，因而并不能在各种社会关系中真正占有自己的本质。

马克思的政治批判适用于现代发达国家，但并不能改变资本主义国家的剥削本质。究其原因，关键在于政治批判并没有从根本上改变阶级对立的社会结构，所以政治批判产生的效应就在于对现代资本主义国家的彻底批判。现代资本主义国家与过去一切形式的国家都是作为阶级统治工具存在的，阶级社会在任何社会形态下都直观表现为阶级之间的对立，作为统治阶级的奴隶主、地主和资本家凭借对社会财富的占有处于社会的核心，而奴隶、农民和工人因为没有掌握生产资料而不得不依附于统治阶级处于社会的外围和边缘。阶级社会在不同形态下改变的只是处于统治阶级和被统治阶级位置的具体阶级，并没有彻底消除对社会结构的中心和边缘的划分。从阶级社会发展的现实来看，政治国家的阶级对立内在地决定了政治制度必然地指向统治阶级，而彻底消除阶级对立和资本主义剥削制度则需要立足社会现实，从根本上消除造成阶级对立的现实条件。

对于现代资本主义国家而言，资产阶级内部也逐渐意识到资本主义制度的弊端和缺陷，他们尝试通过理论变革的方式对资本主义国家进行批判和改造以延长其统治周期。罗尔斯作为新自由主义的代表，他在《正义论》中提供了一种正义制度的典型样本，采取了一种不同于传统自由主义对资本主义制度的辩护方式，试图通过将规范性和描述性结合达到消解资产阶级和无产阶级之间对立的目的。罗尔斯把正义看作社会制度的首要价值，正义的社会制度才是人类社会的追求，它从原初状态出发构建了两个正义原则，在坚持个人权利优先的同时，强调社会不平等的分配只有在保障社会合作中最小受惠者获得最大利益时才是被允许和公平的，从而为正义国家构建起了一套规范化的基本制度。罗尔斯在构建正义观时为了尽量与现代国家相符合，设想了一个适度匮乏的原初状态，物质条件的适度匮乏催生人们对正义制度的现实需要。就两个正义原则而言，第一个正义原则保证每个人作为个体享有平等的自由和权利；第二个正义原则用以保证分配的平等，它包含机会平等原则和差别原则两部分。在罗尔斯的正义原则中，争论最多的是其差别原则。受自然偶然性和社会偶然性的影响，任何社会都不可能通过形式上的平等分配到达事实上的平等，追求事实上的平等必须首先解决一个问题，即形式上的不平等分配在何种意义上是正义的。在罗尔斯看来，只有当对机会和平等、收入和财富以及自尊等社会基本的善的分配符合社会所有成员利益时才是合理的，而其中社会处境最不利者获益最多，这就是所谓的"差别原则"。罗尔斯的正义原则从个人权利出发，强调个体平等地享有自由和权利，并主张把这一原则运用到政治制度中，这体现了罗尔斯正义观试图在政治上构建一种描述性国家，但同时，他把机会的平等原则和差别原则作为对经济制度的安排，为解决现实经济领域中的事实不平等提供了一种模式化的标准。为了保证两个正义原则在政治制度和经济制度中的应用，罗尔斯专门设置了"配给部门""稳定部门""转让部门""分配部门"作为政府机构。①

马克思和罗尔斯对现代国家的批判采取了两种截然不同的方式，二者虽然都强调对人的自由和平等权利的追求，但不同的出发点最终导致了两种结果。无论马克思还是罗尔斯都意识到了现代国家对人的自由和平等权利的破坏，二者的不同体现为马克思站在无产阶级立场，批判资本主义在割裂生产资料和劳动者关系的基础上造成的无产阶级的异化。无产阶级在资本主义条件下获得的只是表面的自由，这种依附资本才能实现的自由必然进一步加剧资产阶级和无产阶级事实上的不平等，因而对资本主义的政治批判必须回到造成生产资料和劳动者分离的根源上。罗尔斯站在资产阶级的立场，在反思资本主义社会制度时意识到社会处境最不利者是社会中最不稳定的因素，延长资产阶级的统治周期，必须缓解资本主义条件下的阶级矛盾，资产阶级作为社会合作中的最大获益者需要在社会再分配中通过税收的方式对处于不利地位的社会成员进行补偿。罗尔斯的正义主张是西方国家福利制度的理论写照，但他在反对功利主义为了社会较大利益损害个人权益的同时，不可避免地陷入功利主义之中。

因为站在了不同的阶级立场，马克思和罗尔斯对现代国家的批判从批判的理论基础、实现路径到终极追求都各不相同：罗尔斯对正义原则的构建以及把正义原则运用到现代国家的政治制度和经济制度的观点，从抽象的人性出发构建社会契约以及从抽象的自由和平等讨论正义的国家的做法，一方面揭露了其理论的虚假性，另一方面暴露了他作为资产阶级的真正意图。罗尔斯寄希望于分配制度，试图通过缓解被统治阶级处境的方式达到掩盖矛盾维护阶级统治的目的。而作为资产阶级代表的罗尔斯，对现代国家基于规范性和描述性的结合提出的改造构想，内在于资本主义私有制和资本主义国家的框架。

---

① 参见〔美〕罗尔斯《正义论》，谢延光译，上海译文出版社，1991。

马克思站在无产阶级的立场从现实的生产方式和社会关系出发考察资本主义条件下无产阶级的存在状态，最终推导出造成劳动者和生产资料分离的私有制根源，为国家的彻底消亡找到了现实可能性，马克思政治批判的效应变成了对现代资本主义国家的彻底批判。马克思明确了私有制是造成资本主义一切罪恶的根源后，便把对现代国家的批判转向经济领域，从根本上探讨消灭国家和剥削的现实路径。马克思站在无产阶级立场追求的自由和平等，是超越资本主义国家和一切阶级社会局限的价值追求，它对现代国家的政治批判以人类解放为目标。在阶级社会里统治者不论以何种方式进行政治统治都无法实现真正的自由、平等，所以马克思主义对现代资本主义国家批判的结论就是必须消灭国家，只有国家消亡才能真正将社会管理职能归还社会，实现人在没有压迫、没有剥削的社会里自由而全面发展的愿景。

第三节　马克思主义政治批判的整体性指向：意识形态批判

在马克思看来，要实现彻底的政治解放，必须通过无产阶级革命，无产阶级是承担政治解放的领导阶级和决定力量。无产阶级立足于人类社会并在历史唯物主义的武装下通过革命建立无产阶级专政国家，从而消灭人类社会的最后一个剥削阶级，最后实现政治解放。以无产阶级为主体的政治解放实质上具有人类解放的意义。马克思主义政治批判是马克思对社会意识以及经济等内容批判的前提，政治批判的彻底性要求进一步推进哲学批判、意识形态批判，并使之在政治经济学批判中完成。

一　政治解放的"物质力量"："无产阶级革命"

马克思指出，"批判的武器当然不能代替武器的批判，物质力量只能用物质力量来摧毁"①。在这里"批判的武器"是指以哲学形式存在的精神力量，而"武器的批判"是指作为物质承担者的无产阶级。其他哲学家认为，

---

① 《马克思恩格斯文集》第 1 卷，人民出版社，2009，第 11 页。

仅仅依靠思辨的哲学批判就能实现政治解放，但事实上仅仅依靠哲学批判无法撼动普鲁士王权统治的现实根基，所以马克思提出"批判的武器"无法代替"武器的批判"，只有依靠无产阶级革命这种现实的"物质力量"才能彻底推翻普鲁士的王权统治的物质力量，进而实现人们的政治解放。最重要的是，马克思主义哲学超越思辨哲学的地方就在于它能够成为批判现实的力量，能够被无产阶级所掌握以指导无产阶级革命。

马克思进行政治批判而创立自己的政治哲学并不仅是为了回应西方政治哲学提出的问题，更重要的是形成自己关于世界的观点和方法。在《关于费尔巴哈的提纲》中马克思指出，"哲学家们只是用不同的方式解释世界，而问题在于改变世界"①。马克思改变世界的理想充分地包含在其关于无产阶级革命的论述中，革命是人们通过努力改变社会关系、改变社会形态的实践。马克思主义理论中的革命指的是破坏并改造旧社会的社会革命，而不单单指推翻政权的政治革命，那么无产阶级革命，我们就可以称为无产阶级社会革命。社会革命囊括经济革命、政治革命、文化革命等方面，但因为处于资产阶级专政的时代背景下，只能通过无产阶级的政治革命来为社会革命开辟道路，待无产阶级反对资产阶级的政治革命成功并进入无产阶级专政的时代，无产阶级就可以进行社会革命了。当然"只有在没有阶级和阶级对抗的情况下，社会进化将不再是政治革命"②。也就是说，社会进化还会继续，但是已经不需要政治革命，只需完成社会革命即可，这时的社会革命也不再包含政治革命的内容了。由此可见，我们看待无产阶级革命，必须站在一定的社会历史条件下去考察和审视，如此才能真正理解无产阶级革命的真实内涵和内在本质。

社会历史向前发展离不开社会革命的内在推动。但是革命是有条件的，"革命不能故意地、随心所欲地制造"③。决定革命爆发的因素主要在于生产力的发展水平，阶级对革命的需求以及人民的生活状况，而非领导的能力、

---

① 《马克思恩格斯文集》第 1 卷，人民出版社，2009，第 506 页。
② 《马克思恩格斯选集》第 1 卷，人民出版社，2012，第 275 页。
③ 《马克思恩格斯选集》第 1 卷，人民出版社，2012，第 304 页。

动机、观点等因素。但需要明确的是，即便是该国的生产力水平达到了爆发革命的程度，如果社会上并没有出现矛盾激化的现象，也不具备爆发革命的条件。因为任何地方发生革命其背后的内在动因都是落后、腐朽的社会制度阻挠了人们社会需要的实现，所以人们必须通过革命来改变这种落后的生产关系，改变这种经济基础之上的上层建筑。也就是说，如果没有人民群众对于革命的需求，就不会爆发革命。

同样的道理，无产阶级革命爆发也是因为人们在资产阶级的统治下无法进行正常的日常生活甚至无法生存下去。在资本主义社会中，无产阶级因为是长期处于被剥削、被压迫的边缘阶级，所以想要消灭阶级差别从而实现自身的解放。而能够改变这样一种现实状况的"物质力量"就在于无产阶级和马克思主义哲学相结合产生的无产阶级革命。无产阶级革命的核心内容就是夺取国家政权，建立无产阶级领导的政治国家。无产阶级想要获得解放，必须通过无产阶级革命实现政治统治，掌握国家政权。无产阶级在马克思主义理论的指导下，从颠覆占基础地位的生产关系开始，最终掌握社会占主导地位的生产条件，因而能够在上层颠覆资本主义国家政权。因为国家的实质是经济上占支配地位的阶级为维护其根本利益而建立起来的强制性的暴力机关，无产阶级掌握了一个社会的物质生产条件，便能够从根本上改变国家性质。

马克思指出，"工人革命的第一步就是使无产阶级上升为统治阶级，争得民主……并且尽可能更快地增加生产力的总量"①。革命可以通过和平途径和暴力途径来取得国家政权，但由于资产阶级和无产阶级的阶级利益关系无法调和，无产阶级想要取得国家政权只能通过暴力革命的方式，从主客观条件来说，暴力革命是无产阶级唯一取得政权的革命方式。暴力革命的方式可以是多种多样的，不同的社会条件下应结合具体实际选择适合的方式进行无产阶级革命，不能犯教条主义和经验主义错误，要坚持马克思主义的普遍性与特殊性相结合的原理进行无产阶级革命。

列宁在《国家与革命》中指出："按恩格斯的看法，资产阶级国家不是

---

① 《马克思恩格斯选集》第1卷，人民出版社，2012，第421页。

'自行消亡'的，而是由无产阶级在革命中来'消灭'的。在这个革命以后，自行消亡的是无产阶级的国家或半国家。"① 国家是阶级矛盾不可调和的产物，是一个阶级镇压、统治另外一个阶级的暴力机关。从这个意义上讲，资产阶级专政国家和无产阶级专政国家都是一个阶级通过暴力机关镇压另外一个阶级，但是其根本不同在于无产阶级专政国家是大多数的劳动者统治、镇压极少数的旧社会的剥削者和敌对分子，是新型的民主和新型的专政国家，所以已经不是原来意义上的国家，而是作为"自行灭亡"的由阶级对立的社会向无阶级社会过渡的"半国家"。

无产阶级专政国家作为过渡性质的"半国家"虽然已经不再是对大众进行剥削的国家，但依旧是无产阶级统治、镇压敌对分子的暴力工具，所以无产阶级专政国家还是"政治国家"，即一个阶级对另外一个阶级实行统治和镇压的工具。但是在资本主义社会过渡到共产主义社会的过程中，无产阶级专政政治国家的存在是必要的，因为只有镇压、控制住敌对分子和旧社会的剥削者才能实现广大人民的根本利益。但是政治国家终有一天会自行消亡，国家的社会管理职能终将还给社会，脱离了国家的社会职能也会丧失其政治性质，社会职能就变成单纯维护社会利益而存在的职能机构。列宁将"正在消亡的国家在它消亡的一定阶段"叫作"非政治国家",② 也就是马克思所谓的"未来共产主义社会的国家制度"③，即社会主义社会阶段的国家。这种国家不再是强制力的代表，也不是阶级统治的工具，只是让人们遵守一定的法律和制度同时在自由平等的社会环境下进行生产生活活动。在社会主义社会的非政治国家中，将没有阶级对立，没有阶级对立自然不需要政治国家的存在，人们必然会实现人的本质，实现自由而全面的发展。

暴力革命和国家消亡是紧密联系在一起的，因为资产阶级国家通过暴力统治广大人民，所以"资产阶级国家由无产阶级国家（无产阶级专政）代替，

---

① 《列宁全集》第 31 卷，人民出版社，2017，第 16 页。
② 《列宁全集》第 31 卷，人民出版社，2017，第 60 页。
③ 《马克思恩格斯文集》第 3 卷，人民出版社，2009，第 445 页。

不能通过'自行消亡'，根据一般规律，只能通过暴力革命"①。而无产阶级专政国家建立初期是对少数敌对分子实行专制统治而对广大人民实行民主，建立后期会实现最完全的民主，这种最完全的民主作为国家的最后形式使国家只能自行灭亡。所以实现政治解放的"物质力量"就是无产阶级革命，只有通过无产阶级革命才能最终实现消灭国家、实现人类解放的历史终极目标。

二　政治解放的终极目标："人类社会"

马克思指出"真理的彼岸世界消逝以后，历史的任务就是确立此岸世界的真理"②。宗教批判最根本的目的不是把人从宗教中解放出来，而是把人从世俗社会中解放出来，因为"人的自我异化的神圣形象被揭穿以后，揭露具有非神圣形象的自我异化，就成了为历史服务的哲学的迫切任务"③。宗教批判的结论是"人是人的最高本质"，宗教应将对于人的本质的占有归还给现实生活中的人，这是因为人自己创造自己的历史，人类自身的"类生活"和劳动实践构成了整个社会历史发展的深层逻辑。同时，要实现"人是人的最高本质"必须进行政治解放，政治解放是宗教解放的逻辑必然，政治解放促进了现代市民社会的产生，使宗教信仰成为公民个人的私事。此外，政治解放还不能彻底实现"人是人的最高本质"，不能完全摆脱"使人成为被侮辱、被奴役、被遗弃和被蔑视的东西的一切关系"④，要认识到现实的人不是离开社会而存在的抽象物，而是现实的社会关系的产物，追求人类解放最终要落脚于人类社会。

马克思在《论犹太人问题》中指出："我们不像鲍威尔那样对犹太人说，你们不从犹太教彻底解放出来，就不能在政治上得到解放。相反，我们对他们说，因为你们不用完全地、毫无异议地放弃犹太教就可以在政治上得到解放，所以政治解放本身并不就是人的解放。"⑤ 在鲍威尔的视域中宗教是

---

① 《列宁全集》第 31 卷，人民出版社，2017，第 19~20 页。
② 《马克思恩格斯文集》第 1 卷，人民出版社，2009，第 4 页。
③ 《马克思恩格斯文集》第 1 卷，人民出版社，2009，第 4 页。
④ 《马克思恩格斯文集》第 1 卷，人民出版社，2009，第 11 页。
⑤ 《马克思恩格斯文集》第 1 卷，人民出版社，2009，第 38 页。

造成不平等的根源，只要人从宗教中走出来，社会各式各样的阴暗面就能得以消除。事实证明，废除宗教与政权建立政教一体的国家后，社会弊端并没有消除。事实的真相是，即使摆脱了宗教束缚的枷锁和桎梏，宗教依旧存留实现政治解放的社会中，与人们的生活有着盘根错节的联系。正如马克思指出的，"一旦国家不再从神学的角度对待宗教，一旦国家是作为国家即从政治的角度来对待宗教，那么，对这种关系的批判就不再是对神学的批判了。这样，批判就成了对政治国家的批判"①。

在马克思看来，鲍威尔没有将政治解放与人类解放联系起来。按照鲍威尔的观点，只要国家从立法上废除某些特权——私有财产，并从国家和法的层面上昭示人人平等，那么就算是实现政治解放，也即实现了人的平等。但实质上国家只是作为国家废除了私有财产，但是在现实社会中并没有限制或区分出身不同、等级不同、文化程度不同、职业不同的人，而是宣告他们都是平等的具有人民主权的参加者。这种虚伪的平等只是通过掩盖私有财产和职业等因素以固定的方式规定人们的日常生活而已，国家的解放对于现实的人而言只是表面上、形式上的解放，但在现实生活中却被无形的枷锁所禁锢，这显然不是真正的政治解放。就像德国的政治解放的可能性"就在于形成一个被戴上彻底的锁链的阶级，一个并非市民社会阶级的市民社会阶级，形成一个表明一切等级解体的等级"②。

马克思在《〈黑格尔法哲学批判〉导言》指出，"不是国家决定市民社会，而是市民社会决定国家"③。黑格尔把国家作为一个标准，不承认占据基础地位的市民社会，认为最高的标准是国家，市民社会的利益服从于国家，但是马克思基于现实发现市民社会占据基础性和决定性地位。基于马克思市民社会理论，政治解放的突破口就是建立共产主义社会，市民社会是人类一切冲突矛盾的根源。尤其是对于现代社会的考察，马克思深刻认识到国家只是市民社会中的不同群体为了平衡利益进而通过用普遍利益代表这一虚幻的

① 《马克思恩格斯全集》第3卷，人民出版社，2002，第168~169页。
② 《马克思恩格斯全集》第3卷，人民出版社，2002，第213页。
③ 《马克思恩格斯文集》第1卷，人民出版社，2009，第763页。

形式来调和矛盾的工具。而在资本主义国家中，国家政权只是关注市民社会中一部分个人的利益，进一步说，仅仅关注资产阶级本阶级的利益，就算是表面关注整体利益，那也只是出于本阶级利益而做出的选择。正是由于资本主义社会的虚假性，马克思认为应该在人类社会意义上，在实现人类的共同体的意义上解决市民社会的利益问题。资产阶级不可能调和个人利益和普遍利益之间的矛盾，所以必须通过社会主义革命，建立无产阶级专政，在人类共同体内调节人与人之间的关系，进而实现人的自由解放。

近现代政治哲学家在自然属性引申的权利和自由的基础上的政治解放局限于市民社会，而马克思主义政治批判落脚于人类社会，从确证的权利和自由，即普遍的权利和自由出发，实现了人的完全解放。政治国家作为一种阶级统治的工具所维护的永远是统治阶级的利益。那么仅仅变革国家的体制不可能改变国家维护阶级统治利益的性质。只有消灭国家和人在经济生活中的异化，才能实现人的解放，而这需要把人的解放的落脚点置于人类社会，即物的依赖性的商品经济社会。只有经过物的依赖关系的经济社会的充分发展，才能建立和形成世界经济体系和交换体系，形成广泛和全面的社会关系，形成全面的知识体系和能力体系。而这些正是人类解放的物质条件和前提，是通向人类解放的必经阶段。

三　政治解放的思维方式：历史唯物主义

政治解放的"物质力量"是无产阶级革命，而无产阶级革命的主体是无产阶级，无产阶级的思维方式和思想觉悟直接影响革命的成败。因此无产阶级革命迫切要求无产阶级建立本阶级的思维方式，确立其自身的阶级意识。正如马克思所说："哲学把无产阶级当做自己的物质武器，同样，无产阶级也把哲学当做自己的精神武器。"① 历史唯物主义世界观规定了无产阶级的使命和任务，要求无产阶级必须完成批判整个资本主义社会，最终推翻资本主义制度的历史使命。历史唯物主义武装工人阶级的头脑、奠定无产阶级革命

---

① 《马克思恩格斯选集》第 1 卷，人民出版社，2012，第 16 页。

的理论基础，为工人阶级提供政治批判的基本框架，工人阶级利用历史唯物主义的方式来推翻资本主义社会是人类社会发展的历史必然。只有历史唯物主义才能确立无产阶级作为人民主体的历史地位，从而开启人民群众创造历史的新征程。

无产阶级只有以历史唯物主义世界观为指导才能推翻资本主义的理论依据在于，历史唯物主义具有科学性、革命性以及批判性，作为马克思主义基本观点的历史唯物主义为马克思主义政治批判提供了科学的方法论和世界观。唯物史观要求在一定的历史条件下辩证客观地而不是脱离社会关系孤立片面地分析和研究政治现象。

历史唯物主义和马克思主义政治学有其共通性和相同的逻辑起点——人的自然属性。历史唯物主义是马克思对于人类社会的两大贡献之一，是关于人类社会及其发展规律的正确认识。人类社会首先需要满足人的吃穿住用行，因为只有保证基本的物质生活条件人类才能从事其他政治、宗教、科学、艺术等活动，所以自然是历史唯物主义的逻辑起点。反观政治哲学又何尝不产生于人类的自然要求呢？契约论代表人物霍布斯和洛克认为人追求利益和快乐具有正当性，从人的自然要求出发引申出人对于权利和自由的欲望和追求也是正当合理的，人拥有保障自己生命生存和发展的正当权利，霍布斯和洛克关于自由和权利的阐述和逻辑为马克思主义政治学说培育了肥沃的土壤。马克思素来强调和重视自由、平等、正义等观念并设法寻找自由、平等实现的现实路径，其与自由主义的近现代政治哲学家的分野在于其所谈的自由问题绝不是抽象的自由而是现实中的自由，这种现实的自由是在考察和分析"处在现实的、可以通过经验观察到的、在一定条件下进行的发展过程中的人"①的基础上的价值取向。真正的自由和平等必须将社会化的人作为前提来考察，因此必须在现实的社会关系中在真正意义上实现人之为人的自由和尊严。马克思多次在其著作中谈到了自己对于真正的理性和自由的理解，并对虚假的道德、正义、公平、自由进行批判，这都源于马克思坚持历

---

① 《马克思恩格斯文集》第 1 卷，人民出版社，2009，第 525 页。

史唯物主义的世界观和方法论。马克思指出"不是意识决定生活,而是生活决定意识"①。正因为自由主义政治学家不懂得唯物史观,才会将理性、正义和自由误解为独立存在的永恒概念并把它作为资产阶级国家的实质而大肆吹捧,因为他们掩盖作为基础的物质利益关系,所以没有真正触及政治解放的根基,只是停留于部分的政治革命而推进国家制度改良。

在资本主义社会中工人在生活上无法满足生活基本需求,在政治上也无法拥有自由的劳动权和合法的财产权。马克思对于自由、理性、正义的批判是基于自由主义政治学家非历史主义地阐述这些概念的做法,马克思已经从考证自由的伦理主义视角转向了历史唯物主义视角,在最本质的层面掌握了政治学的基本问题,开创了政治学研究的新领域和新传统。

从同一个逻辑起点出发的历史唯物主义和政治哲学存在着必然的联系而不可能相互分离。只有厘清历史唯物主义才能求得考察和研究马克思政治哲学的正确路径,只有深刻理解、把握观念上层建筑才能细致考察马克思主义有关道德、权利、自由、正义的相关政治观点。历史唯物主义指出推动社会历史发展的因素是生产力和生产关系、经济基础和上层建筑之间的矛盾运动。当生产力和生产关系、经济基础和上层建筑之间的矛盾发展到不可调和的时候就会推动阶级斗争的发生。当阶级斗争尖锐化就会爆发社会革命,新制度代替旧制度,新的社会形态代替旧的社会形态,以国家政权的更替为标志的社会革命是阶级斗争的最高形式。封建社会推翻奴隶社会、资本主义社会取代封建社会都是在生产关系的更替中完成的社会革命,每一种新的社会形态都具有无可比拟的历史进步性,是不断超越旧的生产条件和交往关系的结果。今天对资本主义提出批判,对资本主义自由、民主、平等的政治制度的虚假性提出批判,必须坚持历史唯物主义的分析方法,必须对资本主义生产方式进行根本的颠覆。任凭资产阶级通过何种方式进行改革都无法改变其剥削无产阶级和贫苦大众的阶级性质和剥削本性。要实现人类解放只有进行革命,无产阶级推翻资产阶级的统治,历史唯物主义提供的阶级观点和阶级

---

① 《马克思恩格斯文集》第 1 卷,人民出版社,2009,第 525 页。

分析方法，为马克思恩格斯分析和研究阶级社会政治现象提供了科学方法和根本观点，更为无产阶级革命的胜利提供了理论保障。

历史唯物主义和马克思主义政治学之间具有不可争辩的内在共通性，澄明两者之间的内在会通有利于在当代语境下更精准地认识马克思主义各理论之间的关系，并从整体性角度推动马克思主义理论的发展。从实践角度看，政治解放需要历史唯物主义理论的支撑，历史唯物主义本来就是从阶级利益出发去研究和分析社会的政治现象，为无产阶级取得革命的胜利打下了坚实的理论基础。只有保证历史唯物主义理论空间向社会"敞开"才能使马克思主义政治学坐落于历史平地，以免政治学沦为漂浮无根的伦理主义学说和贫瘠干瘪的实证主义学说。

小　结

国家作为普遍意志的代表，是理性精神的实现，形成直接的现实的统治人的力量。政治关系是建立在一定经济关系基础上的人与人之间的关系，其包罗万象、纷繁复杂。对政治关系进行解剖、对政治制度予以批判，在追问其本质问题的过程中势必要形成一个系统的、完整的批判学说。马克思主义政治批判一定程度上推进了宗教批判，并且将问题进一步深入到意识形态批判、政治经济学批判中，所以马克思主义政治批判本身就是整体性的批判。国家政治生活影响着人与人之间的关系，尤其是其价值准则和伦理要求决定着整个社会的意识形态状况，可以说不同的政治背景形成不同的意识形态，在阶级社会和政治异化的背景下意识形态与统治阶级的政治制度相结合，形成了被强化的政治意识形态。人们按照统治阶级的意愿生产生活，按照统治阶级的思维方式思考，人们只能将政治意识形态作为自己的原价值，从而失去了自己的自觉意识，人们的意识必然受到统治阶级意识形态的控制。因此政治批判很有必要转向意识形态批判。除此之外，政治批判转向意识形态批判的必要性在于政治解放的实现很大程度上在于无产阶级革命的成功，而无产阶级革命的主体又是无产阶级，无产阶级想要实现革命的胜利必须形成本阶级的意识形态，而不是附庸于统治阶级即资产阶级的意识形态，因为无产阶级的思维方式决定了其行动准则，必须在思想上认清资本主义国家的剥削本质，如此才能规避伯恩施坦主义等错误思想，才能在行动上彻底坚持马克思主义革命理论，否则将无法取得胜利。

从宗教批判转向对国家和法的批判，揭露国家和法的异己内容，也即从政治批判转向意识形态批判，摒除统治阶级的意识形态统治，树立历史唯物主义的主流意识形态。宗教批判指向社会，政治批判指向消灭国家，意识形态批判构成对社会现实的指认，这些批判都是实现人本身自由全面发展的重要环节。马克思在对政治国家和法的本质分析中，为进一步把握现实物质利益关系开始进行意识形态批判。

第四章　马克思主义意识形态批判

　　"统治阶级的思想在每一时代都是占统治地位的思想。这就是说，一个阶级是社会上占统治地位的物质力量，同时也是社会上占统治地位的精神力量。"① 之所以在这里要把一个时代的意识形式称作意识形态，正是考虑到这样一种意识形态是这个时代占统治地位的意识形式。因为意识形态反映的是统治阶级的利益关系，为维护在一定社会关系中占主导地位的利益关系，统治阶级总是借助某种意识形态将其政治统治转换为人们的行为准则和价值准则。显然意识形态在政治国家的强化下已经发生了异化，人们将异化的意识形态作为其日常生活的"元价值"，并将其转化为普遍的、合乎理性的价值尺度和价值标准。人的生活方式被政治异化的思维方式决定，这种异化，也必将导致人的异化，最终结果就是人无法占有人的本质。可见在现实生活中，意识形态能够起到政治强制手段所不能起到的作用，因而马克思主义意识形态批判在社会批判中有了必要性和迫切性，只有对意识形态进行批判才能廓清人成为人自身道路上的障碍。马克思主义意识形态批判缘起于肃清各种形式的唯心主义，这里的肃清也包括与费尔巴哈在历史上陷入唯心主义划清界限。在排除从各个层面解释人类历史发展基础的唯心主义学说的基础上，马克思揭露了意识形态的"虚假的意识"的本质并对"政治经济学形而上学"以及形形色色共产主义思想展开了猛烈的批判。对意识形态的批判一方面终结了近代以后哲学的思辨性，另一方面从物质生产实践出发阐明了

---

　　① 《马克思恩格斯文集》第 1 卷，人民出版社，2009，第 550 页。

人类历史发展的一般规律。从而建立了落脚于"人类社会"并致力于"改造世界"的"新唯物主义",即历史唯物主义。唯物史观是其深入批判资本主义生产关系的重要依据,并成为无产阶级引领人们迈向自由而全面发展的共产主义社会的重要思维方式。

第一节　马克思主义意识形态批判的缘起

马克思的历史唯物主义建立在对德意志意识形态的批判基础之上,在马克思主义整体性视域下研究意识形态问题是坚持马克思历史唯物主义的客观需要和本质要求。马克思、恩格斯在《德意志意识形态》一文中对德国各代表性的理论进行批判,明确提出鲍威尔的"自我意识"、施蒂纳的"唯一者"以及费尔巴哈"抽象的人"都是在某一个层面发展了黑格尔的自我意识的观点。所以马克思对"意识""概念"的诸多变种进行分析,排除从各个层面解释人类历史发展基础的唯心主义学说。马克思主义本身就是一门批判的理论,马克思在批判和扬弃以前的哲学家的思想的过程中,在与之前的哲学家对话的过程中逐渐形成自己的思想体系。

一　马克思对鲍威尔"自我意识"的批判

"自我意识"的概念要追溯到伊壁鸠鲁派学派、斯多葛学派和怀疑学派,后被费希特和黑格尔继承并发展。黑格尔在《精神现象学》中指出:"自我意识是从感性的和知觉的世界的存在反思而来的,并且,本质上是从他物的回归。"① 黑格尔认为起初人是通过否定他人的方式来满足自己的欲望的,但是这种否定他人的方式不能达成主客体的统一,只有回归到纯粹的思辨中才能求得内心的平静,就是说所有的外物都是被感知、被意识的存在,没有离开思维和意识而独立存在的外物,只有从他物回归到个体意识才能实现主体的自由发展。黑格尔认为个体意识经历了意识到自我意识再到理性的发展过

① 〔德〕黑格尔:《精神现象学》上卷,贺麟、王玖兴译,商务印书馆,1996,第116页。

程。自我意识是个体意识实现的关键一环。在黑格尔看来，自我意识是人区别于动物，人之所以认识自己存在的关键因素，也是人的最高品质。

布鲁诺·鲍威尔是青年黑格尔派的重要代表人物，他的核心思想就是"自我意识"。马克思称鲍威尔的哲学是"以漫画形式再现出来的思辨"①，原因在于鲍威尔不仅歪曲了黑格尔关于"自我意识"和"实体"之间的关系，而且丢掉了黑格尔哲学中重要的现实内容，从而变成了只有"自我意识"而毫无内容的漫画。马克思所指的漫画形式是以夸张的方式来凸显事物的某个特点或者以荒唐可笑的形式来展现事物的局部特征从而达到创作目的手法。黑格尔体系包含斯宾诺莎的"实体"、费希特的"自我意识"以及两者相统一的"绝对精神"。但鲍威尔只继承并极端化了黑格尔关于自我意识方面的内容并认为自我意识之外再无实体，自我意识在鲍威尔的视域下就是独立存在的实体并具有普遍存在的特征。

马克思对鲍威尔"自我意识"的批判可分为两个阶段，第一阶段是马克思博士论文时期，马克思充分肯定了鲍威尔宗教批判的理论并且深受其自我意识的影响，虽然这种影响是短暂的，但并不可以磨灭抑或被忽视。马克思并没有像鲍威尔那样发展自我意识以解决宗教异化问题，二者都认为是人创造了宗教，宗教是人的一种异化。同时马克思高度赞同自我意识所内含的顽强反抗精神。鲍威尔尖锐而极端的宗教批判完全可以被称为一场反宗教斗争，这场战役是为了自由和真理而战，是为了人的自由而发起的批判和斗争。但可惜的是这场战役并没有实现人的自由和解放，宗教的影响力依旧遍布每个角落。鲍威尔发现仅仅依靠宗教批判不可能实现自由和真理，只有通过政治批判和斗争才能实现真正的自由和幸福。基督教虽然是宗教的宿主，但推翻了基督教并不代表消除了宗教对人们的束缚，也不代表自我意识的历史发展走向了终端，宗教依旧可以找到新的宿主——封建统治的国家来阻挡自我意识的完全回归，所以自我意识发展不仅要求宗教解放，更要求政治解放。虽然鲍威尔建立在自我意识之上的抽象的宗教批判和政治批判都具有局

---

① 《马克思恩格斯文集》第 1 卷，人民出版社，2009，第 253 页。

限性，但是自我意识的斗争和不屈精神与马克思本身的斗争属性相一致，所以自我意识理念深深地感染和影响了彼时的马克思。

在《莱茵报》工作期间，现实的思想斗争和政治斗争已经不允许马克思只停留于理论问题的研究，随着马克思遇到对于物质利益发表意见的难事，理论与现实的矛盾冲突致使马克思与以鲍威尔为代表的青年黑格尔派分道扬镳，马克思开始省思和体认社会历史发展规律并思考社会历史的发展的关键和决定因素，从而进入对鲍威尔的理论予以批判和扬弃的第二阶段。马克思对于鲍威尔的批判主要集中在《论犹太人问题》、《德意志意识形态》以及《神圣家族》等著作中。马克思从唯物主义角度出发批判鲍威尔只是在理论的层面对宗教和政治进行批判，批判后所实现的宗教解放和政治解放也只是把人从宗教的精神权威和国家的精神权威的桎梏中解放出来，但人们悲惨生活的现实状况毫无改变。在鲍威尔"自我意识"的核心理念指导下自然而又必然的结果就是首先在精神领域和意识形态范畴爆发宗教斗争和基督教国家斗争，这是鲍威尔"自我意识"能动性的必然导向。鲍威尔在批判过程中将理论的作用夸大化，甚至认为理论就是可以改造世界的实践，一切批判的前提都是理论的完善。对鲍威尔来说，哲学就是对现存事物的批判，那么脱离社会现实的斗争所得来的自由也必定被限制在理论和精神层面。所以马克思强调"批判的武器"不能代替"武器的批判"。鲍威尔在精神和理论的范围内进行的批判不可能代替现实的社会革命，也不能实现真正意义上的人的自由和解放。

马克思反对鲍威尔坚持精神与群众相分离和相对立的观点，并提出社会历史的创造者是人民群众的观点。鲍威尔从未"迎合"过群众，他认为群众仅仅是意识形态的木偶和傀儡，是意识创造出来的承担本体意识的宿主。一方面是因为当时的群众受到了宗教主流意识形态的控制，大部分群众毫无反抗的欲望和要求。鲍威尔对群众甘心接受神的控制的状态倍感失望。另一方面，也即最主要的原因还在于鲍威尔认为自我意识是解决一切问题的密钥，自我意识的世界包含一切存在的方式，只有在自我意识中才能找到真正的实体。在鲍威尔看来，现实和实践无法跨出自我意识的界限，更无法超越自我意识，毋宁说取代自我意识在社会历史发展过程中的作用了。由此得出，鲍威尔认为批判只有在自我意识的范畴内才能奏效。

由此可见，鲍威尔将自我意识的发展等同于社会历史的发展，而社会历史发展的过程就是有限精神发展到自我意识的普遍性的过程。马克思在《神圣家族》中对鲍威尔以"自我意识"为中心的青年黑格尔派的批判为其建立自己的历史唯物主义世界观奠定了坚实的理论基础。

二 马克思对施蒂纳"唯一者"的批判

施蒂纳是个人主义、虚无主义和唯我论的杰出代表人物，施蒂纳早期受黑格尔影响而后加入青年黑格尔派，在参加青年黑格尔派的活动期间，施蒂纳将批判的对象转向了鲍威尔、费尔巴哈等人，在批判的过程中施蒂纳建立了自己的利己主义和无政府主义的哲学思想体系。施蒂纳认为人本身就是利己主义者，利己主义是自我意识的本质，是历史发展的趋势和真理。"他用他的至上的'唯一者'压倒了至上的'自我意识'"①。

"唯一者"概念是施蒂纳的理论核心。德国资产阶级思想的时代特色为施蒂纳"唯一者"思想的发展提供了肥沃的土壤和充足的养料。施蒂纳的"唯一者"思想是在批判费尔巴哈的过程中形成和发展起来的，与费尔巴哈把人看成抽象的"类""一般人"的思想背道而驰。施蒂纳从利己主义的自我出发，认为一切存在都是自我创造的，人只需要关心自己即可，因为人本身就是利己主义者，利己主义也必将成为历史发展的必然趋势和基本走向。

施蒂纳在《唯一者及其所有物》中开门见山地指出，"我把无当作自己事业的基础"②。在神主宰一切的世界，人们所崇尚和信仰的神所做的一切只是为了控制人和统治人，神只关心自己的事业，只为自己殚精竭虑，可以说神的出发点都是为了其本身。那么反观人类，依旧如此，人类也只关心自己的事业，人为了其自身的生存和发展，不惜奴役、压迫和剥削除了"我"之

---

① 《马克思恩格斯全集》第28卷，人民出版社，2018，第328页。
② 〔德〕施蒂纳：《唯一者及其所有物》，金海民译，商务印书馆，1989，第3页。

外的其他人。那么对于个人的褒奖和感谢不过是记录在历史卷宗上的荒诞文字而已。所谓的真理、自由、民主、正义也不过是促使人们为其奔波和辛劳的幌子而已，而施蒂纳认为其他人为追求所谓的自由和民主而付出的努力和代价从来就不在"我"的考虑范围内，因为作为"唯一者"的"我"只关心自我的利益得失。施蒂纳试图通过种种例子论证利己主义才是最正当的价值体系。既然神和人类都只考虑自己的事业，那身为个人的"我"就应该为自己的一切运筹谋划、夜以继日，"我"的事业就是与"我"自己相一致的，"我"就代表着"我"的事业，"我"就是一切的一切，真、善、自由、真理、正义都与"我"无关，自然与"我"的事业也无关，所有的除了"我"以外的其他事物对于"我"来说就是虚无，"我"的事业就仅仅是唯一的"我"的事业，"我"就是"唯一者"。正如施蒂纳说的："对于我来说，我是高于一切的!"① 施蒂纳从一开始就对其"我就是唯一者"的核心思想和哲学立场毫无掩饰，"唯一者"的思想是有逻辑可循的，利己主义也是合情合理的。因为人是利己主义者，在利己主义者的世界里，只有自己和自己的事业，完全不存在爱和精神。所以在施蒂纳揭示了人的真正本质是"唯一者"之后，基督教的神学和精神论就随之崩塌瓦解，因为只为自己而活的人心中无法承载对神的爱和虔诚，更无精神可言。

施蒂纳认为人类的发展史不过是人证明自己是唯一和单个人的斗争史，而人唯一者的身份并不是人类社会一出现就被承认和肯定的，而是要经历"人"到"唯一者"的转变过程，抑或被确认和肯定的过程。在处于一般性的"人"的时期，施蒂纳认为人从出生到青年再到成年都在与世界进行对抗和斗争：在婴儿时期人在蒙昧的世界中寻找自然之我，人在与自然的矛盾中成长；在青年时期，精神和理性掌管自我，精神是人的"第一次自我发现"，人在与世界的矛盾中发现自我；到成年时期，人不再受精神制约和掌控，按照世界本来的面目去看世界，利益成为人的"第二次自我发现"，"我将世界作为我认为的那种东西、作为我的世界、我的所有物：我将一切归之于我

---

① 〔德〕施蒂纳：《唯一者及其所有物》，金海民译，商务印书馆，1989，第 7 页。

自己"①。可见只有成年时期人将自己的利益放在了最重要的位置。针对婴儿时期、青年时期、成年时期，施蒂纳将历史也分为三个不同的时期，古代对应婴儿时期，人们在自然的统治之下。青年时期对应从基督教到近代人们被理性、精神所统治的时期。成年时期对应近代以后彻底摆脱自然神和理性神的摆布和控制，完全以利益为中心的时代。但施蒂纳这看似逻辑紧密的论证也只不过是在意识的世界里打转罢了，施蒂纳将整个历史看成"我"的意识的发展史，完全忽视了"我"之外的一切物质对于历史发展的作用。将个人意识当成决定历史发展的决定力量，夸大了意识的绝对作用，忽视了真正决定历史发展的物质力量和社会存在。

在自由层面上，施蒂纳认为人类不该追寻所谓的自由，而应该建立"我"的独自性。人们所追逐的自由是永远都无法实现的，只能是彼岸世界不着边际、触摸不到的自由，是理想的自由，是虚幻的自由。但人们并没有因为自由的虚无和无法实现而停止追求自由，人向往自由，向往完全的自由，所以人们追求自由的欲望愈加强烈，又在求而不得中不断地遭受挫败，最后人们因无力和失望开始否定自己，而又在不断地否定自己的过程中更加失望而无能为力，这使人们永远都逃不出被支配的怪圈。施蒂纳认为，"我自由于我所摆脱的东西，我是我在权利之中拥有的或掌握的东西的所有者"②。所以人不应该也不需要追逐自由，而应致力于确立自主性。"我"只遵循自己的意志而不受任何其他的约束和制约，包括国家、法、道德等，没有任何东西可以束缚"我"，"我"也不在乎任何除了"我"以外的东西，个人权利处于至高无上的绝对地位。但是在现实生活中，确确实实存在着国家、道德、法、上帝等对人形成的约束，那么施蒂纳认为要挣脱这些约束不需要依靠社会革命，只要"我"——"唯一者"在思想中否定其全部价值即可。

显而易见，施蒂纳的唯心主义理论体系和马克思主义历史唯物主义理论体系是背道而驰的，马克思和恩格斯撰写的《德意志意识形态》的大部分篇

---

① 〔德〕施蒂纳：《唯一者及其所有物》，金海民译，商务印书馆，1989，第 14 页。
② 〔德〕施蒂纳：《唯一者及其所有物》，金海民译，商务印书馆，1989，第 172 页。

章都是针对施蒂纳及其在 1844 年撰写的《唯一者及其所有物》的批判。但同时这也说明了施蒂纳的理论成果构成了马克思主义唯物史观的重要理论来源。马克思扬弃了施蒂纳的"唯一者"的核心内容，将其发展为唯物史观中要重视个人的历史作用的内容，并且马克思主义的最终目标就是实现人的解放，只不过施蒂纳所谓的"唯一者"缺乏现实性，而马克思将人的解放置于社会现实中，主张在历史唯物主义的指引下实现人的解放。马克思高度赞同施蒂纳对于费尔巴哈的批判，这缘于马克思认清了费尔巴哈"感性的人"的类本质，划清了与旧哲学的界限，而由对施蒂纳"唯一者"的批判也彻底地实现了对形而上学的批判，实现了对唯心史观的批判，这何尝不是形成历史唯物主义的最后契机呢！

三 马克思对费尔巴哈"抽象的人"的批判

费尔巴哈在哲学史上是具有里程碑意义的哲学家，是"直截了当地使唯物主义重新登上王座"① 的伟大思想家。恩格斯谈及费尔巴哈的影响时曾说："在我们的狂飚突进时期，费尔巴哈给我们的影响比黑格尔以后任何其他哲学家都大。"② 而费尔巴哈的思想之所以能以间接或直接的方式造成如此巨大影响，主要原因在于他颠覆了黑格尔思想体系的统治地位。在黑格尔学派解体后，大多数青年黑格尔派成员回归到唯物主义阵营，但唯物主义思想与其原来的学派体系产生了矛盾和冲突。唯物主义主张世界上"唯一现实的东西"就是自然界，而黑格尔理论体系把自然界看作绝对理念的一种外化形式。也就是说，思想和观念是世界的本原，而自然界只是思想和观念的派生物而已，回归唯物主义的青年黑格尔派陷入了这个矛盾之中。费尔巴哈在《基督教的本质》中明确阐述了世界上除了自然界和人不存在任何其他的东西，自然界是一切生物赖以生存的基础。而宗教的神也不过是人的本质的虚幻反映。费尔巴哈批判黑格尔一直在追寻理性和绝对精神的真理是徒劳而无

① 《马克思恩格斯全集》第 21 卷，人民出版社，1965，第 313 页。
② 《马克思恩格斯全集》第 28 卷，人民出版社，2018，第 534 页。

意义的，因为真理存在于人本身而不在于理性。至此马克思和恩格斯等人"一时都成为费尔巴哈派了"。

费尔巴哈明确地指出，"物质不是精神的产物，而精神本身只是物质的最高产物"①。费尔巴哈通过耶稣是借助圣母玛利亚的肚子而降生的客观事实来论证其观点，如果神无所不能为什么要借助尘世女子的力量才能使耶稣降生呢？显而易见，神并不是真的"全知全能"，神没有能力创造耶稣，人的感性肉身反而使耶稣诞生，这就推翻了神创造了人的观点，所谓的神性的出现必须借助人的肉身才能得以繁衍。所以说"神学之秘密就是人本学"。宗教的神圣形象被揭露之后，黑格尔的绝对精神主宰一切的世界观也随之土崩瓦解。以人本学为基础的费尔巴哈哲学超越古典形而上学从而奠定了马克思主义历史唯物主义的理论基础地位。

费尔巴哈的人本主义思想推翻了精神主宰一切的世界观和价值观，揭露了宗教是人的本质自我异化的产物，重新确立了唯物主义的研究起点，但费尔巴哈的唯物主义只是局限于"直观的唯物主义"。费尔巴哈虽然揭开了宗教的神秘外衣进而推翻了神创造人的神话，但是在费尔巴哈的视域下的人仅仅是感性的直观，是脱离社会关系以自然为基础的感性存在物，是远离社会历史活动的"抽象的人"，费尔巴哈把"对抽象人的崇拜"作为其人本主义的核心内容。费尔巴哈没有将现实和感性当作"感性的"和"对象性的"人的活动，更没有将它们放到实践的领域去理解。费尔巴哈虽然关注了对象性关系并以劳动为范例研究和分析对象性关系，比如他指出之所以有的人被称为农民，原因在于劳动对象是耕种的土地，之所以有的人被称为猎户，原因在于劳动的对象是猎物，但是这种对象性认识因为脱离对历史领域和社会关系的思考而依旧停留在抽象之中。正因为费尔巴哈将人仅仅看作抽象而感性的人，仅仅限于在感情范围内承认"现实的、单独的、肉体的人"②，只认可理性的爱和友情的社会关系，除此之外他认为人们之间别无其他的关

---

① 《马克思恩格斯全集》第 28 卷，人民出版社，2018，第 335 页。
② 《马克思恩格斯全集》第 3 卷，人民出版社，1960，第 50 页。

系，所以他将人的本质界定为"一种内在的、无声的、把许多个人自然地联系起来的普遍性"①，这种普遍性和共同性就是费尔巴哈所说的"类"。而真正的人应该是现实中的人、实践的人，从费尔巴哈的抽象的人转到现实的、活生生的人是马克思创立唯物史观的关键一步和重要环节。马克思支持并赞赏费尔巴哈重新确立了唯物主义的权威，纠正了精神是世界的本原的错误论断。但是费尔巴哈的人本主义理论终究是具有局限性的唯物主义。从肯定费尔巴哈坚持物质是第一性到否定费尔巴哈关于"人"和"类"的内涵界定，正是马克思打开历史唯物主义大门的关键密钥。与费尔巴哈的人本主义划清界限，对费尔巴哈的态度发生了根本性的转变，马克思最终成为不可替代、独树一帜的历史唯物主义的创始者。

马克思构建其唯物史观的过程也可以称为建构其辩证人学体系的过程。马克思关于人的辩证逻辑遵循从对物的依赖到以物的依赖为基础的人的独立性再到自由全面发展的路径安排。马克思这里所指的人并不仅仅是人的感性肉身，不仅仅是"单个人所固有的抽象物"②，而是在社会关系中从事社会历史实践活动的人。马克思首先对费尔巴哈关于"抽象的人"的论断展开了批判。马克思认为批判现存的世界的前提是"现实的个人"，是"他们的活动"和"他们的物质生活条件"。③ 这个前提构成了历史唯物主义的逻辑起点。

总而言之，不论是鲍威尔的"自我意识"、施蒂纳的"唯一者"还是费尔巴哈的"抽象的人"，一碰触到现实抑或现实中的人就会陷入困境。"鲍威尔和施蒂纳是德国抽象哲学的最终结论的代表人物"④，在抽象逻辑中打转是无法解决任何一个现实问题也无法改变任何的现实状况的。在鲍威尔看来，施蒂纳的"唯一者"和费尔巴哈的"人"完全对立。鲍威尔认为他们"就像爱尔兰的基尔肯尼的两只猫那样，它们彼此把对方吃得精光，结果只

---

① 《马克思恩格斯文集》第 1 卷，人民出版社，2009，第 501 页。
② 《马克思恩格斯选集》第 1 卷，人民出版社，2012，第 139 页。
③ 《马克思恩格斯选集》第 1 卷，人民出版社，2012，第 146 页。
④ 《马克思恩格斯全集》第 2 卷，人民出版社，1957，第 600 页。

剩下了两条尾巴"①。而这仅剩的这两条尾巴应该是"实体"。不论施蒂纳、鲍威尔和费尔巴哈之间的观点有何一致或者不一致，不论他们认为自己的理论多么正确，推进社会形态更替的根本动力就是生产力和生产关系、经济基础和上层建筑之间的矛盾，而不是"自我意识""唯一者"这些抽象的意识幻想。创造社会历史的从来都不是"抽象的人"，而是真真正正从事历史活动的人。从事实践的人民群众才是历史的创造者。唯物史观就是站在生产力是社会历史发展的基础这一视角，在社会关系中以"现实的人"和"物质生产实践"为前提建立的新的世界观和方法论，是从现实出发提出的符合人民根本利益的历史观，是与一切旧哲学划清界限的具有强大的生命力和彻底的革命性的理论。

第二节 马克思主义意识形态批判的基本内容

不论是哲学问题、经济问题，还是社会理想问题，众多哲学家在论述中都没有摆脱从"概念"的自我规定或者从形而上学的范畴去澄明的路径。意识形态批判理论是马克思主义理论的重要组成部分，在马克思主义的语境下，意识形态是一种被歪曲的观念上层建筑，是一种虚假的意识。意识形态理论为历史唯物主义奠定了坚实的理论基础，可以说历史唯物主义是在意识形态批判的过程中建构起来的。马克思分别对"虚假的意识""政治经济形而上学"以及形形色色共产主义思想展开了批判，从而形成了批判意识形态幻想的三个维度。意识形态批判是政治批判的理论支撑，是从哲学阶段到政治经济学阶段过渡的关键环节。

一 对"虚假的意识"的批判

马克思的意识形态批判是以颠倒现实关系为基础的黑格尔唯心主义哲学体系为开端，通过批判青年黑格尔派的一切唯心主义和费尔巴哈的机械唯物

---

① 《马克思恩格斯全集》第 3 卷，人民出版社，1960，第 102 页。

主义逐步确立自己对意识形态批判的辩证唯物主义和历史唯物主义立场。马克思对德国意识形态的批判一方面是对德国哲学思辨性的扬弃，一方面是对资本主义国家统治阶级意识形式的批判。

黑格尔哲学为普鲁士政府的统治保驾护航，其政治哲学更是为普鲁士政府欺压人民而辩护的哲学。黑格尔的"凡是现实的都是合理的，凡是合理的都是现实的"① 的命题被统治阶级用来论证和阐明普鲁士政府自身的合理存在性，这种合理性内含统治阶级剥削和压迫人民的合理性。如果人们也被这种命题和思想所控制，那么被剥削和压迫的苦痛就变成了人们生来就应该承受的，阶级的差别、剥削的痛苦都变成了合理的存在。所以普鲁士政府极度推崇黑格尔的政治哲学。黑格尔国家哲学的实质就是用抽象、思辨的方式描述社会历史的运动，遮蔽和颠倒现实生活中市民社会决定国家的内容。马克思对于黑格尔本体论的批判再一次论证了黑格尔唯心主义的本质，与此同时，马克思秉承着辩证否定的批判精神继承和发展了黑格尔哲学的合理内核，从而确立了意识形态批判的辩证而实践的方法。

黑格尔去世后，青年黑格尔派逐渐从黑格尔体系中走出来，纷纷展开对宗教的批判。虽然青年黑格尔派对于宗教批判功不可没，但其依旧局限于从观念层面进行批判。马克思揭露了青年黑格尔派用观念斗争来取代现实斗争的虚幻性，马克思认为，"他们只是用词句来反对这些词句；既然他们仅仅反对这个世界的词句，那么他们就绝对不是反对现实的现存世界"②。马克思主义意识形态批判落脚于尘世而不是天国，所以必须揭露和批判"同现实的影子所作的哲学斗争，揭穿这种投合耽于幻想、精神萎靡的德国民众口味的哲学斗争"③。马克思主义意识形态批判在揭露德国哲学不足之处的同时，也彻底揭露了国家政治统治的真相。在马克思主义意识形态批判的大背景下，青年黑格尔派也开始进行自我反思，也渐渐地体认到了其脱离现实的问题，从而慢慢走向唯物主义阵营。

---

① 《马克思恩格斯全集》第 21 卷，人民出版社，1965，第 306 页。
② 《马克思恩格斯文集》第 1 卷，人民出版社，2009，第 516 页。
③ 《马克思恩格斯文集》第 1 卷，人民出版社，2009，第 510 页。

　　在马克思的语境下，统治阶级的意识形态是一种被歪曲的观念上层建筑，是一种"虚假的意识"。其虚假性的根源在于意识形态产生于颠倒的世界，对于颠倒的世界的直接反映必然具有虚假性。所谓"虚假的意识"是对世界现实生活的完全性颠倒和对思维独立性的盲目崇拜。也就是说马克思主义意识形态批判的矛头对准的是统治阶级意识形态的虚假性以及其现实根源的颠倒性。这种对于现实生活的颠倒正是历史唯心主义的根本局限和缺陷，而意识形态的虚假性体现为统治阶级的政治意识形态的虚假以及人们在政治意识形态统治下观念的异化。所以马克思主义意识形态批判是对一切唯心主义和形而上学唯物主义的脱离现实的虚假意识的批判。

　　资产阶级意识形态的虚假性除了源于现实世界的颠倒，还受到阶级属性的影响。统治阶级为了维护其阶级统治和经济利益，必然会制定利于本阶级利益的法律和政策，但是为了维护其阶级统治并保持社会稳定，统治阶级必须粉饰其利己本质的政治意识形态，从而编造出一系列美好的幻想来麻醉人民。这种资产阶级意识形态的虚假性体现为伪真理性、伪人民性和伪永恒性。

　　首先，意识形态作为维护统治阶级利益的工具而失去了其真理性。在《德意志意识形态》中马克思指出："我们仅仅知道一门唯一的科学，即历史科学……我们所需要研究的是人类史，因为几乎整个意识形态不是曲解人类史，就是完全撇开人类史。"[1] 资产阶级意识形态是对社会现实的根本扭曲，是戴着真理面具的谬误性认识。政治意识形态是统治阶级用来维护其统治的思想武器，那么其必须以真理的面目示人来证明其合理性。统治阶级受其价值取向和利益驱使，其意识形态必然与社会现实相背离，但为了让社会成员对意识形态的合理性和真理性深信不疑，统治阶级必须在表面上让意识形态迎合社会上要求的一定范围内的改革方案。同时统治阶级通过宗教、法律、道德等来说明和论证统治阶级的意识形态是唯一合理的意识形态，是符合历史发展规律的认识。当然其意图不过是遮蔽其维护统治阶级的价值取向和阶级利

---

[1]　《马克思恩格斯全集》第 3 卷，人民出版社，1960，第 20 页。

益的本质。可笑而荒诞的是社会不断地更替，代表不同利益集团的统治阶级登上历史舞台，但是意识形态依旧上演自欺欺人的戏码。资产阶级猛烈抨击封建社会的意识形态，称其是欺骗和麻痹人民的精神鸦片。但是资产阶级不过是重蹈覆辙而已，用自由、平等、人权的虚假口号来保护本阶级的利益，资产阶级所鼓吹的真理不过是资产阶级的真理，犹如恩格斯所述，"理性的王国不过是资产阶级的理想化的王国"①。

其次，不仅如此，统治阶级还赋予其意识形态所谓的"人民性"。统治阶级鼓吹其意识形态是社会成员的普遍意识，是人民意志的表现，代表着人民的共同利益，人民也由于意识形态的真理性面具而认为其具有超越阶级的社会公正性。但事实上，政治意识形态只体现了统治阶级的意志而已。但为什么人民会相信政治意识形态代表着社会成员的普遍意识呢？原因在于新的统治阶级还处于革命阶段，确确实实是与非统治阶级的共同利益保持一致的。当新的统治阶级走向政治中心时，运用人民之前对其意识形态的信任来统治和欺骗人民，其实在统治阶级意识形态的迎合形式里处处含渗着统治阶级的阶级利益和意志。统治阶级的意识形态渗透到了社会生活的各个方面，其思考方式和基本信念深深地扎根于人民的精神生活，这造成了一种假象，即统治阶级的意识形态是人民自己的选择和喜好。人民不仅在经济和政治上发生了异化，在精神层面也开始受到异己力量的奴役和驱使。可以说生活在阶级社会的人民很难建立自己的独立思想和阶级意识，只是按照统治阶级的意志构建自己的思维方式和精神世界。

最后，资产阶级意识形态的虚假性体现为意识形态存在论上的伪永恒性。意识形态理论家描绘的他们所拥护的社会秩序是理想而完美的，完全不需要任何变革，也不会有任何人想要通过革命推翻现有的社会，那么这样的社会也就会永恒地存在。按此理论，在如此完美而永恒的社会基础上形成的意识形态也顺理成章地变成了永恒而绝对的真理。只要阶级社会存在，阶级意识形态就会一直存在。但是任何阶级社会形态都是历史发展的一个环节，

---

① 《马克思恩格斯文集》第 3 卷，人民出版社，2009，第 524 页。

而意识形态也是精神发展史中的一个阶段。而阶级统治的辩护者却将意识形态看作人类意识发展的终结，这是违背历史发展规律的现象。封建统治者将其意识形态当作天理天道，任何对其意识形态的质疑和变革都是罪不可恕、冒天下之大不韪的行为。而资本主义社会更将其意识形态看作与自然同等地位的永恒不衰的真理、永远不可超越的规律。

所以要揭开统治阶级意识形态的虚假外衣，要去除统治阶级意识形态控制人们的阶级属性，唯一的方式就是通过革命或者批判的实践活动去消除经济利益。只有消灭私有制，消灭资产阶级，才能促进先进生产力的发展，进而实现人的自由而全面的发展。

二　对"政治经济学形而上学"的批判

从马克思的思想发展史来看，马克思从宗教批判转向政治批判进而展开对国家和法的批判，但是马克思发现长期以来进行的政治批判无法实现其关于人的最高理想，对国家和法的批判也只是对资本主义社会的"副本"的批判，这远远无法触及人的本质，更无法破除束缚人民的枷锁和桎梏，所以马克思开始着眼于经济生活、落脚于现实生活，对资本主义社会生活的"原本"展开批判，即政治经济学的批判，从此马克思的意识形态批判也进入了政治经济学领域。马克思对于"政治经济学形而上学"的批判其实主要就是批判以蒲鲁东为代表的用抽象观念来论证政治经济学的现象。

马克思说："蒲鲁东先生把这些冒牌的黑格尔词句扔向法国人，毫无疑问是想吓唬他们一下。"① 但是这就意味着我们在研究蒲鲁东的同时也要研究黑格尔，黑格尔将一切运动看作逻辑运动，那么世界上的任何事物不过是"逻辑范畴这块底布上绣成的花卉"② 而已。黑格尔哲学是以思辨为核心的哲学，其哲学立场虽然是唯心主义但其方法论是辩证的思维方式。但蒲鲁东并没有学到黑格尔思辨哲学的实质，也就是我们常说的肯定、否定、否定的否定，

---

① 《马克思恩格斯文集》第1卷，人民出版社，2009，第598页。
② 《马克思恩格斯文集》第1卷，人民出版社，2009，第600页。

而是把它改造成正、反、合三段式的粗糙理解。他将这种方法简单直观化地应用于政治经济学的研究和论证，只能走向政治经济学的形而上学。经济学家都以人的"生动活泼的生活"为材料，但是蒲鲁东认为"情形正相反，事实绝不是有形物，因为我们不知道有形物这几个字是什么意思，我们知道事实是无形观念的有形表现"①。由此可见，蒲鲁东将哲学当作教训贫困的经济学家的论证材料，并没有将历史运动看作生产关系的运动，而看作一种不依赖现实的观念运动，这样的结果只能导致人无法理解政治经济学的本来面目。

将思辨哲学的外在形式直接作用于经济范畴必然使其走向形而上学。所以蒲鲁东不理解生产与生产关系以及经济范畴之间的关系，只是在纯粹的理性运动中寻找历史的根源，这显然只能陷入无穷的思辨之中。所以蒲鲁东只知道呢绒、丝织品等产品是一定的生产关系制造出来的，但是他不明白社会关系也是人们生产出来的。整个社会关系是一个统一的系统和整体，单独考察某个阶段的社会关系而不考虑这个阶段的社会的其他社会关系的论证是不可能成立的。而蒲鲁东偏偏形而上地将"社会的各个环节变成同等数量的依次出现的单个社会"②，就是将社会体系分割开来。显而易见，简单的正题、反题的公式，从一种社会关系推出另外一种社会关系，这样单一而简单的顺序逻辑是无法说明所有社会关系是处于相互依存、相互影响的状态的。

蒲鲁东批判政治经济学和社会主义都是片面而极端的，但是他并不主张人们通过革命的方式用社会主义取缔资本主义。蒲鲁东开始用哲学来解读和拯救政治经济学，但蒲鲁东自认为的辩证法已经不具有联系和发展的总特征，更不是以矛盾为中心的辩证运动的哲学范畴，而是机械地将事物分成好与坏两方面相互转动和冲撞的范畴。蒲鲁东认为事物坏的方面可以被剔除掉，只留下好的方面。顺着蒲鲁东的思路，随意选一个范畴并赋予它一个特性，我们就能保留其好的方面而消除其坏的方面。我们面对一个事物时，只看到其好的方面却剔除其坏的方面，这就背离了辩证法思维。按照蒲鲁东的

① 〔法〕蒲鲁东：《贫困的哲学》，徐公肃、任启华译，商务印书馆，1961，第142页。
② 《马克思恩格斯文集》第1卷，人民出版社，2009，第603~604页。

逻辑，垄断资本主义造成的贫富差距的缺陷完全可以通过税收来消除，其用以一个经济范畴去解释、消解另外一个经济范畴的方式将"矛盾和矛盾的消毒剂"混合起来，形成了其自己的政治经济学的矛盾体系。

蒲鲁东的哲学事实上背弃了黑格尔的辩证法精神。黑格尔的辩证法是"一种富有逻辑性的科学或是一种富有具体性的形而上学，根本改变了过去哲学的各项基础"①。那么他也只能承认"他用以说明经济范畴的次序不再是这些经济范畴相互产生的次序"②。那么经济的发展也不再以理性的发展为基础。蒲鲁东发明了一种新理性，这种蒲鲁东本人所谓的"人类理性"的实质不过是其个人理性而已。

蒲鲁东认为现实的历史是观念和原理按照时间顺序安排的那种历史。他认为"不是历史创造原理，而是原理创造历史"③。蒲鲁东的历史观和个人主义原理的形成并不是因为当时的生产力和生产方式的变化，而是这样的原理造就了那个时代。社会上所有的困惑和问题都应该到"剧中"观察，并通过考究"剧中人"寻找答案，"剧中的人"就是指"现实的人"，只有落脚和扎根于现实世界才能真正解决社会历史问题。而蒲鲁东在政治经济学的前提问题上出现了颠倒，在这个颠倒的事实之上不可能形成真理性的认识。

在马克思那里，宗教批判、政治批判都不能从根本上实现人的真正解放，随着遇到需要对物质利益问题发表意见的难事，马克思逐渐转向政治经济学批判，他发现很多经济学家的政治经济学批判存在问题，这里以蒲鲁东为代表，蒲鲁东的政治经济学批判颠倒了现实的关系，走上了形而上的批判道路，并不能真正用哲学去解决政治经济学问题。蒲鲁东希望用哲学去解决经济学问题，但这种"合题"不过是一种"合成的错误"，最终陷入形而上学的旋涡。蒲鲁东根本无法"凌驾于资产者和无产者"之上④，只能代表小资产阶级的利益，盘旋在政治经济学与共产主义之间。

---

① 〔法〕蒲鲁东：《贫困的哲学》，徐公肃、任启华译，商务印书馆，1961，第37页。
② 《马克思恩格斯文集》第1卷，人民出版社，2009，第607页。
③ 《马克思恩格斯文集》第1卷，人民出版社，2009，第607页。
④ 《马克思恩格斯选集》第1卷，人民出版社，2012，第236页。

三 对形形色色共产主义思想的批判

马克思在意识形态批判领域同时摒弃了形形色色的错误的共产主义思想，包括反动的社会主义、资产阶级的社会主义和空想社会主义等思想。这些形形色色的共产主义思想没有坚持历史唯物主义原则，打着维护无产阶级利益的口号，但从没有离开自己所属阶级的利益反对现有的生产关系，其对人类社会历史发展规律的描述、脱离现实而幻想出来的社会主义王国必将是虚幻的。

其一，反动的社会主义表现为封建贵族的社会主义。封建贵族从自己的阶级属性和历史使命出发对资产阶级展开了尖锐而猛烈的抨击。当然封建贵族一定是为了自己的阶级利益而抨击资产阶级，但为了博取同情，为了获得广大人民的支持，贵族佯装成不在乎自身利益的模样，好像所作所为只是为了无产阶级，从无产阶级的利益出发去反对和控诉资产阶级。封建贵族认为封建社会和资本主义社会之间最根本的不同在于封建社会没有创造出可以颠覆以前所有社会制度的具有顽强革命性质的无产阶级。封建贵族并不是为了无产阶级的利益而抨击和压制资产阶级，只是为了维护地主阶级的阶级统治而已。争取无产阶级的权益不过是封建贵族的障眼法，不过是封建贵族争取人民支持的手段，但是人民终会醒悟并看清封建贵族伪人民性的虚假社会主义本质，同时揭露其复辟封建地主阶级统治的真实政治目的。可见封建的社会主义的实质就是反动的社会主义。

反动的社会主义还表现为小资产阶级的社会主义。在现代文明国家中出现了摇摆在无产阶级和资产阶级之间的小资产阶级群体，小资产阶级已经认识到了本阶级可能被资产阶级或者无产阶级吞没的危险。所以小资产阶级开始站在反对资产阶级的阵营，其目的是恢复旧的生产方式、旧的所有制关系，"或者是企图重新把现代的生产资料和交换手段硬塞到已被它们突破而且必然被突破的旧的所有制关系的框子里去"①。返回到旧的生产关系中寻找突破

---

① 《马克思恩格斯文集》第 1 卷，人民出版社，2009，第 57 页。

显然是退步和反动的，因为生产力的进步和生产方式的不断更新是历史发展的必然，以生产力为基础的人类社会发展规律是不以人的意志为转移的。虽然社会历史在曲折中前进，但总趋势一定是向前发展而不是向后倒退。小资产阶级想违背历史发展的必然性是绝不可能的，这是一种怯懦的悲哀。

德国学者创立了自己所谓的"真正的"社会主义，但这种社会主义不外乎是继封建的社会主义和小资产阶级的社会主义之外的另外一种反动社会主义。德国的学者将法国反对资产阶级的社会主义文献直接搬到德国并直接指导德国实践，但德国学者并没有考虑当时德国社会发展还处于资产阶级反对封建专制的初级阶段。所以所谓"真正的"社会主义也只不过是理论上的文献形式罢了。这种翻译式的思想转换只能在思辨范畴内泛起涟漪，在社会现实变革中毫无实用价值。德国哲学家用自己的哲学立场来解释和批注法国的社会主义文献，将货币关系批判为"人的本质的外化"，将资产阶级国家批判为"抽象普遍物的统治的扬弃"①。对经典文献的歪曲和误读使法国的社会主义文献被篡改得面目全非，最重要的是德国哲学家们丢失了法国社会主义最重要的革命性特质。

德国人没有以科学的理论和革命的方式去推翻封建贵族的统治，反而声称自己代表不属于任何阶级的全人类的利益并用辱骂和诅咒的方式去批判资产阶级，德国人的做法有两个弊病。第一，在德国当下的社会形态下，并不存在不属于任何阶级的人。第二，德国正处于封建专制统治的社会形态，并没有进入资本主义社会，也就是说德国人对于资产阶级的批判毫无意义。如此，原本宣称维护人的利益、实现人的本质的德国社会主义最后成了维护封建统治的工具和武器，变成了一种反动力量存在于德国社会之中，这种反动力量的主体即德国的小市民。德国社会主义成为小市民维护其利益的工具，变成了打压资本主义运动和共产主义运动的利剑。

其二，关于资产阶级的社会主义。地主阶级、小资产阶级以及德国学者都曾尝试用冠冕堂皇的借口建立维护自己本阶级利益的"社会主义"，而资

---

① 《马克思恩格斯文集》第 2 卷，人民出版社，2009，第 58 页。

产阶级的社会主义不出意料的依旧是打着维护工人阶级利益的口号，这一派的资产阶级的核心论断就是"资产者之为资产者，是为了工人阶级的利益"①。他们想要在保留现有社会生存条件的前提下消除社会的痼疾和弊病，更明确地说，资产阶级必须要在维护其资本主义统治不变的基础上消除社会的痼疾和弊病，而他们指认的这种痼疾和弊病就是推翻资产阶级统治的无产阶级革命力量。为了实现保留现有社会存在条件，资产阶级的社会主义制定了一套理论体系来告诫工人阶级不要搞革命运动，认为革命除了带来痛苦的生活并不能给工人阶级带来任何好处，只有经济关系的变革才能改变工人阶级的现实状况。而这种经济关系的改革、这种物质生活条件的改变只需要行政上的改良即可实现，资产阶级的社会主义想要通过这样的理论主张来磨灭无产阶级的革命斗争火苗。在这样的社会主义指导下，资产阶级的资本与劳动的剥削关系完全不会受到丝毫的破坏和改变，最多只是减少一些统治费用而已。所以马克思指出，"资产阶级的社会主义只有在它变成纯粹的演说辞令的时候，才获得自己的适当的表现"②。

其三，关于空想社会主义。在 19 世纪资本主义进一步发展和物质生产水平显著提高的社会历史背景下，空想社会主义伴随着无产阶级追求本阶级利益的迫切要求以及对未来生活的美好愿望应运而生。以圣西门、傅立叶和欧文为主要代表人物的空想社会主义是科学社会主义的直接来源。空想社会主义为马克思建立科学社会主义奠定了理论基础，反映了当下人们对于消灭阶级对立的迫切愿望以及对于未来社会的美好设想。由于没有真正把握到社会历史发展的规律，其关于无产阶级运动的主张最终只是流于形式，其反对资产阶级和资本主义、建立共产主义的主张不过是"普遍的禁欲主义和粗陋的平均主义"③ 而已。

空想社会主义的局限性在于脱离了物质发展的现实性。空想社会主义者看不到无产阶级的历史主动性，也看不到与工业同步发展的工人阶级进行革

---

① 《马克思恩格斯文集》第 2 卷，人民出版社，2009，第 61 页。
② 《马克思恩格斯文集》第 2 卷，人民出版社，2009，第 61 页。
③ 《马克思恩格斯选集》第 1 卷，人民出版社，2012，第 431 页。

命的物质条件的不成熟性，通过个人的"空想"来创造条件。这就等于用虚幻的条件代替历史条件，用社会组织来取代无产阶级的自觉组织，将有关社会主义社会的构造建立在虚幻的社会基础上。在无产阶级力量弱小和阶级斗争不成熟的状况下，空想社会主义宣称其理论体系的完善和美好，并排斥一切的革命活动和政治活动。为了实现这座空中楼阁，空想社会主义者已经开始向资产阶级妥协并开始依靠资产阶级力量，在这个过程中其实他们已经逐渐堕落成反动而保守的"社会主义者"了。

第三节　马克思主义意识形态批判的整体性指向：政治经济学批判

马克思主义对意识形态的批判是对以往思辨哲学的批判并含有使哲学成为现实、使哲学具有批判现实的功能的目的。落脚于对生产力和生产关系、经济基础和上层建筑之间的矛盾运动规律的揭示，马克思在批判以往意识形态的过程中实现了从旧唯物主义向新唯物主义的转变。马克思主义哲学从"解释世界"的维度进入"改造世界"的维度，完成了实践转向。在意识形态批判中建立历史唯物主义的原则，在改造旧世界中完成哲学的历史任务，既使哲学变成现实，又使现实受到哲学的指导，由此马克思主义批判自然而然进入对资本主义生产关系的批判。可以说马克思主义意识形态批判是马克思主义哲学转向的关键，以"人类社会"为落脚点，批判植根于"市民社会"物质利益关系的局限性，从上层建筑层面揭露了各种意识形态的虚假性，彰显了马克思主义政治经济学批判的历史必然性。

一　从"旧唯物主义"到"新唯物主义"

厘清旧唯物主义和新唯物主义的关系就要明晰旧唯物主义"旧"在哪里、新唯物主义"新"在何处，在深刻体会旧唯物主义和新唯物主义的内涵和特征的基础之上才能洞悉旧唯物主义是如何转化成新唯物主义的，新唯物主义又是如何超越旧唯物主义的。

　　马克思认为"从前的一切唯物主义——包括费尔巴哈的唯物主义——的主要缺点是：对对象、现实、感性，只是从客体的或者直观的形式去理解，而不是把它们当做人的感性活动，当做实践去理解，不是从主体方面去理解"①。而新唯物主义是马克思主义的一种新的世界观，是哲学史上第一次将实践作为一种思维方式来思索和探究人类解放问题的唯物主义。不同派别从不同角度和内容出发将新唯物主义分别称为辩证唯物主义、历史唯物主义和实践唯物主义，虽然每个派别都认为自己定义和诠释的是真正的新唯物主义，但实质上这三种不同称谓的新唯物主义不过是从三种不同的纬度来阐释马克思主义新的世界观的同一种"主义"。用辩证唯物主义定义新唯物主义是为了凸显马克思主义哲学的批判性和革命性，辩证唯物主义的建立开启了用联系和发展的眼光看问题的新世界；用历史唯物主义来定义新唯物主义是为了从历史角度彰显其彻底性和完备性，历史唯物主义的建立使自然和人类社会统一于物质；用实践唯物主义定义新唯物主义是为了突出实践作为一种思维方式而存在的前提性和首要性，强调马克思主义哲学不仅具有解释世界的功能，更致力于改造世界。

　　从辩证法角度理解的新唯物主义所要批判和超越的就是形而上学的旧唯物主义。恩格斯指出形而上学的唯物主义"不能把世界理解为一种过程，理解为一种处在不断的历史发展中的物质"②。用形而上学的方式思考和探究自然和社会历史问题终将走入孤立地、片面地看问题的误区，而整个世界也将被看成一直处于孤立和静止之中的不变状态。而将辩证思维和唯物主义相结合则能实现用联系、发展和矛盾的观点来考察和分析自然、社会和人类思维发展的问题，而整个世界也被看成处于一种变化和发展的过程。辩证思维方式的确立促使旧唯物主义脱离形而上学，挣脱其固有的孤立性和片面性从而走向批判性和革命性的辩证唯物主义。在批判和革命的辩证唯物主义指导下，马克思哲学才能焕发出新的生命力，不断推陈出新，在自然规律和社

---

①　《马克思恩格斯文集》第 1 卷，人民出版社，2009，第 503 页。
②　《马克思恩格斯文集》第 4 卷，人民出版社，2009，第 282 页。

会规律中发现和总结真理性认识，进而指导实践并促进社会历史的发展和进步。

从历史角度理解的新唯物主义所要超越和批判的是历史上唯心的半截子唯物主义。旧唯物主义承认自然界是物质的而否认社会历史是物质的，这使旧唯物主义变成了半截子唯物主义，在社会历史领域陷入了唯心主义旋涡而不自知。旧唯物主义只承认自然是物质的并将人仅仅看成大自然的产生物，同时把社会看成自然界的扩展和延伸。以费尔巴哈为代表的旧唯物主义者，只承认人的自然进化，不承认人的历史活动推动社会进步的作用。历史唯物主义将焦点转移到人类社会历史上，从物质生产角度来考察和研究人类社会问题，创造性地将人类社会历史纳入唯物范畴。

虽然历史唯物主义不是马克思使用过的哲学术语，在标志着历史唯物主义诞生的《德意志意识形态》这部巨著中，马克思也只是用"历史科学"[①]来描述历史唯物主义这种新的历史观，但是从马克思的论述中，我们可以看出唯物史观的术语呼之欲出，用实践来解释观念的思想已经昭示了马克思唯物史观的形成。马克思说："这种历史观和唯心主义历史观不同，它不是在每个时代中寻找某种范畴，而是始终站在现实历史的基础上，不是从观念出发来解释实践，而是从物质实践出发来解释各种观念形态。"[②] 马克思通过物质生产的观点来说明人与自然和人与人之间关系的物质性，同时也阐明了脱离"生命的个人存在"是不可能创造人类历史的真理性认识。马克思用历史唯物主义原理解决了费尔巴哈的唯物主义未能解决的人们是如何将"宗教世界是世俗世界的幻想""塞进自己头脑"的问题[③]，从而确立起无产阶级革命的新的意识形态——历史唯物主义。

从实践角度来理解的新唯物主义所要超越和批判的是被界定为直观唯物主义的旧唯物主义。"实践唯物主义"在《德意志意识形态》中首次被提出，

---

① 《马克思恩格斯文集》第1卷，人民出版社，2009，第516页。
② 《马克思恩格斯文集》第1卷，人民出版社，2009，第544页。
③ 《马克思恩格斯全集》第3卷，人民出版社，1960，第261、493页。

由《1844 年经济学哲学手稿》的"实践的人道主义"① 发展而来。"实践的人道主义"是相对于费尔巴哈在批判宗教的过程中建立的"理论的人道主义"而言的。费尔巴哈在宗教批判中发现了人的异化但未发现异化的根源在于社会现实。马克思认为人要真正地占有其本质就要从宗教批判转向政治批判，从政治批判转向政治经济学批判，消灭私有财产和异化劳动，如此才能真正占有人的本质、实现人的复归，"按照人的样子来组织世界"②。实践的人道主义与实践唯物主义不论是内涵还是外显都具有一致性，都突出人的实践活动的基础地位和核心作用，其功能都在于改造世界。马克思指出，"直观的唯物主义，即不是把感性理解为实践活动的唯物主义"③。用实践唯物主义来阐释新唯物主义主要是针对不明晰"真正现实的、感性的活动"④ 和不了解革命和实践批判意义所在的旧唯物主义和唯心主义。实践是新唯物主义的根本观点，实践的思维方式赋予了哲学新的生命并使哲学发生了根本性的变革，只有从实践出发才能在现实的基础上实现马克思主义的批判性和整体性。

新唯物主义是建立在旧唯物主义基础上的新的世界观，不论是辩证唯物主义、历史唯物主义，还是实践唯物主义都不是相互冲突和排斥的，在本质上它们是一致的。马克思将实践引入认识论，人们将认识转化为实践创造了人类历史。可以说实践唯物主义内含于历史唯物主义范畴。辩证唯物主义主要是方法论上的唯物主义，在历史领域内唯物主义依旧是辩证否定的。所以我们说历史唯物主义包含辩证法和唯物主义、历史观和自然观、理论和实践的统一。而从"旧唯物主义"到"新唯物主义"的过程实质就是在现实的基础上建立无产阶级的历史唯物主义思维方式和阶级意识形态的过程。

二 从"革命民主主义"到"共产主义"

从唯心主义到唯物主义，从革命民主主义到共产主义是马克思的思想发生

---

① 《马克思恩格斯文集》第 1 卷，人民出版社，2009，第 216 页。
② 《马克思恩格斯全集》第 42 卷，人民出版社，1979，第 24 页。
③ 《马克思恩格斯文集》第 1 卷，人民出版社，2009，第 506 页。
④ 《马克思恩格斯全集》第 3 卷，人民出版社，1960，第 6 页。

的两个重要转变。从唯心主义到唯物主义的转变标志着马克思主义哲学世界观的变化，从革命民主主义到共产主义的转变标志着政治革命立场的变化。这是两种层面的变化，这两个转变之间具有密不可分的联系，但不是直接相关的。从唯心主义到唯物主义、从民主主义向共产主义的转变是马克思深入现实在实践中完成的转变。只有从唯心主义转向唯物主义才能确立科学的批判任务，但是这不能保证一定会形成科学革命立场、任务和方法。所以马克思主义需要从革命民主主义转向共产主义，共产主义不仅仅是一场民主革命，对于革命的条件、任务、性质都有规定。革命民主主义是走向共产主义的必要条件，但革命的对象、革命的力量以及革命的方式决定了能否从革命民主主义走向共产主义。革命民主主义责备和反对资产阶级的奴役和压迫，其中包含着为绝大多数人争取更好生活的人道主义关怀，这是革命民主主义能够转向科学共产主义的重要因素。综观19世纪三四十年代的共产主义思潮，其都包含这些因素，他们在反对资本主义剥削的过程中提出社会革命的构想，但立足于阶级对立的革命斗争没有超越历史上社会革命的局限性。马克思在批判空想社会主义的过程中逐渐发现科学共产主义的立场、观点和方法。

马克思在《德法年鉴》上发表的两篇文章——《〈黑格尔法哲学批判〉导言》《论犹太人问题》，系统地阐明了超越局限的政治革命，实现彻底的革命，在这个意义上完成革命民主主义向共产主义的转变。马克思以德国解放为例，"在德国，不摧毁一切奴役制，任何一种奴役制都不可能被摧毁。彻底的德国不从根本上进行革命，就不可能完成革命"①。德国需要彻底的革命，彻底的革命不是乌托邦式的，不触犯社会的基石就无法实现普遍的人的解放。"不摧毁一切奴役制，任何一种奴役制都不可能被摧毁。彻底的德国不从根本上进行革命，就不可能完成革命。"② 而德国必须进行彻底的革命还在于形成一个特殊阶级——无产阶级，彻底的革命不仅表现为人类解放的任务要求进行共产主义革命，而且在于无产阶级必须解放他人最终解放自己。

① 《马克思恩格斯文集》第1卷，人民出版社，2009，第18页。
② 《马克思恩格斯文集》第1卷，人民出版社，2009，第18页。

无产阶级是一个被戴上锁链的阶级，其要求改变自己处境的行动将揭示人类社会存在的秘密，宣告世界制度的实际解体。

此后马克思立足历史唯物主义深化对共产主义革命的科学认识，在《1844年经济学哲学手稿》以及《德意志意识形态》中进一步揭示了共产主义的内涵。共产主义对私有财产积极扬弃，从财产问题上规定了共产主义经历否定之否定的发展过程，由资本主义发展的对立面转化而来。《1844年经济学哲学手稿》从财产关系上规定共产主义只是对社会革命某一层面的规定，和粗陋的共产主义区别开来，进一步澄明未来社会形态以及实现人类解放的环节，但是对于如何进行社会革命尚未作出指示。接着，马克思恩格斯在《德意志意识形态》中进一步回答了实现人本质复归的共产主义如何转化为具体的历史的社会实践，立足唯物史观继续批判和研究政治经济学。马克思恩格斯指出，"共产主义和所有过去的运动不同的地方在于：它推翻一切旧的生产关系和交往关系的基础，并且第一次自觉地把一切自发形成的前提看做是前人的创造，消除这些前提的自发性，使这些前提受联合起来的个人的支配"[1]。共产主义革命要在生产力和生产关系的矛盾运动中改变现存的生产和交往条件，使这些条件最终成为个人自主活动的条件。所以说立足科学的唯物史观，马克思主义完成了革命民主主义向科学共产主义的转变。《共产党宣言》明确提出"共产主义革命就是同传统的所有制关系实行最彻底的决裂"[2]。共产主义就是要消除资本主义私有制，而不是一般所有制关系。之前的所有制关系在以往的社会革命中被消灭。资产阶级和无产阶级的对立发展为社会的主要矛盾，资产阶级的生产关系和交换关系成为现代社会生产力发展的障碍，革命的矛头已经对准资产阶级。无产阶级对资产阶级发起的革命不仅仅是推翻一种私有制形式，而且要终结私有制存在的历史；不是以一种剥削制度代替另一种剥削制度，而是从根本上终结社会剥削。这是共产主义不同于以往社会革命的科学性和彻底性所在，因而是共产主义和革命民主主

---

① 《马克思恩格斯文集》第1卷，人民出版社，2009，第574页。
② 《马克思恩格斯文集》第2卷，人民出版社，2009，第52页。

义相区别之处。

三 从"市民社会"到"社会化的人类"

从"旧唯物主义"到"新唯物主义"的关键环节在于对市民社会的批判。马克思明确指出,"旧唯物主义的立脚点是市民社会,新唯物主义的立脚点则是人类社会或社会的人类"①。一般来说,大部分学者将马克思哲学革命的落脚点放在"共产主义"这样的概念上,但事实上,由对于市民社会的批判从而转向人类社会的思维角度才是马克思与黑格尔同费尔巴哈的分野,也是马克思哲学革命何以可能的原因。

黑格尔和费尔巴哈的国家观影响了马克思主义批判的基础,黑格尔以"伦理实体"为核心辩证地批判市民社会,并将市民社会看作家庭和国家之间的差别阶段,肯定了"市民社会"中个体的需求和利益。黑格尔用"理念""伦理实体"构建社会生活,而马克思立足于社会现实生活本身来建构理想王国。虽然费尔巴哈对于市民社会的批判涉及"实践"的概念,但是这种实践只是"抽象的直观",只体现了"人对人的爱"。

黑格尔和费尔巴哈基于不同本体论批判市民社会,但是他们最终都是用伦理的方式去解决市民社会中存在的矛盾。马克思认为费尔巴哈无法通过"类"的概念实现改造世界的任务和目的,马克思通过"现实的人"和抽象的"类本质"的对比对费尔巴哈进行了全面的批判,"现实的个人"是参加历史活动并处于一定的社会关系中具有更丰富内涵的人,这与费尔巴哈将"个人"看作抽象的"类存在"完全不同。只有从"现实的人"出发才能揭露并粉碎资产阶级剥削人和压迫人的秘密和罪行,建立一个平等而自由的"人类社会"。

马克思从历史领域对黑格尔和费尔巴哈的市民社会批判展开追问和批判,将重构社会现实生活的基础建立在社会物质生产之上。在马克思看来,市民社会的矛盾集中表现在资本主义社会单个人的利益和普遍利益的对立

---

① 《马克思恩格斯文集》第 1 卷,人民出版社,2009,第 502 页。

中，市民社会有其自身不能克服的矛盾和问题，就这一点而言，资本主义生产和生活方式就是私有制和社会化大生产之间不可调和的矛盾。随着生产力的发展，资本主义生产关系必将无法容纳新的生产力，历史终将证明资本主义生产关系被消灭的必然性。马克思站在历史唯物主义的立场批判市民社会，在资本主义社会中，个体的自由和发展相对于前资本主义社会来讲无疑是进步的，因为资本主义社会一定程度上消除了宗教压迫和人身依附的社会关系上的弊病。但人的自由和独立依旧受到资本主义的"物化"制约，"物化"是马克思在历史的维度超越"社会"的又一个关键环节。

市民社会是以资产阶级的经济利益关系为基础的，而人类社会的目标是共产主义，建立自由人联合体。实现自由人联合体的目标需要调和个人利益和普遍利益的冲突，这就要求社会成员不能作为单子而无限追求私人利益，而必须作为社会化的人将自身的利益关系纳入现实的生产实践中。"政治解放同时也是同人民相异化的国家制度即统治者的权力所依据的旧社会的解体，政治革命是市民社会的革命。"① 因而政治革命只是部分调整了市民社会普遍利益的虚假范畴，这是政治革命固有的缺陷和局限性，"它把市民社会，也就是把需要、劳动、私人利益和私人权利等领域看做自己持续存在的基础，看做无须进一步论证的前提，从而看做自己的自然基础"②。当马克思将实现共产主义作为其终极目的时，作为批判现实的媒介——市民社会就只能淡出其理论视野。以"人类社会"取代"市民社会"是马克思哲学革命的必然趋势，同时也是共产主义运动的理论基石。

小　结

马克思主义意识形态批判涉及哲学批判、政治批判、政治经济学批判等方方面面，对于意识形态本身的横向批判体现整体性批判。马克思的意识形

---

① 《马克思恩格斯文集》第 1 卷，人民出版社，2009，第 44 页。
② 《马克思恩格斯文集》第 1 卷，人民出版社，2009，第 46 页。

态批判起源于对德国思辨哲学任务的清算，在此过程中马克思揭露了政治统治的最后一道防线，马克思在批判意识形态、法、国家的过程中逐渐找到存在的基础——历史唯物主义，因而马克思主义从宗教批判、政治批判、意识形态批判走向重新建立认识人类社会发展的历史基础。历史唯物主义立足人类社会发展的基础，与德国哲学总是从思维、意识等出发规定社会现实的内容或颠倒地认识现实的物质生产实践和社会意识的关系截然不同。立足唯物史观，马克思发现对宗教、国家、意识形态的批判最根本的在于对物质利益关系的批判。马克思在对一般的物质利益关系的阐述中发现资本主义生产关系的异化内容构成人与自然、人与社会、人与人自身相异化的根源。对资本主义物质利益关系的批判及对资本主义生产关系的批判构成马克思主义政治经济学批判的主题。马克思以唯物史观为基础，把唯物辩证法运用于经济学领域，分析了资本主义生产关系，揭示了人类社会发展的客观规律，《资本论》是对唯物辩证法的具体运用的体现，最核心层次的内容就是唯物史观的内容，它应该包括客观世界的发展、人的发展等基本原理。

第五章　马克思主义政治经济学批判

马克思主义政治经济学批判是从"副本"到"原本"的批判，对"副本"的批判主要是对国家哲学和法哲学的抽象批判，而对"原本"的批判是对现实社会经济利益关系的批判。从"副本"到"原本"的批判是从抽象到现实的批判。不论是统治阶级的意识形态还是政治制度，都根源于社会现实利益。而现实的经济利益关系是完成劳动异化、人的本质异化的根源所在，表现为社会日益分裂为统治阶级和被统治阶级。因此对资本主义物质利益关系的批判及对资本主义生产关系的批判构成马克思主义政治经济学批判的主题。马克思主义政治经济学批判构成实现人的解放的理论前提。马克思主义政治经济学批判缘起于马克思在《莱茵报》工作期间遇到了对"物质利益发表意见"[1] 的难题；又因国民经济学坚持从"私有财产的事实"出发将私有财产这一本应该加以解释和说明的原因当作前提来为资本主义社会的合理性和合法性辩护。马克思从资本主义社会"当前的经济事实"[2] 出发，揭示了资本主义私有制的历史性及其造成的资本和劳动的对立。以此为出发点，马克思深入展开对政治经济学内容的批判。在资本统治下的资本主义社会中异化劳动是首要的批判对象，而异化劳动产生的根源在于资本主义私有制的存在，私有制是资本主义社会合法性的前提。要消灭异化劳动并实现人的本质的复归，只有通过无产阶级这个现实武器来冲破人对物的依赖关系。

---

① 《马克思恩格斯选集》第 2 卷，人民出版社，2012，第 1 页。
② 《马克思恩格斯选集》第 2 卷，人民出版社，2012，第 49 页。

政治经济学批判最终要实现的是人类解放，只有消灭私有制，建立自由人的联合体，才能真正实现这一目标。

第一节　马克思政治经济学批判的缘起

以黑格尔法哲学和国家哲学指导解决社会现实问题时，马克思发现无论资本主义国家还是国家制定的法律，虽然在名义上维护所有人的普遍利益，但在事实上却只服务于掌握着私有财产的资产阶级，是个人特殊利益的辩护工具。马克思第一次剥开了私有财产的法权外衣，并以此为基础展开了对资本主义经济学的批判。与为资本主义统治秩序做辩护的国民经济学不同，马克思对资本主义社会的批判并不是从"私有财产的事实"出发，他在抛开国民经济学把私有财产作为内在前提的基础上，立足于资本主义社会的经济事实，批判了生产资料和劳动的分离造成的资本家和工人的对立。资本家和工人的对立从根本上反映的是资本和劳动的对立，以资本的原始积累为基础，资本主义社会借助雇佣劳动制度形成了资本统治逻辑，无论资本主义社会的生产还是分配都是资本主义剥削本质的体现，而剩余价值转变为资本在强化资本对劳动剥削的同时，把私有财产转变为奴役他人的权力。这充分表明，建立在私有财产基础上的资本主义社会作为阶级社会的最高表现，并不是实现人类解放的现实环境，只有立足于对资本主义政治经济学的批判，才能明确人类解放的现实困境。

一　围绕"物质利益发表意见"的难题

马克思在《莱茵报》工作期间，面对现实社会的物质利益难题，发现了理性国家和私人利益之间的内在关系，通过对黑格尔法哲学的批判，完成了思想上的一次重要转变。他在《〈政治经济学批判〉序言》中指出，"第一次遇到要对所谓物质利益发表意见的难事"①，而他所要发表的意见集中在

---

① 《马克思恩格斯选集》第 2 卷，人民出版社，2012，第 1 页。

《关于林木盗窃法的辩论》和《摩泽尔记者的辩护》中。马克思在《关于林木盗窃法的辩论》中论证了成文法和习惯法的关系，解释了财产的先占权等问题，揭示了私有财产的法权外衣。《摩泽尔记者的辩护》是官方要求记者对摩泽尔地区贫困状况有关报道进行说明时，马克思对新闻自由的辩护。

19世纪40年代的普鲁士处于资本原始积累阶段，地主阶级和新兴的资产阶级主要依靠暴力掠夺的方式强占土地和个人的私有财产，失去了生产资料的农民和城市居民为了反对掠夺和维持基本生活，或者说为了生存下去，不得不砍伐生活必需的林木，捡拾对于地主和资产阶级毫无用处的枯枝。普鲁士政府为了阻止林木被无产者占有，决定通过制定法律的方式把砍伐无主林木和捡拾枯枝的行为定性为"盗窃"并以此对广大贫民施以重刑。1841年，莱茵省议会展开了对《林木盗窃法》草案的讨论，面对社会严重的贫富分化和对立，马克思站在广大无产者的立场，采用习惯法为捡拾枯枝的行为做辩护，对习惯法和明文法的关系进行了探讨。

正如明文法只适用于特权阶级，习惯法的限定范围仅仅指向穷人，特权阶级的合法权利已经容纳在法律中，不能被法律包含的权利在习惯法的限度内同样是不合理的，贫民的习惯法只是在形式上没有被法律认可，它在内容上并不与法律相冲突或矛盾。法律以明文法的形式维护的是确定不移的权利，特权阶级的私有财产是明确的，而习惯法中包含着某种不确定性，无论是穷人砍伐的林木还是捡拾的枯枝都是无主物，换言之，习惯法因为不能判断对财产占有的私有或公有性质而带有偶然性。习惯法缺少成文法要求的必然性而不能被法律容纳，对于特权阶级和制定法律的议会而言，砍伐林木和捡拾枯枝不仅是非法而且是非分的。马克思反对特权阶级片面化的立法，认为以维护特权阶级的明文法对适用于无产者的习惯法强行统一的做法，忽视了习惯法的合理性，"即有些所有物按其本质来说永远也不能具有那种预先被确定的私有财产的性质"[①]。因为无法确认无主的林木的所有权的归属问题，因而不可能以法律的形式判定任何一种占有是违法的，对于枯枝更是如

---

① 《马克思恩格斯全集》第1卷，人民出版社，1995，第252页。

此，人们甚至无法预先感知哪些枯枝会脱落，也就无从谈起对它的占有问题。林木和枯枝是无主的，占有上的不确定性成为无产者基于习惯法进行砍伐和捡拾的前提。

马克思对适用于特权阶级的法律的分析遵从的是黑格尔的法哲学，直到需要对无产者的先占权进行说明，与黑格尔法哲学的冲突才逐渐显现。先占权强调的是根据时间顺序第一个占有无主物的人成为该物的所有者，黑格尔法哲学认为林木并非无主之物，林木所有者基于自由意志实现了对林木的占有，占有林木包含的所有东西以及对它的全部使用的权利，枯枝来源于林木所有者，即使脱落也是脱落在了林木所有者的林地中，林木所有者相较其他人拥有对枯枝的先占权，这种占有本身彻底排除了他人对林木的先占权。根据黑格尔法哲学，砍伐林木和捡拾枯枝的行为因为侵犯了他人的财产权，所以要根据价值给予相应的处罚，而在马克思看来，法律的财产权原本作为一种普遍性的权利适用于所有人，但现在却转变为一种把贫民排除在外的富人的特权，国家或法律的意义在于维护特权阶级的私人利益。

在《摩泽尔记者的辩护》中，马克思在对摩泽尔地区贫民的生活状况进行调研的基础上，揭示了特权阶级的利益上升为国家利益的本质。1842 年，《莱茵报》刊载了《摩泽尔河沿岸地区居民关注新闻界的下一步行动》和《关于乡镇财产必须退还》两篇文章，文章对摩泽尔河沿岸地区的柴荒问题和葡萄种植者向当地政府的求助问题进行了报道，尽管新闻已经忠实地还原了民众的呼声，但仍被政府指责为不真实并要求对伤害政府威信的报道进行说明。面对摩泽尔地区贫苦的葡萄种植者的强烈呼救，政府认为种植者的贫苦完全是由他们自己造成的，而且葡萄种植者走向灭亡是必然。因而国家并没有打算彻底消除贫困，而是提出了免税、转产和限制地产析分的建议。事实上，政府应该想方设法保护人民的财产权和劳动形式，而不能以牺牲这些权利为前提来暂时缓解矛盾和冲突，他通过习惯法说明人们对地产析分是人们从来就享有的权利，对地产析分的限制说明法律本身已经自行破坏了人们在法律面前的平等。普鲁士政府把贫民为了生存发出的求助看作无理取闹，国家在把特权阶级的利益上升为国家利益的同时，以政府的力量对抗来自贫苦大众的现实诉求。

　　基于上述论述不难发现，无论是基于林木盗窃问题对法律的考察，还是通过地产析分问题对政府本质的揭示，最终都指向了对私有财产权的说明。马克思在为贫民的合理所有权做辩护时虽然尽力与黑格尔法哲学相符合，但最终从内容到形式还是都超越了黑格尔法哲学。黑格尔认为，每个人都凭借自由意志享有对物的占有权利，人们在占有物的过程中实现自由意志的外化，国家内部出现财产占有的不平等是合理的，对于市民社会而言，造成人们不平等的原因，一是个人禀赋等偶然因素，二是市民社会财富相对过剩。从根本上来看，黑格尔的国家和法的理念并不是真实意义上的人的理性的产物，而是抽象的绝对精神的产物。马克思对国家和法的本质的思考遇到了无法解答的物质利益的困惑，他意识到自己的思想与黑格尔法哲学的根本冲突，揭示了特权阶级私有财产的法权外衣，为展开对私有财产的批判揭开了序幕。

二　国民经济学的"私有财产的事实"

　　马克思在对黑格尔法哲学进行批判的基础上，明确了损害个人权利和导致人异化的根源并不在国家和法本身，而应该到被黑格尔颠倒的市民社会和国家的关系中去寻找。马克思在剥离私有财产的法权外衣后，深入到市民社会的物质利益关系中展开对私有财产的批判。马克思对市民社会中的私有财产内容的分析相较于国民经济学家而言更加彻底，他在《1844年经济学哲学手稿》中指出，"国民经济学从私有财产的事实出发。它没有给我们说明这个事实"[1]。国民经济学把本应该加以说明和论证的私有财产内容作为前提，得出了市民社会财富不断增长的结论。在国民经济学看来，私有财产的内容主要表现为劳动者的劳动、资本家的资本和土地所有者的土地。凭借劳动、资本和土地在资本主义社会分别能够收获工资、利润和地租，国民经济学在说明市民社会带来社会财富增长的同时，并未阐述私有财产在市民社会为何被划分为劳动、资本和土地，而只是对这些内容本身进行了研究，这表

---

　　[1]　《马克思恩格斯文集》第1卷，人民出版社，2009，第155页。

明国民经济学并没有从根本上揭示和批判私有财产的法权外衣和内在本质，它在根本上仍然是为特权阶级的私人利益服务的工具。

马克思立足于国民经济学的各个前提和本身，批判国民经济学从"私有财产的事实"出发，指出对私有财产的研究应该从"当前的经济事实出发"①。马克思同意国民经济学提出的私有财产在本质上是劳动的论断，财富在本质上是人的劳动的产物，无论工资、利润还是地租都是由劳动创造出来的，资本主义社会的工业资本也不例外，只不过工业资本在资本主义社会取得了私有财产的客观形式。马克思在肯定财富作为内在于人的状态的同时，否定了私有财产这种具有历史性的事实相对于人的内在性，而国民经济学家在把财富归于劳动的基础上，把私有财产也作为人的本质，这就为以资本形式存在的私有财产赋予了一种先验的规定性。就资本家而言，其为资本的人格化，本身已经被转化为能够对物实行占有的抽象的人，而对于劳动者而言，为了维持生存只能把自己作为非人化的劳动力商品进行出卖。资本家用掌握的资本雇用作为劳动力的劳动者，资本主义社会的扩大再生产才能得以顺利进行。劳动既是劳动者维持自身以及后代生活的依靠，也是资本家实现资本增殖的手段，劳动创造的财富分为劳动者获得的工资和资本家分得的财富，国民经济学家站在资本家的视角只关注财富的生产，却不愿承认劳动者贫困的增加。没有资本，劳动缺乏客观条件；没有劳动，生产过程中就没有财富的创造；物质生产表现为利润和工资的同时产生，劳动者的生产劳动变为资本家实现资本增殖的手段，同时也为自己带来了贫困，正如马克思所说，"国民经济学虽然从劳动是生产的真正灵魂这一点出发，但是它没有给劳动提供任何东西，而是给私有财产提供了一切"②。国民经济学从维护资产阶级的利益的立场出发，宣称其从"私有财产的事实"出发研究社会经济现象，但实质上国民经济学并不是真实确切地考究私有财产的本来面目和内在本质，也从不探究资本和劳动的分离与私有财产存在之间的内在关系，更不

---

① 《马克思恩格斯全集》第 42 卷，人民出版社，1979，第 89 页。
② 《马克思恩格斯文集》第 1 卷，人民出版社，2009，第 166 页。

关心资本如何剥削劳动等一系列问题。国民经济学表面上把以资本形式存在的私有财产作为一种历史形式的事实，实质是为了掩盖资产阶级为资本合理性和永恒性做辩护的真实目的。

马克思提出对私有财产的说明应该从"当前的经济事实"出发，这一事实，即"工人生产的财富越多，他的生产的影响和规模越大，他就越贫穷。工人创造的商品越多，他就越变成廉价的商品，物的世界的增值同人的世界的贬值成正比"①。马克思认为，对工人与自己劳动的异化应该从私有财产的起源和本质出发进行分析。财产在进入私有阶段之前，反映的只是劳动主体对自身劳动产品的一种占有关系，人们依靠自然界提供的物质条件和自身的劳动能力不断地生产自身，但这种以占有客观条件为前提从事自主劳动的阶段必将会被劳动自身的发展所打破。随着劳动者与作为劳动条件的外部力量的分离，劳动者对财产的占有关系由劳动者的个人所有制阶段进入资本主义私有制阶段。劳动者与生产资料的分离，一方面把工人转变为自由到只能出卖自身劳动能力的无产者，另一方面把资本家变成了无须劳动仅仅靠生产资料就可以获得财富的有产阶级和剥削者。在资本主义社会生产中，人们普遍认为，虽然劳动是生产中创造财富的唯一源泉，但如果没有资本家提供的生产资料，劳动根本无法发生，因而资本在社会生产中凭借所提供的必要客观条件理所当然地成为对劳动发挥决定作用的力量。

在马克思看来，人们不能单纯地把资本作为提供劳动条件的要素，还要进一步明确资本之所以能够为劳动提供劳动工具和劳动对象等客观条件，是因为以资本形式存在的私有财产正是导致劳动者与生产资料相分离的原因。就资本主义社会而言，这一原因可以追溯到资本原始积累阶段，个人所有制条件下，劳动者个人占有生产资料，生产过程以及劳动成果完全由个人支配，直到新兴资产阶级为了迅速积累私有财产采取野蛮掠夺的方式，把个人所有制转变为资本主义私有制，劳动者自此丧失了生产资料。资本主义制度表面上看使劳动者获得了个人自由权利，但就实际状况来看，劳动者除非出

---

① 《马克思恩格斯文集》第 1 卷，人民出版社，2009，第 156 页。

卖自身的劳动力，否则根本没有任何其他维持自己生存的条件和能力，而一旦劳动力成为商品，就为资本家无偿占有他人的劳动创造了条件，工人的劳动能力与资本家提供的劳动条件之间的关系反映的是劳动与资本的关系。

三　资本与劳动的对立

资本与劳动的对立以资本的原始积累为前提，而资本的原始积累并不等同于资本积累。在马克思看来，资本积累的条件包括现存的资本，同时还必须依托现存的资本的关系，资本的原始积累作为提供最初的资本的手段和方法，它的目的在于生成资本，而资本的生成同样需要以积累为前提，"这种积累已经包含在对象化劳动与活劳动的独立的对立中，包含在这种对立的独立存在中"①。资本的原始积累在某种程度上也是劳动与资本对立关系的反映，原始资本的来源有很多，其中一种方式是对劳动者个人财产的占有。从所有制形式来看，借助资本原始积累确立起来的资本主义私有制是对劳动者个人所有制的否定，这是私有财产的第一次自我否定，换言之，新兴资产阶级掠夺来的财产，本身就是个人所有制下劳动者的劳动所得。资本原始积累与资本积累的最大不同在于，前者主要是生产资本，而后者是以资本的存在为前提，为了实现资本增值目的而进行积累的过程。资本主义制度的建立和发展离不开资本原始积累，而在资本原始积累的过程中产生了资本主义社会下的资本与劳动的对立关系。

资本主义雇佣劳动关系是资本与劳动对立的直接表现。资本主义社会生产资料的私人占有方式，把社会划分为掌握着生产资料的资本家和除了劳动能力自由得一无所有的工人，资本家和工人在自由市场上成了劳动力商品的买方和卖方，资本家要购买劳动力展开资本主义社会的生产活动，而工人只有出卖劳动力才能维持生存。雇佣劳动关系中，一方为了满足对个人利益的追求，而另一方则是为了谋生，这从一开始就表征着双方不对等的处境和地位。根据双方达成的契约，就资本家而言，资本家购买出卖劳动力的工人，

---

① 《马克思恩格斯全集》第 30 卷，人民出版社，1995，第 280 页。

并按照所达成的契约支付工人相应的工资；对于工人而言，工资既要能够维持劳动者自身及其后代的生存，同时还要满足劳动者学习劳动技能和接受劳动培训的需求。雇佣劳动关系以看似等价的商品买卖的方式获得了它的合理性，但劳动力商品的特殊性却在事实上打破了这种等价关系，劳动力商品不同于其他商品的独特之处表现在使用价值上，"即它是价值的源泉"①，劳动者在资本主义生产中既推动不变资本发生价值的转移，同时还在劳动产品中注入新的价值。资本家预付给工人的工资对应的只是劳动力商品的一般性，但它更为重要的特殊性往往被忽略。以雇佣劳动制度的确立为前提，马克思对于工人进行生产所创造的价值进行了深度的解剖和分析。他认为工人出卖的是劳动力，工人在劳动的过程中创造了新的价值，而资本家所支付的工资仅仅是劳动力的价值而非劳动的价值。"劳动是价值的实体和内在尺度，但是它本身没有价值"②，而劳动力的价值被视为工人的工资，换言之，资本家在建立雇佣关系时购买的是劳动力商品，但使用的却是劳动者的劳动而非劳动能力。资本家作为人格化的资本，通过雇佣劳动制度对资本与劳动的对立关系进行了美化，而在资本主义生产中被掩饰的不等价交换，在资本主义分配关系中进一步被揭示出来。

资本主义分配关系是资本对劳动事实上的剥削。资本主义社会的分配关系是由资本主义社会的所有制关系决定的。在对劳动产品进行分配时，资本家凭借对资本的占有获得了劳动产品的绝大多数，而创造价值的劳动者只获得预付的工资，除工资之外的一切剩余价值都被资本家无偿占有。为资产阶级统治秩序做辩护的政治经济学家总能明确指出这种分配方式的合理根据，即劳动是生产中创造价值的主体，但资本才是生产得以实现的主导因素和支配因素，前面已经论证过，资本主义生产虽然是资本逻辑主导的，但也是以资本逻辑为表现形式的资本主义私有制决定的。抛开资本家根据资本占有劳动产品本身的非正义性，就资本家对剩余价值的占有而言，这也是一种非正

---

① 《马克思恩格斯文集》第 5 卷，人民出版社，2009，第 226 页。
② 《马克思恩格斯文集》第 5 卷，人民出版社，2009，第 615 页。

义的无偿占有，他们支付给工人的工资并不包含剩余劳动创造的剩余价值。劳动者的劳动分为维持劳动力再生产的必要劳动和创造剩余价值的剩余劳动，必要劳动是工人从事生产的直接目的，而剩余劳动创造的剩余价值则是一种额外价值，个人所有制条件下剩余产品必然地归于劳动者本人，但资本逻辑主导下的剩余价值被资本家看作资本的利润而归资本家所有。可见，无论资本家凭借资本参与分配的方式，还是资本家无偿占有剩余价值的内容，资本主义分配关系都把资本家和工人、资本和劳动的对立关系在分配和占有中转变为一种事实上的剥削关系。

剩余价值转变为资本是强化资本剥削劳动的方式。从资本与劳动的关系本身来考察资本对劳动的剥削，即所谓"资本是积累的劳动"[①]。资本家在占有剩余价值后或者将其直接用于消费，或者将其转变为资本实现扩大再生产，资本家唯利是图的贪婪本性使他们更倾向于选择后者。剩余价值转变为资本意味着工人越来越多的劳动产品被资本家剥夺，劳动越来越作为资本家的私有财产站在劳动者的对立面，劳动者在艰难维持自身生活的同时不断地生产奴役和剥削自身的力量，无论生产资料还是生活资料都越来越集中于资本家手中。资本家在不断扩大再生产中，一方面生产着自身的精致生活，另一方面生产着劳动者的牲畜般的生活。劳动者在有限的生产和生活条件下只能维持自身生物般的存在，无法实现自身作为类的存在。虽然相较之前的劳动收入有了一定数量上的增长，但与资本家对剩余价值的占有状况相比是微不足道的，资本家通过把剩余价值转变为资本强化了资本对劳动的剥削。

资本作为资本家掌握的私有财产，在经济领域表现为资本与劳动的对立，而对立绝不仅仅停留在经济领域，还反映在人们的政治生活等方方面面。以资本主义私有制为基础的资本主义国家，为它的自由和平等的价值追求赋予了阶级性，必然得以掌握着资本的资产阶级为价值核心，而广大的无产阶级从属于资产阶级，因而资本主义社会所谓的人类解放并不包含无产阶级。与之前的阶级社会相比，以资本与劳动的对立为表现内容的资本主义社

---

① 《马克思恩格斯文集》第 1 卷，人民出版社，2009，第 230 页。

会并没有发生根本性改变，它只是在创造比过去更大的生产力基础上把人们变为不得不靠出卖劳动力为生的"自由人"。

第二节　马克思主义政治经济学批判的基本内容

资本主义社会生产资料和劳动者的分离，把满足自我生存所需要的劳动降格为异化劳动，异化劳动在劳动者与劳动产品之间形成了异己的对象性关系，人对物的占有转变为物对人的统治，人与人之间的平等被资产阶级对无产阶级的剥削和奴役所取代，而这一切都充分表明资本主义私有制和异化劳动之间互为因果的内在联系。马克思在深入分析和全面考察异化劳动和私有制的内在联系和根本原因的基础上，发现资本主义制度在发展的过程中不断地在制造自我否定的条件，私有制不断驱动资本扩大再生产，从而带来了物质财富的急剧增长，进而促使社会生产走向社会化，而社会化的大生产必然会导致资本主义制度的灭亡。同时资本主义制度创造了否定其本身的物质力量——无产阶级，处于社会边缘的无产阶级因没有自身的特殊利益诉求而以人类解放为自身解放的前提，无产阶级必然通过无产阶级革命推翻资本主义制度。马克思批判了资本主义社会异化劳动的现实和私有制的阶级性，并认为政治经济学批判的前途是指向资本主义制度的自我否定。

一　政治经济学批判的现实：异化劳动的揭露

马克思立足于资本统治逻辑实现对政治经济学的批判，劳动的存在状态是生成资本统治逻辑的标志，因而，异化劳动是政治经济学批判的前提。资本主义社会的劳动是劳动者在与生产资料相分离状态下，依附于资本实现的，这在体现资本与劳动对立关系的同时，还表现为劳动的异化。劳动本应该在人的对象化过程中显现人本身，但异化劳动却不断生产与人相异化的力量，劳动同时生产着资本家的财富和无产者的贫困，资本逻辑主导下的异化劳动体现着人的本质的异化。

马克思在《1844年经济学哲学手稿》中阐释了异化劳动的四个表现：

劳动者与劳动产品的异化、劳动者与劳动本身的异化、劳动者与类本质的异化，以及人与人之间关系的异化。其一，从劳动的结果来看，"工人生产的财富越多，他的生产的影响和规模越大，他就越贫穷。工人创造的商品越多，他就越变成廉价的商品。物的世界的增值同人的世界的贬值成正比"①。劳动产品作为劳动的成果本应该由劳动者占有，但资本主义条件下劳动者仅仅获得维持生存的工资，这与劳动者的生产能力形成了较明显的对比，异化劳动决定了劳动者生产的产品越多他本身就越廉价。其二，从劳动的过程来看，"劳动对工人来说是外在的东西，也就是说，不属于他的本质；因此，他在自己的劳动中不是肯定自己，而是否定自己，不是感到幸福，而是感到不幸，不是自由地发挥自己的体力和智力，而是使自己的肉体受折磨、精神遭摧残"②。劳动不再是劳动者自我生产和发展的需要，异化劳动作为外在性或异己性的存在成为满足劳动之外其他需要的手段，生产活动在使人丧失劳动自主性的同时退回到维持动物机能阶段，一旦强制劳动的外界力量消失，劳动者必然会选择逃避劳动。其三，从人的本质来看，"异化劳动把类生活变成维持个人生活的手段。第一，它使类生活和个人生活异化；第二，它把抽象形式的个人生活变成同样是抽象形式和异化形式的类生活的目的"③。劳动首先表现为维持自身生存需要的生命活动，进行生命活动是所有动物的共性，人比动物的高级之处体现在，人除了把劳动作为维持生活的手段，还通过劳动实现自身作为类的存在。但是人已经不再是作为人而是作为劳动者进行机械劳动的生产工具，人本身成为生活的手段而不是人本身。此外，人的类特性在于人是自由的、有意识的活动主体，人可以在意识的能动作用下，自由地进行物质生产生活活动。物的异化以及人自身的异化使得人与类本质相异化。其四，从人与人之间的交往关系来看，"当人同自身相对立的时候，他也同他人相对立"④。异化劳动造成了人的社会交往关系的普遍异化，劳动

① 《马克思恩格斯选集》第 1 卷，人民出版社，2012，第 51 页。
② 《马克思恩格斯选集》第 1 卷，人民出版社，2012，第 53 页。
③ 《马克思恩格斯选集》第 1 卷，人民出版社，2012，第 56 页。
④ 《马克思恩格斯选集》第 1 卷，人民出版社，2012，第 58 页。

者与资本家之间、劳动者内部与资本家内部都处于尖锐的对抗关系中，对抗关系或源于生产资料的占有方式，或基于对利润和劳动机会的竞争。

马克思不仅从劳动者角度考察劳动异化，而且阐释了资产阶级在劳动异化中的地位。在马克思看来，人只有通过与他人之间的关系才能对自身的关系赋予现实性，当劳动者与自身劳动产品和劳动活动本身的关系发生异化时，说明有一个外在于他的他人占有劳动和劳动产品，当劳动不再是人的自由自觉的活动，就会变成由他人支配和主导，受他人剥削和压迫的异化劳动，劳动本身的实践性决定了异化是在实践中不断生成的，异化劳动既生产出作为劳动者异己力量的生产行为和生产对象，同时也生产他人对他的生产行为和生产对象的占有关系，生产他对他人的关系，即工人在与劳动的异化关系中，生产出资本家。

马克思批判地继承古典经济学的观点，在承认私有财产作为异化劳动根据和原因的基础上，进一步揭示了私有财产是异化劳动的产物和结果的事实，并论证了二者之间的相互关系。马克思指出，"私有财产一方面是外化劳动的产物，另一方面又是劳动借以外化的手段，是这一外化的实现"①，私有财产的这个秘密只有在资本主义社会才能被揭露出来，因为资本主义社会是阶级社会发展到最后和最高阶段的社会。马克思在论证私有财产和异化劳动相互关系的基础上，厘清了之前未被解决的问题。其一，私有财产和劳动的矛盾。国民经济学家在对异化劳动的规律进行基于事实的表述时，意识到了私有财产和劳动之间的对立关系，异化劳动为私有财产提供一切却没为劳动本身带来什么，资本家把工资作为对劳动的补偿，只是劳动异化的必然结果，劳动在背离人的本质后并不表现为目的，它只是追求工资的奴仆。强制提高工资只是资产阶级为了缓解与劳动者的矛盾而采取的做法，而并不能彻底改变异化劳动带来的劳动者工资和资本家私有财产的两极分化。其二，私有财产与普遍的人的解放的关系。马克思认为超越私有财产阶段，消除异化劳动，消灭私有制，实现普遍意义上的人类解放，需要通过工人政治解放的

---

① 《马克思恩格斯选集》第 1 卷，人民出版社，2012，第 60 页。

方式，以工人的政治解放强调人类解放，"是因为整个的人类奴役制就包含在工人对生产的关系中，而一切奴役关系只不过是这种关系的变形和后果罢了"①。马克思在此处虽然并未使用"政治解放"和"人类解放"概念，但他已经明确意识到政治解放与人类解放的关系，以工人阶级的政治解放为前提才能实现普遍意义上的人类解放。同时，马克思进一步揭示了把工人从政治形式中解放出来的条件。工人通过外化的和异化的劳动直观地展现着自身的异化状态，非工人虽然相较于工人而言能够占有财产，但他们本身同样处于异化状态。

二 政治经济学批判的核心：资本主义私有制

资本主义私有制是资本主义社会在制度层面对私有财产的认可和确认，资本主义私有制是以资本为表现形式的私有财产对资本主义生产关系的反映。理解财产的关系，主要借助对财产实体的考察来把握财富占有背后的关系，无论物与物的关系，还是人与物的关系，实质都是人与人之间关系的体现。阶级社会发展到资本主义阶段，确立了以资本主义私有制为基础的雇佣劳动制度，资本主义私有制否定了以个人劳动为前提的个人所有制，确立了以雇佣劳动为基础的财产关系。资本家雇佣无产者从事劳动，从生产过程中的关系来看，资本家自然地成为决策者和管理者，劳动者生产什么以及如何生产直接听从资本家指挥，而就分配而言，劳动者获得工资而资本家占有除工资之外的一切劳动产品，资本主义社会财产占有方式内在地决定了资本家和工人之间在生产和分配上的对立。

资本主义私有制以资本逻辑为主导，把人与人之间的关系转变为物的关系。以资本为表现的私有财产把个人对财产的占有形式发展为普遍化的私有财产，而这种私有财产的普遍本质把劳动者对劳动本身和劳动产品的占有异化为劳动者和非劳动者之间的财产关系，劳动者在通过劳动表征自身存在的对象化过程中，失去了对象本身。资本家只是人格化的资本，而拥有劳动能

---

① 《马克思恩格斯选集》第1卷，人民出版社，2012，第61页。

力的工人被转变为活的资本，资本一方面规定着工人的生活，另一方面通过支配工人的劳动实现自身增殖。资本与劳动的对立是双向的，资本拒斥把劳动还原为私有财产的主体本质，劳动在生成劳动者本质的过程中要求消除以劳动的占有为基础的私有财产。资本主义社会的自由劳动者在资本逻辑支配下被抽象为物，劳动力市场上的人是可以被自由买卖的商品，生产过程中的人作为机器的补充在某个环节中发挥作用，而人的需要的满足则意味着获得以货币形式存在的工资。基于此，财产关系反映的人与人之间的关系，在资本主义私有制条件下被彻底转变为物的关系。马克思在《1857—1858 年经济学手稿》中把人的解放划分为三个阶段：人的依赖关系的原始社会、奴隶社会和封建社会阶段，物的依赖关系的资本主义阶段，以及以人的自由全面发展的实现为目标的共产主义阶段。资本主义社会的人们之所以执迷于对物的追求缘于个人长期被奴役，与此同时，这种状态成为人的普遍存在方式。超越人的依赖关系阶段实现人的自由全面发展，并不意味着要取消一切私有财产，而是要彻底消除利用对财产的占有剥削和奴役他人的资本主义私有制。在包含资本主义阶段在内的阶级社会，人们虽然对财产采用了不同的占有方式，但私有制导致的人与人之间的阶级对抗是同质性的，对资本主义私有制的废除如果仍然沿用以往的外在否定方式，只会在资本主义社会之后再次进入由私有制主导的阶级对抗关系之中。因而，对作为私有财产的资本的批判和扬弃，只能采用内在的自我否定的方式才具有彻底性，这与私有财产的特殊本质相符合，即它是从积极意义上对人的本质力量的确证。社会历史从对物的依赖的资本主义社会进入人类解放的共产主义阶段，实现的是对"私有财产即人的自我异化的积极的扬弃，因而是通过人并且为了人而对人的本质的真正占有"①。

资本主义私有制的彻底消除和对私有财产的积极扬弃是同向的，二者统一于人类解放的历史进程。对资本的批判在理论上需要厘清两个问题。其一，对私有财产的积极扬弃并不是向原始社会财产占有方式的回归。从社会

---

① 《马克思恩格斯文集》第 1 卷，人民出版社，2009，第 185 页。

生产力发展水平来看，原始社会处于生产力发展水平较低的人的依赖关系阶段，占有的主要是无主的自然财富，进入以超越资本主义为现实依托的未来社会不是抛弃人类发展取得的文明成果而回归到粗陋的原始阶段，私有财产的自我否定是积极的，它以对社会财富的共同占有为前提，重新确立了"个人所有制"。其二，对私有财产的积极扬弃的最终目的是实现人的本质的复归。对私有财产的扬弃消除了由劳动异化所产生的人的本质异化，它并不仅仅局限于改变劳动者在生产中的不平等地位以及消除分配上的不公正，它的目的在于通过对所有制形式的彻底变革消除资本借以剥削和奴役他人的阶级性，在把人们从物的依赖关系中解放出来的同时，实现劳动由谋生手段向生活第一需要的转变，推动人们在自我生成和自我发展中实现对人作为类的本质的返还。

资本主义私有制作为阶级社会财产占有方式的最高表现，其存在有必然性和合理性。人类社会的发展是从低级向高级逐步演进的过程，在物质财富实现极大丰富之前，人们处于有缺陷的生产方式阶段，财富占有的阶级性体现着人类解放的不彻底性。奴隶主阶级、地主阶级和资产阶级作为统治阶级，他们对财富的占有分别体现着与奴隶阶级、农民阶级和无产阶级的对立关系，隐藏在对立关系背后的则是人对人的依赖关系以及人对物的依赖关系，人类解放以彻底摆脱外部条件的束缚为前提。资本主义是阶级社会发展的最后形态，"资产阶级在它的不到一百年的阶级统治中所创造的生产力，比过去一切世代创造的全部生产力还要多，还要大"①，与前资本主义阶段相比，资本主义社会创造了更加丰富的物质条件，实现了人的政治解放，而政治解放是人类解放的必要前提和准备。资本主义私有制的历史局限性决定了资产阶级追求的自由和平等具有基于阶级对立的内在指向性，作为唯物史观在人类社会历史中的展开，资本主义私有制必将随着社会财富的进一步增加，在对私有财产的积极扬弃中成为历史，而无论废除资本主义私有制还是实现人类解放，都离不开无产阶级的领导。而无产阶级的产生以及生产力的

---

① 《马克思恩格斯选集》第 1 卷，人民出版社，2012，第 405 页。

高度发展都是资本主义制度自身创造出来的，资本主义制度本身就在创造自我否定和自我灭亡的条件。

三 政治经济学批判的前途：资本主义制度的自我否定

资本主义制度在产生和发展过程中创造了自我否定的条件，一方面创造了丰富的物质财富，为资本主义制度的自我否定提供了物质条件；另一方面创造了现代无产阶级，为否定资产阶级提供了革命主体力量。

生产力的极大发展要求各部门、各产业相结合进行社会化生产，而资本主义制度下的生产是仅仅为了追求高额利润、自负盈亏的私人生产，这种不是按照社会需要而仅仅为了追求私人利益最大化的生产在浪费社会资源的同时也无法满足人们的生活需求。也就是这种创造丰富物质财富的资本主义生产方式正在创造与其自身相悖的社会化大生产。所以随着生产力的发展，资本主义生产方式必然被替换，资本主义生产关系也必然被冲破。社会化大生产和生产资料私人占有的矛盾必然导致资本主义制度的灭亡。

资本主义制度的灭亡必然通过无产阶级革命来实现，随着资产阶级不断地扩大再生产，无产阶级的力量就越壮大。资产阶级在创造自身利润的同时也在创造推翻自己的阶级力量。因为"物质的力量只能用物质力量来摧毁"，最初马克思批判思辨哲学，提出要消灭思辨哲学就必须使哲学成为现实。因而马克思深入到物质生产实践领域描述人类社会并在马克思主义政治经济学领域深入批判资本主义现实。马克思很早就发现使哲学成为现实的关键在于无产阶级，"解放的头脑是哲学，它的心脏是无产阶级"①。无产阶级的出现，不再允许仅仅停留于政治改革领域维护国家，而必须实现彻底的人的高度的革命。使哲学成为现实就是要能够改变现实的人的生存处境，而不是在维护现实的层面空谈"精神""概念"。马克思主义哲学瞄准现实的财产关系，推翻无产阶级受剥削、受奴役的财产关系，从而实现近代哲学的根本转变。"哲学不消灭无产阶级，就不能成为现实；无产阶级不把哲学变成现实，

---

① 《马克思恩格斯文集》第 1 卷，人民出版社，2009，第 18 页。

就不可能消灭自身。"① 哲学转向的实现和无产阶级身份地位的转变处于同一个历史过程，因为马克思主义哲学只有在消灭无产阶级受剥削的现实中才能消灭思辨哲学，而只有坚持马克思主义哲学对无产阶级革命的指导，才能最终实现无产阶级的解放。

必须推翻一切使人受侮辱的社会关系，无产阶级处于受压迫的最底层，无产阶级所遭受的苦难是社会上普遍的不公正。他们具有变革自己现实的要求，并且能够瞬间激起革命的热情。特别是无产阶级的要求和诉求成为具有普遍性的意义的构成这个社会的头脑和心脏。"无产阶级宣告迄今为止的世界制度的解体，只不过是揭示自己本身的存在的秘密，因为它就是这个世界制度的实际解体。"② 无产阶级自身所遭受的苦难的普遍性表明必须变革现存政治制度，并且在这个意义上要求普遍的自我解放。无产阶级的生活条件集中表现了现代社会的一切社会的生活条件所达到的非人性的顶点。无产阶级贫困和资产阶级富裕构成一个整体，资产阶级为保存自身的财富不得不同时保存无产阶级，而且主要是通过雇佣劳动使无产阶级永远陷入资本增殖的一个环节中。无产阶级成为资本家增加其财富的手段，无产阶级永远在生产着异己的、统治自己的力量。资产阶级能够不断保存已有价值并实现价值增殖，是因为其始终把无产阶级置于资产阶级占主导地位的生产条件下。所以无产阶级解放自身的可能性在于重新掌握社会的生产条件，使资产阶级占有的生产条件变成无产阶级存在的前提条件。无产阶级通过消灭资产阶级资本生产的条件进而消灭自身的生活条件。也就是无产阶级消灭制约其并使其成为无产阶级的那个对立面——资产阶级，最终才能消灭自身。

最后，马克思在政治经济学批判中发现资本主义制度创造了否定其自身的条件。一方面，当前资本主义社会的现实集中表现为资本主义私有制下不断生产着资产阶级和无产阶级的对立，之所以不断生产两个阶级的矛盾和冲突，是因为资产阶级掌握着社会的生产条件，而无产阶级自由得一无所有。

---

① 《马克思恩格斯文集》第 1 卷，人民出版社，2009，第 18 页。
② 《马克思恩格斯文集》第 1 卷，人民出版社，2009，第 17 页。

"资产阶级不仅锻造了置自身于死地的武器，它还产生了将要运用这种武器的人——现代的工人，即无产者。"① 无产阶级作为批判的武器在瞄准资产阶级的时候能够迅速转化为武器的批判。另一方面，资本主义社会在不断地扩大再生产中创造了消灭其自身的物质财富和经济基础。在政治经济学批判中，马克思已经揭露了相互作为对立面存在的资本和劳动的辩证统一关系，在资本主义发展的高级阶段，在资本作为一种普遍性的统治力量在世界范围内到处造成社会化大生产和资本主义私有制的矛盾的时候，资本再向前发展就必须突破其私有性的前提。也就是说当资本主义生产和交往关系对生产力进一步发展形成限制时，再也不能容纳其本身生产出来的财富时，就必须对资本主义私有制这个前提进行变革。此时生产力以及无产阶级在资本主义生产中发展壮大，生产力的发展越来越能够自发形成对抗现在生产境况的力量，壮大的无产阶级越来越容易联合起来的时候，无产阶级便组织成为政党，为进行共产主义革命提供条件。无产阶级作为批判的武器，彰显了深入政治经济学领域对资本主义生产关系进行批判的现实内容，并成为马克思主义理论"改变世界"的重要指征。至此，马克思主义哲学从关注无产阶级现实出发，发现了人类历史发展的必然性，从批判旧唯物主义实现向新唯物主义的转变，从批判德国古典哲学发展到批判政治经济学，并在此过程中建构起整体的批判路径。

第三节　政治经济学批判的整体性指向：人与社会的自我否定

马克思主义的整体性体现在它的批判性上，而一切批判的落脚点在于如何实现人类解放的现实问题，马克思通过对政治经济学的批判，立足资本主义社会寻求人类解放的现实路径。人类社会从物的依赖关系阶段走向自由个性的实现，以消灭私有制为前提，而私有制的消除意味着超越过去以对私有财产的扬弃为中介的阶级社会，进入物质极大丰富的共产主义阶段。个人

---

① 《马克思恩格斯文集》第 2 卷，人民出版社，2009，第 38 页。

以联合的方式共同占有社会财富，在重建"个人所有制"的基础上为每个人自由全面的发展提供可能的物质条件。共产主义与具体的社会形态不同，它是实现人类解放的"自由人联合体"，联合体中的个人是自由的，自由的个体之间是平等的，人们在共产主义阶段通过自由自觉的活动，在全面的社会关系中，实现人与社会的自我生成和自我发展。共产主义通过对私有财产的积极扬弃，消除了造成人的本质异化的外部因素，在自由人的联合体中实现人类解放的"回归"。

一　消灭私有制

根据马克思的观点，人类社会的所有制关系大致经历三个发展阶段：原始社会的公有制、阶级社会的私有制以及共产主义的公有制。三者作为人类历史在不同阶段的展开，既有区别又存在着紧密的内在联系。其一，原始社会与共产主义社会虽然都是公有制，但二者在共同占有的对象和方式上存在质的差别。其二，从阶级社会的私有制到共产主义的公有制是私有财产经历否定之否定后的自我实现。消灭私有制作为私有财产的第二次自我否定，在积极扬弃私有财产的基础上追求人类解放理想，它的实现以物质财富的极大丰富为现实条件，以重建"个人所有制"作为现实走向。

消灭私有制，实现联合起来的个人对社会财富的共同占有。马克思把人类社会发展至今的历史看作阶级斗争的历史，阶级对立是对人与人之间财富占有关系的直接反映，阶级社会的所有制关系在事实上集中表达为私有制。无论是消灭私有制，还是私有财产的扬弃，都是从人类解放的价值维度对人们应当如何占有财富的判断，它表现为占有主体和占有客体之间的应然关系。占有的主体是从事实践活动的现实的人，他既不是自由意志的化身，也不是绝对精神的现实反映，而是个体性和社会性的统一体，人一方面具有维持生存的生物性需求，另一方面人与人在社会交往中体现着自身作为类的本质。人类解放强调实现个人自由而全面的发展，其中自由是个人的自我实现，全面是人与人之间社会关系的展开，财富占有主体的自我规定性与人类解放的规范性要求是一致的，它在共产主义阶段表现为联合起来的个人。占有的客体是社会财富，它本身同样具有两个方面的特征。其一，它是一种社会性的财富。社会财富是相对于原始社会的自然财富而言的，自然财富是作为人的无机身体的自然界直接提供给人类的财富，它直观表现为自然资源，而社会财富是人们以劳动等方式打上人的烙印的财富，主要体现为社会性产品。其二，它是一个总和概念。联合起来的个人占有的是人类文明创造的一切财富的总和。资本主义的生产和竞争赋予了人与人之间生产活动和交往关系的偶然性，生产力发展创造的社会财富的总和集中体现为资本主义私有制，它一方面是与个体相对立的异己力量，另一方面是对最高程度的社会化生产的反映。人们只有在真实意义上实现对一代代承袭下来的文明成果的普遍占有，才能在交往中以最大限度扬弃与个人相对立的私有制力量，实现对人的本质力量的占有。

社会财富的总和以物质财富的极大丰富为参照，社会生产力的不断发展表明"总和"和"极大丰富"都是趋向不断递增的极值概念，它们本身以人的需要为参照，当极大丰富的物质财富能够满足所有人的需要，而且社会消耗相对于人们的生产能力可以忽略不计时，意味着人们掌握了消除私有制的现实条件，占有的方式是超越原始社会的共同占有。原始社会人们对自然财富的占有是基于自然法的平等权利，个体作为共同体的成员在形式上共同占有原始的财产，但这种占有却具有无法避免的消极性，即当人们在使用财产时因为事实上的占有而妨碍了别人对该财产的同等占有权利。随着自然财富的开发利用，原始社会财产共同占有的背后是私人所有者和私有财产的不断产生，阶级社会以明确的私有制不断消解原始社会的共有关系。共产主义社会以消除私有制为基础对私有财产的积极扬弃，不同于过去私有制之间在形式上的转换，它以一种彻底的方式进入私有财产的自我否定状态，资本主义私有制的确立是对前资本主义阶段一切私有关系的否定，而共产主义对资本主义的超越是第二次否定，它在回应劳动和财富相分离的现实问题中，在消解以对私有财产的积极扬弃为中介的社会外在否定中，进入私有财产的自我否定过程。

重建"个人所有制"既是私有财产的积极扬弃，也是财产占有向人的本质的复归。"个人所有制"的独特性体现在两方面。一方面，它不是私有制，"个人"的所有形式容易给人们造成一种在财富占有上的私有制错觉，但因为个人是以社会联合的方式存在的个体，所以它是在否定和扬弃私有制的基础上对社会财富的共同占有；另一方面，它不是原始社会的共同占有，原始社会以个人联合的方式存在的共同体并不是基于个人自由自愿的选择，而是受限于人的意识和生产力发展水平的必然结果，共同体对财富的共同占有从根本上排斥和否定私有因素，个人所有制以社会对财富的共同占有为前提，实现了生产资料向人的本质的回归；再者，它并不等同于个人所有制，资本主义私有制之前存在的个人所有制是完全意义上的个人所有，生产资料和劳动在劳动者身上实现统一，它从本质上来看是一种私有制，社会财富被明确的个人占有和使用，他人无法使用别人的私有财产，而重建意义上的个人所有制以社会所有制为基础，实现了共同占有和个人所有的统一。马克思指出，"从资本主义生产方式产生的资本主义占有方式，从而资本主义的私有制，是对个人的、以自己劳动为基础的私有制的第一个否定。但资本主义生产由于自然过程的必然性，造成了对自身的否定。这是否定的否定。这种否定不是重新建立私有制，而是在资本主义时代的成就的基础上，也就是说，在协作和对土地及靠劳动本身生产的生产资料的共同占有的基础上，重新建立个人所有制"①。个人所有制的重建，标志着私有制的消除和对私有财产的积极扬弃，劳动从此摆脱了生产私有财产的目的，在个人占有财富的基础上实现向人的本质的复归。共产主义以物质财富的极大丰富为前提，消除了私有制，重建了个人所有制，与此相适应在分配上实行的是"各尽所能、按需分配"，所有制关系在兼顾社会性和个体性的统一中把共产主义真正转变为实现人类解放的"自由人联合体"。

二　"自由人联合体"

共产主义并不是人类历史的终结或人类社会具体的社会形态，它是在积

---

①　《马克思恩格斯文集》第 5 卷，人民出版社，2009，第 874 页。

极扬弃私有财产的基础上，通过消除人的异己的对象性关系建立的自由人联合体。自由人联合体作为"真正的共同体"，是对之前虚假的共同体的扬弃，它包含"自由人"和"联合体"两个维度的规定性："自由人"是在消解了人与自然和人与人之间异己的对象性关系基础上，对人的自由个性的回归；"联合体"作为自由人的联合，反映的是自由的个体之间的平等关系。自由人的联合体在人与社会、个体与共同体、自由和平等的统一中推动人类文明的发展。

"自由人联合体"以私有财产的积极扬弃为前提，在否定虚假共同体的基础上，实现了对真正共同体的回归。根据所有制关系的不同，共同体划分为自然共同体、政治共同体和自由人的联合体三种形态。自然共同体与人的依赖关系阶段相适应，个人作为原始公社（自然共同体）成员共同占有和使用生产、生活资料，个体之间的社会关系都是基于公社成员身份获得的，因而在自然共同体中必然地呈现为统一状态。人们在原始社会自然共同体中的统一以对自然财富消极的共同占有为基础，随着私有财产的出现以及生产资料和劳动者的分离，原始社会的统一关系逐渐走向市民社会和国家的分裂。资本主义私有制主导下的生产关系和交往关系形成了市民社会，市民社会的个体基于对个人特殊利益的追求处于相互对立的关系中，而国家作为政治共同体追求的是建立在普遍利益基础上的人的类生活。关于市民社会和国家的关系，黑格尔和马克思分别进行了论证，不同于黑格尔从思辨层面提出国家是市民社会个人特殊利益的普遍化实现，在马克思看来，私有财产主导和支配的个体之间的利益冲突，直接决定了政治共同体的虚幻性。追求个人私利的市民社会，把追求普遍利益的政治共同体转变为统治阶级利益的辩护工具，掌握着私有财产的统治阶级借助国家的形式实现了政治解放。政治共同体相较于自然共同体的历史进步性体现为，它既考虑个体的私人利益，同时兼顾共同利益，但因为私有制主导的生产方式赋予了政治共同体法权性质，国家实现的所谓共同利益只是统治阶级的普遍利益。"自由人联合体"以积极扬弃私有财产为前提，消除了市民社会和国家的对立，消解了个人利益和普遍利益的冲突，自由的个体结成真正意义上的联合体，"把个人的自由发展和运动的条件置于他们的控制之下"①。

"自由人联合体"是对拥有自由个性的个体存在状态的真实还原，个体通过自由自觉的活动实现人之为人的规定性。根据马克思的观点，"自由人联合体"与政治共同体的最大不同体现在：超越了物的依赖关系阶段，实现了人的自由个性。市民社会和国家的分离本质上是对人的个体性和社会性的割裂，市民社会主导的政治共同体，在以个人私利取代普遍利益的基础上为个体性赋予了相对主义色彩。无产阶级的个体性因为财产的丧失转变为等同于动物的生存需要，资产阶级借由资本统治逻辑实现的政治解放同样不是个体真实意义上的自我实现。人的本质就其个体性而言，表现为人们通过自由自觉的活动满足自我实现的需要，在劳动中实现自我生成。马克思通过对异化劳动的分析发现了私有财产的内容，在揭示资本和劳动的对立关系时，明确了劳动已经沦为劳动者谋生手段的事实，自由自觉的活动异化为基于生存压力的被迫劳动，人的需要不得不让位于谋求个人私利的现实要求，劳动不仅不是建立在个体自愿基础上，而且在生产异己的对象性力量的同时强化着人的不自由。"自由人联合体"在扬弃私有财产的基础上，实现了劳动向人的本质的返还，自由自觉的活动在排除外在因素的干扰后展开了自我实现的过程，个体对自身的占有意味着个人自由的实现。人们在劳动中不断生产着自己的生命，在消除异己的对象性关系中实现自我还原，从事自由自觉的活动是符合人的本质的存在状态，自由的实现意味着人类在劳动中通过不断否定各种异化和外化的内容生产人的可能性。

"自由人联合体"还是对个体社会性的实现，是自由的个体之间建立的全面平等的社会关系。人是社会存在物，任何人都不能脱离其所处的关系而孤立存在，人的本质表现为自由自觉的活动，在现实性上表现为社会关系的总和。物的依赖关系阶段，物对人的控制取代了人对物的占有，人与人之间处于全面对立状态：资本家与工人之间的资本与劳动的对立，资本家之间的市场竞争与工人之间的岗位的竞争，把人与人之间的平等关系异化为对抗和

---

① 《马克思恩格斯选集》第 1 卷，人民出版社，2012，第 202 页。

冲突。关于自由和平等的关系，一切人的自由发展应以每个人的自由发展为前提和基础，人们生而自由，个体之间同等的自由权利内在地体现着人与人之间的平等关系，自由指向的是个体，平等体现的是社会关系，自由和平等反映的是人与社会的存在状态。"自由人联合体"作为个人自由和社会平等的实现，并不意味着为个人自由和社会平等提供了唯一的自由和平等标准，正如个人自由是个体在不断否定中展开自由的各种可能性，社会平等是人与人之间在现实社会通过不断否定各种不平等的具体表现所追求的全面的社会关系。以自由和平等为标志的人类解放的实现，是马克思在经历宗教批判、政治批判、意识形态批判基础上，最终指向政治经济学批判的终极理想，无论消除私有制实现私有财产的扬弃，还是构建自由人的联合体实现自由和平等，都只能在未来的共产主义社会实现。

三 人类解放的"回归"

对资本主义制度的批判不是马克思主义理论的最终目的，马克思在批判中阐明人类解放的内容。马克思从费尔巴哈、鲍威尔等人那里接过宗教批判的任务，宗教虽是异己的自我意识，但是也在试图提出救赎人自身的方案。宗教本身就是认识人的本质的一种探索，也是关于人自身解放的一种尝试。通过幻想的幸福逃避现实的苦难，脱离现实探寻彼岸世界的真理虽然不能从真正意义上解决此岸世界的压迫，但是可以发现宗教的麻痹功能也是一种救赎功能。

共产主义是在现实意义上完成宗教的救赎任务，以人类解放为旨趣，超越宗教解放、政治解放的狭隘性，或者说在"人类解放"的意义上实现彻底的宗教解放、政治解放。真正的宗教解放不是国家放弃宗教，而是人在思想上放弃宗教，这就要求对宗教产生的世俗基础进行变革。宗教解放不是宗教内部矛盾的解决，不是基督教和犹太教之间的调和。以西方基督教为例，宗教从产生起以救赎民众为目的，虽然最后由于犹太教和基督教的分离，民众在一个较长的历史时期内受到迫害，但是回到教义本身可以发现其承载的救赎理想。宗教作为一种社会意识形态，构成认识人自身以及人类社会的一个重要媒介。由于宗教作为认识自身的媒介在人类社会生活中表现出诸多不足，离救赎人自身的目标相去甚远，哲学家开始思考在宗教之外实现人的"救赎"。

费尔巴哈认为宗教的本质是人，鲍威尔指责宗教造成人的异化，他们共同指出人的解放不仅不能依赖于宗教，而且要在批判宗教中完成。鲍威尔要求放弃宗教信仰，认为基督教国家不会解放犹太人，同时犹太教国家不会解放基督徒，所以必须废除宗教。但是鲍威尔的解放方案是一种政治解放，是宗教在政治上的废除。他以为在思想上放弃宗教，就能消除宗教对人的异化。鲍威尔片面理解了宗教问题的本质，也片面理解了政治解放的内涵。宗教局限性不在于表现为现象内容的宗教冲突，而在于作为基础的世俗局限性。人最根本的不是在宗教信仰中发生的迷失，而是在现实生活中发生的冲突。也就是说，鲍威尔对宗教的批判只达到政治解放的高度，尚未触及人的解放。"政治解放对宗教的关系问题已经成了政治解放对人的解放的关系问题"①，只有上升到人自身的解放，才能在真实意义上实现彻底的宗教解放和政治解放。

"政治解放当然是一大进步；尽管它不是普遍的人的解放的最后形式。"② 从君主专制到立宪制国家的发展过程中，等级、行会特权不断被摧毁，市民社会利己主义精神摆脱政治桎梏使人暂时获得解放的假象。政治解放不是消除宗教异化的必由之路，而且政治解放的限度就在于即使国家放弃了宗教，但是个人并没有真正摆脱宗教的束缚，即使国家宣布出身、等级等差异不算差别，却无法在事实上保证每个人是平等的共同体成员。因为作为国家存在前提的私有财产问题是世俗社会矛盾形成的根源，虽然在政治上获得自由、平等占有财产的权利，但在现实生活中并不是所有人都有获得财产使自己生活得更好的权利。废弃虚幻幸福，要求实现现实的幸福，抛弃关于现实处境的幻想，在现实的社会批判中重构实现幸福的道路，必须从政治解

---

① 《马克思恩格斯文集》第 1 卷，人民出版社，2009，第 27 页。
② 《马克思恩格斯文集》第 1 卷，人民出版社，2009，第 32 页。

放上升到人类解放，使抽象的公民复归于自身，从而作为现实的人实现自己的社会力量。

马克思一开始在《〈黑格尔法哲学批判〉导言》《论犹太人问题》中就发现了解放的根本问题，并在解决德国问题和犹太人问题时提出"人类解放"的任务。后来马克思进入政治经济学领域对资本主义生产关系进行批判，使人类解放这一目标建立在了现实的基础上。马克思主义在政治经济学批判中指出在资本主义发展的高级阶段，在社会化大生产和资本主义私有制这一矛盾充分发展的阶段，在无产阶级反对资产阶级的斗争中，在共产主义革命中，为实现人类解放准备条件。之所以能够实现人类解放，是因为共产主义将消灭一切在现实中存在着的异己的社会关系，特别是消灭资本主义私有制，消灭一切使人分裂的财产关系。马克思在对资本关系的政治经济学批判中，发现资本逻辑统治的非人性，也发现资本向其对立面社会化大生产转化的历史必然性。这里之所以说是一种共产主义"救赎"，原因在于马克思继续完成宗教改革以及宗教批判未完成的任务，在更高层次上提出人类解放的方式和道路。之所以在自由人联合体下，"每个人的自由发展是一切人的自由发展的条件"①，就在于共产主义结束以往一切条件的自发性内容，使生产和交往的条件受联合起来的个人支配，使每个人能够重新掌握自主活动的条件。

小　结

宗教批判、政治批判、意识形态批判，都将在对资本主义生产关系的政治经济学批判中彻底完成。马克思主义政治经济学批判是超越国民经济学的结果，深入现实的物质利益关系揭露了永恒的经济规律的虚假性，因而马克思主义政治经济学批判的核心就是消灭资本主义私有制，消灭剥削人的经济关系。对资本主义生产关系的政治经济学批判转化为消灭私有制的无产阶级实现人类解放的共产主义革命。从这个意义上讲，政治经济学批判必然会实

① 《马克思恩格斯文集》第2卷，人民出版社，2009，第53页。

现人的解放的"回归"。政治经济学批判所实现人的解放的"回归"才真正表征着宗教批判的完成，而宗教批判任务的彻底完成也实现了马克思主义整体批判，即实现了从天国的解放到尘世的解放。从宗教批判开始，最终通过人的解放的"回归"完成宗教批判，这是一个整体。因为人的解放就是宗教批判的完成、政治批判的完成、意识形态批判的完成，是马克思主义批判的整体性归一，是从天国批判到尘世批判的真正实现。

第六章 马克思主义批判理论的整体性向度

马克思主义通过宗教批判、政治批判、意识形态批判和政治经济学批判完成了对自身整体性的证成，从整体性出发阐释马克思主义批判理论是科学理解和运用马克思主义的内在要求。马克思主义批判理论的整体性表现为批判内容的整体性表达、批判逻辑的整体性实现以及批判理论的整体性价值。就批判内容的整体性而言，它实现了实践性、批判性和否定性的统一，马克思主义批判理论立足于现实世界，在改造世界的过程中不断剔除导致人的本质异化的私有制根源，在人与社会从外在否定走向自我否定的转变中展开人类解放的理想。就批判逻辑的整体性而言，马克思主义批判理论以宗教批判为起点，以政治批判和意识形态批判作为批判中心，落脚于政治经济学批判。马克思主义通过宗教批判揭示了宗教的本质是异化的自我意识，把对彼岸世界的批判转向了对现实世界的人的存在状态的批判，政治批判和意识形态批判则进一步揭示了导致人的本质异化的现实原因，并且通过对现实的经济关系的分析，论证了人的自由全面发展的现实路径。马克思主义批判理论的整体性价值具体化为整体性与各环节的统一、人类解放的终极关怀以及整体性的现实意义。

第一节 马克思主义批判理论的整体性表达

马克思主义批判理论的整体性表达主要表现为其面向现实世界的实践

性、改造世界的批判性以及剔除异化的否定性。就面向现实世界的实践性而言，从宗教批判、政治批判、意识形态批判到政治经济学批判，批判内容实现了从彼岸世界到此岸世界、从"副本"到"原本"的转变，马克思主义批判理论面向现实世界的实践性，通过人们的阶级斗争实践、物质生产实践以及劳动解放实践展开人类社会发展的历史。就改造世界的批判性而言，马克思主义批判理论实现了认识世界和改造世界的统一，改造世界的批判性分为阶级社会对人与社会的外在批判以及共产主义阶段实现的人与社会的自我批判，对私有财产的扬弃过程即通过批判性体现的对现实世界的改造。就剔除异化的否定性而言，与对现实世界的外在批判和自我批判相对应，社会历史的发展是人的外在否定和自我否定的统一，这种辩证批判的演进历史本质上是逐步剔除造成人的本质异化的私有制根源，实现人的自由全面发展的过程。

一　面向现实世界的实践性

马克思主义批判理论从宗教批判、政治批判和意识形态批判转向了政治经济学批判，确认了实现人类解放的终极价值追求，并把实现每个人自由全面发展作为人类社会从实然走向应然的现实运动，马克思主义面向现实世界的实践性内在于其批判理论的整体演进中。"彼岸世界"成为马克思主义批判宗教的对象，宗教批判把人的自我意识的异化由虚幻的思辨层面转向对现实的人的考察；政治批判在分析现实的人的生活处境中，明确了政治国家的自由平等只能是掌握着私有财产的统治阶级的特权，从而揭示了私有财产的法权外衣；马克思通过对私有财产主导的政治国家造成的人的普遍异化的分析，意识到问题的关键不在于解释人的异化，而是通过思维方式的转变，立足现实社会，在实践中消除造成异化的根源；辩证唯物主义在社会历史中的展开为深入政治经济学批判，消除以私有财产的扬弃为中介的阶级社会的更替指明了一条切实可行的现实路径。围绕实现人类解放的中心线索，马克思主义批判理论面向现实世界的实践性具体化为阶级社会的斗争实践、消除私有财产的物质生产实践以及表征着每个人自由个性的劳动实践。

马克思主义批判理论把阶级斗争作为阶级社会发展的直接动力，以无产阶级革命实践的方式为马克思主义追求的人类解放提供可能的生产方式。原始社会末期社会总产品出现剩余，阶级由此逐渐产生，占有社会产品的有产者凭借自己所拥有的经济优势逐步控制国家的政治和观念上层建筑，把国家转变为维持自身阶级统治的工具。就阶级对立在奴隶社会、封建社会和资本主义社会的表现而言，奴隶主和奴隶、地主和农民以及资产阶级和无产阶级之间形成了不同的样态，但阶级之间的对立在本质上却是一致的，即统治阶级和被统治阶级之间形成的对抗性矛盾，而阶级之间的矛盾只能通过阶级斗争的方式消除。但需要明确的是，阶级斗争推动阶级社会不同形态之间的转变，但并不能从根本上消除矛盾，它只是在矛盾的不同表现形态之间转换。阶级社会已经内在地决定了阶级对立的必然性，消除对抗性矛盾以超越阶级社会为前提，而这种超越本身也具有内在要求，即它需要对所依托的生产方式实现彻底性变革，变革的第一步便是通过无产阶级革命的方式，使广大无产阶级以共同占有资本为前提上升为统治阶级。无产阶级革命实践与过去阶级斗争的最大不同体现在，它终结了私有财产占据支配地位的阶级社会的循环，确立了公有制的主体地位，为在实践中进一步展开人类解放理想创造了条件。

马克思主义批判理论把物质生产实践作为展开人类社会自我否定的前提。马克思主义批判理论作为一个整体落脚于政治经济学批判，以资本主义为立足点的政治经济学批判体现了人类历史发展的整体性。资本主义发展阶段一方面实现了对以往历史阶段的超越，另一方面还是未来社会的既定基础，资本主义社会与人类社会的任何阶段都是同质的，都是一个历史性概念，推动社会历史演进的根本力量是人们的物质生产实践。从生产资料的占有方式的角度考察人类的历史，大致可以划分为消极的财产公有制、财产私有制和积极的财产公有制三个阶段，其中，前两个阶段或者受限于生产力的发展程度，或者导致人的本质的异化，因而并不是人类解放的可靠的现实依托，只有积极的财产公有制能够把私有财产对人与社会的支配转变为人与社会基于自我发展的自我否定。所谓积极的财产公有制，便是马克思所说的需要重建的"个人所有制"，以物质生产实践为现实依托，"个人所有制"实现了对私有制的"否定的否定"，第一个否定是资本主义私有制对之前个人劳动确立的私有制的否定，它是人类社会的外在否定形式，第二个否定是积极公有制对资本主义私有制的否定，它是人类社会在真实意义层面的展开。

马克思主义批判理论把个体的劳动解放作为人类解放的现实表现，在个人自由全面发展中实现向人的返还。马克思主义从"副本"批判转向"原本"批判，最根本的是立足现实社会，在复归人的本质的同时实现人类的解放，而使人成为人的前提是实现劳动解放。宗教、政治国家和形而上的思维方式对人的本质的异化主要表现为人们受到现实社会关系的制约，劳动既是导致人异化的原因，同时也是消除异化的必然选择。就资本主义社会的劳动而言，它本身是异化的，表面上雇佣劳动制度建立在等价交换原则基础上，实质上则是在忽视劳动者真实需要的基础上把劳动降格为维持生命活动的谋生手段，消除劳动异化需要把劳动目的由生产剩余价值转向满足人的内在需要。劳动者的异化劳动生产的产品只有在市场上完成交换，才能以货币为中介满足劳动者的自我需要，当"我"的劳动不是满足"我"自身的需要而是服务于他人时，"我"的劳动与需要之间便建立起了偶然性的联系，"生产和消费、活动和精神在不同的人之间和在同一个人身上的分离，是劳动同它的对象以及同它那作为精神的自身的分离"①。马克思主义批判理论所追求的劳动解放，消除了劳动和需要之间的偶然性，人们通过自身劳动直接满足自我需要而复归人的本质，这种复归并不意味着人们与他人以及他人的劳动产品相对立，而是表明人们可以摆脱外部力量的支配通过劳动的方式不断实现"自我生成"。

二　改造世界的批判性

马克思主义是在不断地批判前人的思想和反思自身理论的不足中逐渐建立和发展起来的，可以说，马克思主义的理论品质离不开马克思主义的批判

---

① 《马克思恩格斯全集》第42卷，人民出版社，1979，第30页。

本性，批判性是马克思主义的精神实质。马克思主义整体性表现为诉诸批判的整体性。深入马克思和恩格斯的经典著作不难发现，马克思主义理论的最初形态是以理论批判的形式展开的。这种展开是对黑格尔以来所有青年黑格尔派的唯心主义主张的批判，同时也是对以资产阶级为核心的统治阶级的意识形态作为批判对象的理论驳斥，正是在这样的一种理论生成的"初心"当中，马克思主义完成了自己理论批判的整体性构建。这种整体性表现为对一切造成统治阶级剥削和压迫被统治阶级的社会根源的批判，也表现为马克思和恩格斯坚持无产阶级立场实现人的解放的整体性诉求。

马克思脱离青年黑格尔派以后，首先针对青年黑格尔派对于宗教所做的批判进行了批判，青年黑格尔派自诩对宗教所做的批判是震撼世界的壮举，然而他们没有真正揭露宗教产生的现实根源，致使无产阶级沉迷于天国的救赎而无法真正转过头来直面社会现实的苦难根源。在政治批判中，马克思不再追求把国家视为地面上的理性信条，而是揭露了政治、法、国家通过阶级统治所造成的人的异化，这种异化不呈现在遥远的天国，而是在人们的现实生活之中。落脚于社会现实，马克思对于政治的批判不再纠结于抽象的理性，而是真正诉诸政治、法和国家的革命实践。对于意识形态批判，马克思彻底告别了传统哲学对于意识形态的错误理解，而是将其看作统治阶级的集中意志和精神表达。在这个维度把握意识形态的本质，可以更加清晰地揭示资本主义社会的意识形态服务于资产阶级的事实。而对于政治经济学的批判，马克思无情揭露了国民经济学所宣扬的一切谬误，深刻指出造成无产阶级遭受压榨的经济根源，以资本主义私有制为核心的生产资料所有制是决定无产阶级无法自由而全面发展的根本原因，只有消除这一阻挡社会化大生产的社会毒瘤，才能彻底实现无产阶级的普遍权利和彻底自由。马克思所批判的一切对象涵盖了造成无产阶级遭受不公平、不公正待遇的社会根源，从而实现了其批判理论的整体性。

作为马克思主义理论的批判起点，宗教批判把对人的关注由虚幻的彼岸世界转向实实在在的此岸世界，政治批判揭示了造成人的本质异化的原因以及由此造成的后果，意识形态批判为彻底消除人的异化提供了唯物史观这一思想武器，而政治经济学批判则是从根本上指明了改造客观世界，进而实现人类解放的现实路径。改造世界的批判性在现实社会具体化为物质世界的辩证发展与人的自我生成，需要注意的是，这里并不是把物质世界和人的存在看作彼此割裂的两个维度，相反，二者是相互依托的统一体，人的本质在其现实性上正是物质世界各种可能的社会关系的总和。根据马克思主义唯物史观的基本观点，物质社会的辩证发展实现的是人类社会从外在批判向自我批判的还原，由原始社会末期开启的阶级社会一直延续至资本主义发展阶段，阶级社会不同形态之间的交替都是在外在批判力量的推动下实现的，社会经济政治中心伴随着社会财富在不同阶级之间的变化而转变，这种转变根源于社会物质财富的匮乏。根据马克思主义对未来理想社会的构想，当社会物质财富的生产能力远超社会的消费能力时，人类社会便进入自我批判阶段，因为没有阶级的存在和国家的划分，自我批判相对于外在批判而言是温和的，它不必再采取暴力革命的方式，而是转变为一种消灭现存状况的现实运动。人类社会的自我批判和人与社会的自我否定是同步的，人与社会的自我否定以个体自由和社会平等为表征。就个体自由而言，因为社会进入自我批判状态，整个社会不会再以某种特定形式的自由为标准，自由各种可能样态的并存成为可能，共产主义社会为每个人的自由发展提供了现实土壤。就社会关系而言，同样不再局限于某种特定的规范性范式，就资本主义社会而言，如果一味强求市民社会主导的特殊社会关系，政治国家追求的普遍交往必然因为无法摆脱阶级局限而陷入理论上的空谈，社会关系的真正展开是各种社会关系的并存。马克思主义批判理论最终依托对作为"原本"的政治经济学的批判，指明了人类社会的共产主义走向，人类解放理想在共产主义社会的实现表现为人与社会自我批判的展开，换言之，人类解放理想的实现不是肯定意义上的建构，而是在否定意义上对各种限制个人自由和社会平等的现实处境的批判，批判本身是一个动态过程，这意味着人类解放作为一种状态处于自我发展和自我生成中，只要人类社会不断向前推进，人类解放就表现为自我批判和自我完善的状态。

三 剔除异化的否定性

深入剖析马克思主义批判理论的核心可以发现，所谓批判就是事物不断在"肯定——否定——否定之否定"的辩证否定阶段中得到发展和完善，事物的发展并不是需要一个周期，而是在不同周期的交替过程中实现波浪式前进和螺旋式上升，马克思主义作为一个整体，它的批判的核心是辩证否定，辩证否定在人类历史中表现为对人的本质异化的剔除。

否定是辩证法的最核心的内容，在含有否定逻辑的辩证法中，黑格尔的概念辩证法是在形而上学的基础上发展起来的极具代表性的否定辩证法。黑格尔驳斥康德辩证法中的否定逻辑并没有满足精神活动的思辨逻辑，并开始在批判前人的辩证法中界定其概念辩证法中否定的内涵和外延。黑格尔认为"否定的东西引导着概念自己向前发展，它是概念自身所具有的，这个否定的东西构成了真正辩证的东西"①。也就是说，黑格尔的否定是来自自身的否定，是自身内在的击碎重建，是自身内在的批判超越，是有规定的"自否定"。黑格尔的"自否定"是以其本体论基础——"绝对精神"为根本和前提的，同时"绝对精神"也在"否定之否定"的逻辑中得以存在和实现。"绝对精神"的这个实体本身就包含着保持自身的肯定方面和消解自身的否定方面。实体在肯定的基础之上进行自我否定，在否定之否定的基础上进行自我肯定，自我肯定和自我否定循环往复的发生就是实体生成自我、发展自我的自我运动过程，同时也是"绝对精神"自我完成和自我实现的运动过程。黑格尔形而上地认为精神在不断的否定过程中必然会走向自由，而精神上的自由实现在黑格尔视域下就是人的自由的实现。黑格尔的概念辩证法以精神力量为依托用"自否定"的方式来挣脱和突破传统形而上学的桎梏，他所认为的"纯粹理性"不过是严格按照抽象概念的自我演绎和抽象形态的理性运动转化而来的概念。所以从事实和结果上看，黑格尔依旧没有逃脱思辨的形而上的牢笼。所谓剔除异化、实现人的自由不过是脱离社会现实、绕开

---

① 〔德〕黑格尔：《逻辑学》上卷，杨一之译，商务印书馆，1966，第38页。

人的现实状况的自由，根本无法改变人们的生活现状。

黑格尔的概念辩证法是脱离现实的纯粹概念逻辑运动，而马克思的否定辩证法是建立在"否定之否定"的基础上的实践辩证法。马克思肯定并发展了黑格尔辩证法的合理内核同时也剥离了披在合理内核外的神秘外壳。这种外壳神秘的原因就在于精神力量和思维活动的辩证否定对于改变现实无能为力，意识和精神本身就是神秘的。而马克思主义的辩证否定从根本上来讲，是对传统纯粹依靠形式逻辑进行分析与综合的批判，它所依据的辩证逻辑是对社会现实的直接批判，而不再沉迷于概念范畴的边界划定和变化发展。马克思的辩证法是内含现实的批判逻辑，所以对于马克思辩证法的分析和研究不能局限于形式方法，而应重视其现实内容。

马克思的辩证法对于黑格尔的辩证法的超越，在于历史和实践的批判逻辑对于理念的批判逻辑的超越。马克思的实践辩证法以实践为基础，以"现实的人"和"他们的物质生活条件"为出发点，对思辨哲学展开了严厉的批判和有力的鞭挞。马克思聚焦于现实的政治环境，批判思辨哲学"没有把哲学归入德国的现实范围"①。马克思深刻批判德国的国家哲学和法哲学抽象和不切实际的思维和幻想，这种只聚焦于莱茵河彼岸的形而上学思考和理解只是对生存在现代国家现实生活的规避，他们所做的批判不再区分现代国家和德国旧制度之间的区别，也不再关注和满足德国在生死线上挣扎无助的劳苦大众，更不顾及应当担负的代表社会大众的根本利益的神圣使命。他们以为坚持对德国的政治意识和法的意识的坚决否定就能够改变整个世界，却不知道自己已经彻底形塑了另外一个压迫和剥削人民群众的新枷锁。马克思将否定辩证法植根于现实世界，将之变成可以改变现实的工具和力量，从而彻底祛除了造成人的本质异化的外部枷锁。

马克思的否定辩证法还体现在其批判的整体性和全面性上。辩证批判的整体性在于对思想和观念以及产生这种观念和思想的现实根源都进行批判，而不能片面地只批判某一方面，只有将全部的现实层面和观念层面都作为自

---

①　《马克思恩格斯文集》第 1 卷，人民出版社，2009，第 10 页。

己的批判对象，才能真正勾勒出整个马克思主义批判的全貌和体系，完整地驳斥以往一切错误的批判理论。马克思主义的批判对象囊括观念和现实两个层面。要将观念和现实转变为消除人的异化的现实力量，用辩证否定的眼光去看待变化和发展的每个阶段，而不仅仅停留在某个阶段。马克思主义建立在辩证否定的批判核心之上，实现了对自身批判理论体系的整体性建构，这种批判的整体性既是对黑格尔抽象辩证法的有力批判，也是对青年黑格尔派采撷黑格尔哲学只字片语而满世界"兜售"其所谓的辩证法的驳斥。

马克思主义批判是具有社会性、实践性、历史性和总体性的自我批判，而这些特征都内含和渗透着辩证否定的思想。马克思主义批判理论立足于社会现实，以现实的人的实践活动为对象，将自然和社会看成一个运动发展的过程而不是静止不变的某个阶段，在不断的否定中建立新的社会历史形态。以消除人的异化为特征的共产主义社会以及社会主义社会就是在不断的辩证否定中生成和建立起来并在不断的自我否定中向前发展的。

第二节　马克思主义批判逻辑的整体性实现

马克思主义批判逻辑的整体性体现为其批判内容的统一，宗教批判、政治批判、意识形态批判以及政治经济学批判指向整体，而从宗教批判转向政治批判，由政治批判到意识形态批判，最终落脚于政治经济学批判的过程，正是马克思主义整体性在历史发展过程中的实现。宗教作为"世界的总理论"，它在本质上是种"异己的自我意识"，这种"颠倒的世界观"成为人们逃避现实困境的根据，宗教批判作为马克思主义批判理论的起点，它的目的在于把批判对象从虚幻层面转向现实世界。面对现实世界无法解答的物质利益困惑，马克思主义通过政治批判意识到需要从社会现实出发解决人的异化问题，在分析政治国家和法的关系基础上，第一次剥离了私有财产的法权外衣。私有财产除了对政治上层建筑发挥决定作用，同时也决定着观念上层建筑，阶级社会的意识形态塑造了支配人的特定的"元价值"，经济基础对上层建筑的支配地位内在地指向政治经济学批判。政治经济学批判作为马克思主义批判理论的落脚点，是对宗教批判、政治批判和意识形态批判的完成，为人类解放的终极理想的实现指明了现实方向。

一　马克思主义批判理论的起点：宗教批判

马克思主义批判理论以宗教批判为开端的原因在于：宗教是囊括政治、经济、文化等方方面面的"世界的总理论"①，是人们内心的秩序和行为准则；宗教是麻醉人民的"异己的自我意识"，并作为一种"颠倒了的世界观"②统治着这个世界。在马克思看来，重新树立人们的世界观和价值体系标准，必须从宗教批判开始。只有进行彻底的宗教批判，才能真正地消除统治人们的异化的意识形态，进而实现人类解放。

宗教批判并不是从马克思开始的，但是不可否认的是马克思主义的批判理论始于宗教批判。马克思在《〈黑格尔法哲学批判〉导言》中指出"就德国来说，对宗教的批判基本上已经结束"③，这个结束指的是"德国的革命的过去就是理论性的，这就是宗教改革"④，以马丁·路德为代表的宗教改革虽然使人们的思想得到了一定程度的解放，但是这种宗教改革并没有将人从宗教的束缚中解放出来。宗教改革虽然破除了人们对于罗马教会的信仰，但是并没有消除人们对于上帝的信仰。正如马克思所说的，"他破除了对权威的信仰，是因为他恢复了信仰的权威。他把人从外在的宗教笃诚解放出来，是因为他把宗教笃诚变成了人的内在世界"⑤。就德国的历史现状而言，对于宗教的批判只停留于理论解放阶段无法解决人们受剥削和奴役的现实问题。

除了宗教改革对于破除宗教对人们的奴役有一定的积极作用之外，思想家们对于宗教的批判活动也促进了人们的宗教解放。宗教自然化打破了人们由于无知而确立的对于神的绝对信仰，开启了自然科学脱离神学的进程；宗

---

① 《马克思恩格斯选集》第 1 卷，人民出版社，2012，第 1 页。
② 《马克思恩格斯全集》第 1 卷，人民出版社，1956，第 452 页。
③ 《马克思恩格斯文集》第 1 卷，人民出版社，2009，第 3 页。
④ 《马克思恩格斯文集》第 1 卷，人民出版社，2009，第 12 页。
⑤ 《马克思恩格斯文集》第 1 卷，人民出版社，2009，第 12 页。

教理性化在宗教自然化过程中破除了以神为中心的价值体系，确立了以"理性"为核心的否定神学的价值体系。虽然马克思以前的宗教批判削弱了神对于人的统治，但是之前的思想家们对于宗教的批判一直停留于自我意识层面，即便是在以费尔巴哈为代表的宗教人本化阶段，也只是提出了神是人的本质的异化，但依旧没有追究宗教产生的真正根源。可见，过去的宗教批判只是对于宗教的解释性批判，由于没有植根于社会现实而具有不彻底性，这样的宗教批判无法从根本上解决人们被异化的本质所控制的问题，更无法真正地将人从宗教的束缚中解放出来。人们依旧无法占有自己的本质，依旧处于异化的境地。

在厘清过去宗教批判的局限性的同时，马克思展开了自身对宗教的批判。马克思的宗教批判立足社会现实，以实践为基础超越了黑格尔关于宗教理性化和费尔巴哈关于宗教人本化的认识。马克思指出"对宗教的批判是其他一切批判的前提"①，这里对"宗教批判"前提性地位的认识具有两个层面的内涵：第一，对于之前宗教批判不彻底性和不现实性的再批判；第二，对于马克思自己本身批判理论来说，宗教批判正是马克思主义批判理论的起点。马克思主义的终极关怀是实现人类解放，其第一步就是实现彻底的宗教解放。宗教批判是人的解放的前提，人的解放的最终实现不是以宗教批判为终端，但一定是以宗教批判这个前提为基础。马克思认为，实现人的解放应该是无产阶级通过暴力革命推翻资产阶级的统治，进而消灭国家，最后实现人的自由而全面的发展。以消灭国家为任务的政治批判，以颠覆"元价值"为任务的意识形态批判和展开人与社会自我否定的政治经济学批判，都必须以宗教批判为前提。宗教批判的目的在于揭示"神圣形象的自我异化"，以此为基础才能转向对"非神圣形象的自我异化"的批判，换言之，只有先解决神学批判才能进一步深入政治批判。综上，不论是政治批判、意识形态批判还是政治经济学批判，都基于宗教批判，宗教批判是马克思主义批判理论的逻辑起点。

---

① 《马克思恩格斯文集》第 1 卷，人民出版社，2009，第 3 页。

二　宗教批判转向政治批判的必要性：社会现实

宗教批判完成了对"神圣形象的自我异化"的批判，但并没有深入触及"非神圣形象的自我异化"问题，宗教批判只是完成了对宗教的本质的揭露，但是没有深入现实探寻宗教产生的根源。哲学家们只致力于揭露"神圣形象"的虚幻性，却没有深入研究这种虚幻性产生的现实原因。这足以说明宗教批判的不彻底性。马克思承接了解释性哲学对于宗教批判的历史任务，并在现实基础上超越了之前的宗教批判，开始植根于社会现实，由宗教批判转向政治批判，形成了马克思主义批判理论体系的整体性依据。

马克思认为宗教外化为"颠倒的世界观"，而"颠倒的世界观"的根源在于颠倒的世界。人们将生活的希望寄托于宗教，究其根本在于人们无法抵抗现实的苦难，就宗教而批判宗教，人们只能在"宗教鸦片"的麻醉下过着虚幻而不真实的"幸福"生活。在阶级社会，宗教的主要功能就是麻醉人们，控制人们的思想，让人们将希望寄托于来世而甘于今生的苦难，以达到维护其阶级统治的最终目的。可以说，"政治制度到现在为止一直是宗教的领域"①，摆脱宗教异己力量的控制，必须消灭统治社会的国家和政治制度。由此可见，束缚人们的"锁链"不是宗教本身，而是在真实意义上支配和控制宗教的政治国家和阶级社会。把人们从宗教中解放出来，必须直击社会现实，直击产生国家的市民社会，换言之，宗教异化实质是社会异化，要从根本上解决人的宗教异化问题，必须而且只能转向对政治的批判，在世俗社会中阐明宗教的根源和本质，实现对法、政治国家和世俗社会的彻底批判。

马克思主义批判理论如果只停留在宗教批判环节，人的本质的回归也就只能停留在虚幻的层面，而只有扎根于社会现实才能实现人的本质的"复归"。通过神和宗教表明自身，并不能真正地实现人的本质，因为"人就是人的世界，就是国家，社会"②。不论是宗教改革还是宗教批判，都只不过是

---

① 《马克思恩格斯全集》第1卷，人民出版社，1956，第283页。
② 《马克思恩格斯文集》第1卷，人民出版社，2009，第3页。

借助一种虚幻的"媒介"（神、自然、理性、爱）来实现对人的统治和奴役，人们依旧处于异化之中。即便犹太人消除了宗教信仰也无法实现真正的解放，因为鲍威尔就宗教而批判宗教已经内在决定了他不可能消除宗教异化问题。黑格尔站在宗教之外，从国家和市民社会的关系出发思考和解决这一问题，但是因为颠倒了国家和市民社会的关系而无法触及根本。基于此，马克思提出"消除了世俗限制，就能消除他们的宗教局限性"①。在虚幻的天国，人们无法占有自己的本质，只有在世俗世界消除阶级压迫，消除人与人之间的不平等，实现人对自身的真正占有，才能使人们彻底放弃对于彼岸世界虚幻幸福的追求。

马克思主义宗教批判转向政治批判是实现人的解放的必然转向，是近代哲学从"解释世界"转向"改造世界"的必然要求，是整体性视域下马克思主义批判理论不断发展的必然环节，是马克思主义批判理论转向现实的成功尝试。马克思主义批判理论是在不断的演进中走向整体的，在整体性视域下能够更明晰马克思主义的批判本性，在之前的批判理论的基础上更准确、有效地进行批判。进行政治批判是为了更好地批判宗教，完成宗教批判不能完成的任务，只有政治批判才能真正地消除宗教异己力量对于人们的控制，进一步走向人类解放。

三　政治批判转向意识形态批判的必要性：颠覆"元价值"

政治制度是异化人最直接和最现实的力量，只有消除政治异化，才能在真正意义上消除导致宗教异化的原因，这也是宗教批判转向政治批判的原因所在。政治批判的对象是资本主义国家，虽然在政治国家中消除了神的统治权威，人们从"神圣形象"的束缚中解放出来，但这并不代表在政治国家没有异己力量奴役和控制人们。人们依旧处于被剥削和奴役之中，只是这种异己的力量由虚幻的神变为了政治国家。政治批判的主要内容是社会批判，通过立足社会现实的批判，进一步揭露政治国家的剥削本质。无论政治国家的

---

① 《马克思恩格斯文集》第 1 卷，人民出版社，2009，第 27 页。

外在形式如何演变，其内在的剥削人和异化人的阶级本性无法改变。政治批判的终极任务就是消灭国家，消灭阶级，进而真正地消除人的异己力量。

阶级国家存在政治异化是不可否认的事实，而政治异化的一个直接后果就是意识形态的一元化。不论封建国家还是资本主义国家，都是阶级社会政治上层建筑的内容，都是为了维护阶级统治，实现统治阶级的利益，基于这样的根本目的，政治必然不断地强化观念上层建筑，使人们在统治阶级的"元价值"下生活，并基于特定的"元价值"控制人们的生产方式和生活方式，在社会上形成一种服务于统治阶级的唯一的核心价值体系。

政治批判的完成要求进行意识形态批判，其目的在于颠覆统治阶级设定的"元价值"，这种"元价值"直接决定人们的思维方式。观念上层建筑对于经济基础具有能动作用，这就意味着意识形态能够影响所有制、分配关系以及生产关系，统治阶级由最初的利用宗教转向利用意识形态来维护其阶级统治。资本主义社会推行英雄史观和个人主义，这些意识形态的宣传和植入都是为了麻痹人们，进而使人们心甘情愿地臣服于不平等的阶级统治秩序。马克思主义批判理论中的意识形态批判，与宗教批判具有相似性，主要针对统治阶级意识形态的虚假性，揭示在特定意识形态下人们思想的僵化和异化，但是统治阶级却声称其意识形态是自由、平等和人权的象征，它们代表的是社会成员的普遍意识。资产阶级意识形态的虚假外衣，不过是为了遮蔽其剥削人们的阶级本性以求得社会稳定。马克思认为揭开意识形态的虚假外衣，进而祛除意识形态异己力量，只能通过无产阶级暴力革命推翻资产阶级的阶级统治的方式实现。就无产阶级而言，保证革命的胜利必须建立自己的意识形态支撑——历史唯物主义，坚持人民群众创造历史的基本观点。在唯物史观的指导下，无产阶级消灭政治国家，将国家管理人民的职能归还给社会，建立自由、平等的"自由人联合体"。政治批判要求进行意识形态批判，政治批判也必然要转向意识形态批判，消除意识形态领域的异化对于实现政治解放是必要的，意识形态批判对于从市民社会到"社会化的人类"的过渡具有重要实践指导意义。

意识形态批判揭露了资本主义意识形态的虚假性，冲破了政治统治的最后一道防线，进一步论证了政治国家的剥削和阶级本质。马克思在批判意识形态、法和国家的过程中发现了人类社会不断更替的秘密——历史唯物主义。以历史唯物主义为根据，马克思揭示了社会发展的动力是生产力和生产关系、经济基础和上层建筑之间的矛盾运动。意识形态批判进一步揭露了政治国家的本质，明确了消除政治异化、意识形态异化必须落脚于以物质利益关系为基础的政治经济学批判。

四　马克思主义批判逻辑的落脚点：政治经济学批判

马克思主义对唯心主义和旧唯物主义的超越体现在其立足现实的实践性和在实践中展开的人类历史的辩证性。马克思主义批判理论是以实践为基础的批判，它致力于"改造世界"和实现人类解放，但无论"改造世界"还是实现人类解放，都不是一蹴而就的。根据批判对象的不同，马克思主义批判理论在不同时期和特定历史背景下形成了对各个环节的批判，但这并不意味着这些批判理论是相互独立而且毫无关联的，各个环节的批判内容具有继承性、逻辑具有一贯性、目的具有一致性，马克思主义批判理论在其辩证否定的批判过程中逐渐实现了其整体性。

马克思主义从"一切批判的前提"——宗教批判出发，在对之前的宗教批判进行清算和再批判的过程中，明确了实现宗教解放必须寻找宗教产生的根源，只有消除宗教产生的根源，才能真正把人从宗教的束缚中解放出来，就宗教而批判宗教只能是徒劳。宗教异化的根源在于世俗社会，马克思主义把批判的矛头转向了政治批判，在植根于市民社会进行政治批判过程中，马克思发现黑格尔所谓的"国家决定市民社会"的伪命题，特别是遇到"对所谓物质利益发表意见的难事"①，更加验证了其只停留于国家和法的批判，不触及物质利益的不彻底性。这也说明了对国家哲学和法哲学的"副本"的批判无法代替对物质利益关系的"原本"的批判。马克思在批判的过程中清楚地认识了资本主义国家的阶级剥削本质，自由和平等在资产阶级国家中是

---

① 《马克思恩格斯文集》第 2 卷，人民出版社，2009，第 588 页。

不可能实现的，只能是欺骗和麻痹人们的"口号"，只能是维护其统治的遮羞布和保护伞。统治阶级为了维护自己的统治，不断强化统治阶级的意识形态，让人们自愿在资产阶级意识形态下生产和生活，这种"元价值"致使人们的生活方式和思维方式发生了异化。资产阶级用利润掩盖其对无产阶级的剥削，谎称其维护人权，追求自由和平等，但实质不过是资本家继续攫取更多剩余价值，维护其社会稳定的工具而已。不论是统治阶级的意识形态还是政治制度，其都根源于社会现实利益。

政治经济学批判以资本主义生产关系为首要批判对象，主要分析社会中的物质利益关系。马克思在进行宗教批判、政治批判和意识形态批判的过程中发现了物质利益的根本性作用，整个马克思主义批判理论的终极指向和最终落脚点在于政治经济学批判。人无法占有自己本质的根源不在于神圣形象的确立，也不在于国家和法的形成，而在于资本主义私有制的合法化。马克思在批判国家和市民社会的关系的过程中发现了资本对劳动的剥削，揭露了资产阶级无偿占有工人剩余价值的秘密。资本主义生产方式看似在平等、自由的生产关系下进行——工人为资本家劳动，资本家付给工人工资，但就实际状况而言，资本家所支付的工资远远低于工人所创造的价值，资本家在雇佣工人劳动的时候，工人所创造的价值大于其本身的价值，这个超过其自身价值的价值就是剩余价值。这表明，资本家所谓的资本所带来的利润其实是工人创造的剩余价值。基于此马克思指出："人的类本质——无论是自然界，还是人的精神的类能力——变成对人来说是异己的本质，变成维持他的个人生存的手段。"[①] 人的劳动异化使得人无法占有自己的劳动，无法占有自己的劳动产品，工人付出越多的劳动，生产越多的劳动产品，就会创造出越多的异己力量。而劳动异化的根源在于私有财产的合理化和合法化，国民经济学以私有财产为前提来论述资本主义社会的公平性和正义性，这本就是本末倒置。工人之所以自由得一无所有，正是因为资本家占有生产资料，并将私有财产合法化，在资本主义私有制的支配下，工人的劳动、劳动产品不可能属

---

① 《马克思恩格斯全集》第1卷，人民出版社，1995，第47页。

于自己，人也不可能占有其本质。

实现人的本质"复归"的唯一现实路径是消灭私有制，这正是政治经济学批判的任务。马克思主义批判理论落脚于以消灭私有制为任务的政治经济学批判，这是马克思主义批判逻辑的最终指向。可以说，政治经济学批判所实现的人的解放的"回归"，才真正表征着宗教批判的完成，而宗教批判任务的彻底完成，也实现了马克思主义整体性批判，即实现了从天国的解放到尘世的解放。在整体性视域下研究马克思主义批判理论，可以发现，从宗教批判到转向政治批判和意识形态批判，最终落脚于政治经济学批判，这个批判过程不是孤立存在而是具有内在联系的，马克思主义在不断地批判中实现其整体性，在整体性视域下实现批判的最终目的——人的解放。

第三节　马克思主义批判理论的整体性价值

马克思主义批判理论的整体性即批判理论本身是一以贯之的，它是整体和各环节的统一，自始至终贯穿人类解放的终极关怀，具有重要的现实意义。马克思主义批判理论的整体性并不是各部分的简单集合或相加，各部分之间不仅不是彼此割裂的，而且在批判内容和批判的形式上是相互渗透的，没有彼此之间的相互融合，则无法表征马克思主义批判理论的整体性。马克思主义批判理论有一条中心线索，即实现人类解放，缺少了宗教批判、政治批判、意识形态批判和政治经济学批判中的任何一个维度，马克思主义批判理论对人类解放的探寻都会陷入停滞甚至瘫痪，使人成为人在现实意义上的实现，内在地要求批判理论的整体性。马克思主义的批判本性决定了批判理论的整体性即其自身理论体系整体性的体现和表达，它实现了历史和现实、理论和实践、基本原理和具体国情以及阶段性和目的性的统一。

一　整体性与各环节的统一

马克思主义各个阶段的批判对象构成了马克思主义批判的主要内容，各个阶段的批判对象的整体性构成了马克思主义理论批判的整体性。马克思主义在不断批判的过程中生成其整体性，并立足于当下的社会实践实现人的解放。在人的解放的维度上，马克思主义每一环节批判的彻底完成，也是其整体性的逐渐完成。从宗教批判开始，中间历经政治批判到意识形态批判的转向，最终在政治经济学批判中完成了从天国的解放到尘世的解放。

宗教批判的内容指向马克思主义整体性。马克思和恩格斯之所以从宗教批判着手，原因在于，在宗教统治盛行的时期，宗教成为异化人和统治人的工具，而这种异化人的宗教却形成了人们看待世界的基本观点和看法，这就致使马克思要想批判必须从宗教批判开始。宗教是关于"世界的总理论"，对宗教所要进行的批判必须将宗教作为一个整体的世界观来加以对待，只有这样才能彻底揭露宗教所营造的天国世界的虚无性和彼岸性。宗教是现实苦难的表现，也是人民对于这种现实苦难的抗议，然而仔细审视宗教产生的社会根源，它源于统治阶级对被统治阶级进行精神控制的客观需要。这种精神控制既是统治阶级对于人们精神世界的掌控和把握，也是统治阶级获得政治权力和社会地位的必然结果。马克思在《1844 年经济学哲学手稿》中就曾经针对宗教对于人的本质的异化给予无情揭露和批驳："在宗教中，人的幻想、人的头脑和人的心灵的自主活动对个人发生作用不取决于他个人，就是说，是作为某种异己的活动，神灵的或魔鬼的活动发生作用，同样，工人的活动也不是他的自主活动。"① 宗教作为现实的个人的异己本质，它在人的精神世界当中构建起了一个束缚人的真正本质的虚幻世界，这个世界既是人所创造的，但也反过来创造人的非人本质。在宗教的虚幻世界当中，人不再需要进行革命斗争就可以获得想要的一切权利和自由，然而这种权利和自由却是虚幻的，它没有任何现实基础和事实条件，只会消解人的反抗意志和斗争意念。正是基于这一点，宗教完全成为统治阶级迷惑、麻痹和欺骗人民群众的"鸦片"。宗教世界既包含政治制度在现实生活中的投射，反映出作为统治阶级的集中意志的意识形态的基本立场和本质属性，也折射出统治阶级在政治经济学当中对于无产阶级剩余价值剥削的邪恶嘴脸。统治阶级企图利用

---

① 《马克思恩格斯选集》第 1 卷，人民出版社，2012，第 54 页。

宗教麻醉人们的精神来彻底打消人民群众拿起斗争武器争取现实权利和彻底自由的革命意志。马克思主义宗教批判必须对宗教所呈现出的现实全貌进行全面的批判，才能彻底击溃宗教所创造的虚幻的"彼岸世界"。

政治批判的内容指向马克思主义整体性。政治是上层建筑当中的核心构成部分，它决定了统治阶级进行统治的基本形式和主要内容。政治批判是从宗教、意识形态和政治经济学方面全面变革现有制度和社会关系的主要标志，它在击碎一切对人的制度束缚和权利枷锁方面具有重要意义。回溯到马克思主义产生的背景当中可以发现，政治批判构成了马克思主义批判人的本质的非神圣形象的自我异化的核心内容，宗教批判的社会根源在于社会，植根于社会现实可以发现政治是异化人、剥削人最真实和最现实的内容。政治批判是揭露一切造成束缚和剥夺人民群众普遍权利和彻底自由的关键所在，政治制度的变革往往标志着整个社会的生产关系进入全新的社会历史发展阶段，这就是为什么马克思会认为从私有财产中所实现的人的解放必须以政治的解放形式表现出来："社会从私有财产等等解放出来、从奴役制解放出来，是通过工人解放这种政治形式来表现的，这并不是因为这里涉及的仅仅是工人的解放，而是因为工人的解放还包含普遍的人的解放。"[①] 只有在政治上实现了彻底变革，人的本质的实现才成为可能，同时政治解放也推动着宗教、意识形态和政治经济学方面的解放，政治解放是人的解放的关键环节，政治批判的整体性指向在于最终消灭国家。

意识形态批判的内容指向马克思主义整体性。马克思和恩格斯在《德意志意识形态》中就对意识形态的本质属性给予了批判和揭示："我们需要深入研究的是人类史，因为几乎整个意识形态不是曲解人类史，就是完全撇开人类史。意识形态本身只不过是这一历史的一个方面。"[②] 对于意识形态的理解和把握长期以来走在错误的道路上，原因在于过去的哲学家们常常犯下两个错误，一个是将意识形态与人类社会历史区隔开来，一个是将人类社会历

---

① 《马克思恩格斯选集》第 1 卷，人民出版社，2012，第 61 页。
② 《马克思恩格斯选集》第 1 卷，人民出版社，2012，第 146 页。

史以一种扭曲后的意识形态的形式表现出来。针对第一种错误，马克思将其讽刺为脱离现实生活和生产实践的形而上学，这种纯粹执迷于抽象逻辑的意识形态只不过是哲学家们的分析和综合游戏。无论是在形式上始终追求正确，还是在知识上增加新的内容，意识形态都只是对于形而上学层面的神秘性进行不为人知的抽象和剥离，这就导致意识形态与宗教犯了同样的错误，即与其产生的社会根源割裂，无法准确把握本质。第二个错误则更为荒谬，马克思主要针对那些颠倒意识形态和经济基础之间的决定关系的错误进行批判。需要注意的是，这种批判同样实现了批判的整体性，原因在于意识形态本身就属于经济基础在精神观念层面的主观反映和意识投射。在某种意义上来讲，只要是对阶级社会中社会的主要意识形态进行批判，就是针对统治阶级的集中意志进行批判，意识形态影响着人们的思维方式和生活方式，而政治意识形态却使人的生活服从于统治阶级的意志，人们按照政治意识形态这唯一的思维方式生活，人们的日常生活伴随着政治生活的异化而异化。马克思对于这种造成人的异化的意识形态进行批判，其实就是对于政治、经济、生活等要素的整体性批判，这就形成了马克思主义在意识形态方面批判的整体性。

政治经济学批判的内容指向马克思主义整体性。经过与青年黑格尔派的论战之后，马克思发现一切宗教批判、政治批判和意识形态批判都指向了政治经济学批判。政治经济学批判实现了对宗教批判、政治批判和意识形态批判的统摄，在政治经济学批判的过程当中，马克思真正明确了私有财产的秘密以及剩余价值产生的根源。与此同时，在批判国民经济学的过程当中，马克思将历史唯物主义引入对资本主义生产方式的剖析之中，完全揭露了在资本逻辑主导下的生产资料所有制问题，彻底摆脱了过去国民经济学研究工人同产品的直接关系而掩盖劳动本质的异化的现象，不再把私有财产放进那些抽象的计算公式当中，也不把它当作抽象的物质过程，一切将私有财产当中既成事实转化为遵循规律的说明都成为马克思主义政治经济学批判的主要对象，从而实现了从抽象逻辑到历史逻辑的政治经济学转向。这个转向是对政治经济学的变革，同时，也对国民经济学将工人与他的对象性的本质异化做出了颠倒的消解。所有资本主义生产方式无法避免的资本主义私有制与社会化大生产之间的矛盾都能够以历史唯物主义的方式加以解释和消解，这也凸显了历史唯物主义本身要依靠政治经济学来解释历史唯物主义和资本主义为什么必然会灭亡等重要命题。在这样的辩证关系当中，历史唯物主义恰恰是政治经济学的工具和武器，也为政治经济学的自我完善和发展提供了科学方式。马克思所追求的政治经济学批判从社会基本矛盾入手，准确把握住了社会形态更替和变革的基本前提和基础，从而实现了马克思主义政治经济学批判的整体性，这种整体性是诉诸社会主义革命前提的整体性，是以彻底推翻资产阶级统治和资本主义社会制度的存在基础的整体性。

二　实现人类解放的终极关怀

马克思主义所做的一切批判都指向一个宗旨：人类解放。无论是宗教批判所指向的彼岸世界对于现实世界的遗忘和扭曲，还是政治批判所指向的法哲学和国家哲学对于人的本质的非神圣形象的自我异化，抑或意识形态批判对于人的生活方式的异化的揭示，都根源于资本主义生产方式。也就是说，宗教批判、政治批判、意识形态批判都归结于以社会利益关系批判为主题的政治经济学批判。而所有的批判的最终目的都是消除人的异化，进而实现人的解放。这就需要厘清两个关键问题，一个是为什么要实现人的解放，另一个是谁来实现人的解放，或者说，解放的对象是谁。只有解决了这两个前提性问题，马克思主义批判理论作为一个整体，才能最终实现人类解放的终极关怀。

一方面，为什么要实现人的解放？相对于奴隶社会和封建社会，资本主义社会的被统治阶级的生活水平有所提高，但是这并不代表统治阶级对于被统治阶级的剥削程度有所减弱，只是资本家不再用直接而粗暴的方式剥削无产者，而是用更加隐蔽的方式进行更加残酷的剥削。资本主义社会形成了一种真正从事劳动生产的无产者无法获得现实幸福的奇怪现象，工人越是辛勤劳动和努力工作，他们被剥削和压迫的程度就越深，所能获得的满足自身最基本生活的资料就越少，他们面对的竞争就越激烈，从而陷入一个"怪圈"。

工人阶级无法拥有生产资料而必须依赖于资产阶级才能进行生产，工人生产的劳动产品也被资本家无偿占有而无法满足自己的生活需要。在资本主义社会中，人不能按照自己的意愿生活，无法实现自由，更无法占有自己的本质，人的本质异化为非人的本质，人的普遍权利和自由都在资产阶级剥削无产阶级的资本主义生产方式中逐渐丧失。无产者所主张的普遍权利无法获得，所要求的彻底自由被锁链羁绊，创造的剩余价值被无偿剥夺，这是马克思主义要进行理论批判的主要原因，也是马克思主义诉诸批判的主要目的。马克思在《1844 年经济学哲学手稿》中指出："他在自己的劳动中不是肯定自己，而是否定自己，不是感到幸福，而是感到不幸，不是自由地发挥自己的体力和智力，而是使自己的肉体受折磨、精神遭摧残。"[1] 在这样的资本主义制度所保护的私有制的统治下，工人生产越多的劳动产品就会创造其自身越大的贫困，资产阶级对无产阶级的剥削就愈加严重。无产阶级在严酷的剥削下要求解放。马克思主义批判资本主义社会自由和民主的虚假性，并指出资本主义私有制和社会大生产之间的矛盾是其本身无法克服的矛盾，资本主义社会必然灭亡，无产阶级必然胜利。马克思主义对于无产阶级的解放不是口号式的宣告，而是真正消灭造成统治阶级尤其是资产阶级压迫和剥削无产阶级的社会根源，彻底揭露私有制尤其是资本主义私有制造成资产阶级和无产阶级根本利益对立的内在原理，从而为解放无产阶级创造条件，实现无产阶级和全人类的最终解放。

另一方面，谁来实现人的解放？或者说，解放的对象是谁？人的解放需要厘清这样的一个问题——为什么工人阶级的解放就是人类的解放。这是由工人阶级的特殊性决定的。马克思曾指出："社会从私有财产等等解放出来、从奴役制解放出来，是通过工人解放这种政治形式来表现的，这并不是因为这里涉及的仅仅是工人的解放，而是因为工人的解放还包含普遍的人的解放。"[2]。在历史上曾经发生过各种各样的阶级所带领的革命斗争运动，然而

---

① 《马克思恩格斯选集》第 1 卷，人民出版社，2012，第 53 页。
② 《马克思恩格斯选集》第 1 卷，人民出版社，2012，第 61 页。

无论是哪一个阶级带领的革命斗争都是以"社会的总代表"的角色欺骗广大无产者和劳动者加入革命斗争队伍当中。等到革命成功之后，领导阶级就会迅速与其他参与到革命斗争运动当中的无产阶级和劳动者们划清界限，领导阶级的要求和权利自始至终就不是社会本身的权利和要求，而是上升为普遍统治的特殊利益。正是基于这样的原因，无产阶级的解放就代表着一切从事生产劳动的人的解放，这种解放不再要求理性抽象上的解放，而是诉诸对资本主义生产关系的解放，解放也不局限于无产阶级的特殊利益，因为他们没有任何自己的特殊利益，他们的根本利益与全人类的利益是完全一致的，他们对于权利的要求是全人类的要求，他们要求的自由也是全人类的要求，这就是为什么恩格斯在《关于共产主义者同盟的历史》中指出："现代被压迫阶级即无产阶级如果不同时使整个社会摆脱阶级划分，从而摆脱阶级斗争，就不能争得自身的解放。"①

三 整体性的现实意义

只有从整体性视域下把握马克思主义批判理论的本质特性，才能真正把握马克思主义的理论真意和实践本质。正是基于这样的理论视角，才能发现马克思主义批判理论的整体性的现实意义和实践价值。这启示我们，整体而全面地看待马克思主义才是正确认识和把握马克思主义本质的前提和基础。只有从整体性理解和看待马克思主义，才能更深入研究和分析马克思主义产生的实践基础和理论背景，厘清19世纪40年代的马克思主义与现今马克思主义的内在联系，认清马克思主义是与时俱进的科学的世界观和方法论，获得关于自然、人类社会和思维发展规律的正确认识。马克思主义关于资本主义的基本矛盾、阶级斗争、无产阶级专政、人的解放等理论在当今依旧具有重要的理论价值，而且是指导实践的科学理论体系。马克思主义批判理论整体性的价值在于实现了历史与现实的结合、实现了理论与实际的结合、实现了原理与基本国情的结合、实现了阶段性与目的性的结合。

---

① 《马克思恩格斯选集》第4卷，人民出版社，2012，第203页。

第一，从整体性出发理解和看待马克思主义，才能实现历史与现实的结合。正确认识、对待和运用马克思主义必须立足于其产生的历史条件和理论基础，脱离历史基础马克思主义就会失去其物质依托，从而无法正确把握马克思主义的发展和走向。只有建立整体性思维才能综观马克思主义批判理论的演进历史和马克思主义发展史，深刻了解马克思主义产生的历史背景和社会基础，并厘清不同历史发展阶段的马克思主义之间的内在的继承发展关系，进而找到历史发展中的马克思主义与当下现实社会下的马克思主义的契合点，从而实现历史与现实之间的结合。结合 21 世纪的新问题和新挑战，人们只有回归马克思主义经典著作并省思和体认其内涵本质和思想内容，才能抵制肢解、误解以及歪曲马克思主义的各种披着虚假外衣的马克思主义，比如人道主义马克思主义、结构主义马克思主义、伯恩施坦主义等。人道主义马克思主义并不是真正的马克思主义，只是资本主义瓦解苏联社会主义的思想武器，其主张的自由、民主只不过是资本主义的虚假的民主，无法实现人的真正解放。结构主义马克思主义的错误在于没有将青年的马克思主义作为马克思主义的一部分，认为只有成熟的马克思主义才是真正的马克思主义，从而割裂了马克思主义。伯恩施坦主义更是由于主张资本主义社会可以和平演变而丧失马克思主义的革命性，这是对马克思主义的歪曲和误解。种种误解和割裂马克思主义的观点和现象都是因为没有注重马克思主义发展史、没有理解马克思主义在其批判理论演进逻辑中的整体性而造成的，所以我们必须坚持在历史与现实的结合中，运用马克思主义的立场、观点和方法指导社会实践。

第二，从整体性出发理解和看待马克思主义，才能实现理论与具体实际的结合。马克思主义是关于自然、社会和人的思维发展的一般规律的正确认识。众所周知，马克思主义并不是单纯地解释世界的学说，它是致力于"改变世界"的学说，是致力于将马克思主义基本原理同具体实际相结合的科学理论。马克思和恩格斯在阐述无产阶级革命理论时，曾提出在资本主义自由竞争阶段，无产阶级革命至少将在几个主要的资本主义国家同时发生，当然在彼时的历史背景和社会现实条件下这是完全符合实际的理论，但是随着社会历史的发展，资本主义由自由竞争阶段进入垄断竞争阶段，世界出现了新情况和新问题，列宁在继承和发展马克思、恩格斯的无产阶级革命理论的基础上得出社会主义革命可以首先在一个或者几个国家获得胜利的结论。这并没有违背马克思主义的基本内涵，马克思主义本来就是随着实践不断发展的科学，在新情况和新问题下，将马克思主义与具体实际相结合是马克思主义优秀品质的要求，更是马克思主义真精神的体现，只有坚持整体性思维才能将马克思主义与具体实践相结合，在新的历史条件下赋予马克思主义新的生命力，从而实现其指导社会实践的当代价值。

第三，从整体性出发理解和看待马克思主义，才能实现原理与基本国情的结合。马克思主义是由马克思和恩格斯创立并被后继者所不断发展的科学理论体系。马克思主义传入中国后中国开启了马克思主义中国化进程。毛泽东将马克思主义与中国的具体实际相结合提出了"农村包围城市，武装夺取政权"的革命道路，并带领全国人民取得了新民主主义革命的胜利。邓小平坚持了解放思想、实事求是的思想路线，在新的实践基础上继承前人又突破陈规。邓小平结合中国解放和发展生产力的实际问题，将市场经济与社会主义社会相结合形成了中国特色社会主义市场经济体制，从而大大地促进了生产力的发展，邓小平理论开辟了马克思主义的新境界，更是马克思主义与中国的具体实际相结合的伟大成果。马克思主义是在特定年代形成的，在应对新时代中国特色社会主义具体问题和具体矛盾时，应将马克思主义基本原理同具体实际相结合指导中国实践，而不是教条地照本宣科完全按照经验行事而脱离现实。只有全面而具体地看待马克思主义，才能实现对马克思主义理论的整体性把握，把马克思主义运用到解决新时代中国特色社会主义的主要矛盾中。

第四，从整体性出发理解和看待马克思主义，才能实现阶段性与目的性的结合。马克思主义随着实践不断发展，并与当时的具体实践相结合展现出适应当时历史环境的阶段性特征。虽然马克思主义批判理论在各个环节的侧重点不同，但各个阶段的马克思主义追求的目标都是实现人类解放。全面而具体地从整体性出发考察马克思主义批判理论各个阶段的具体内容及其内在联系，就能发现马克思主义是具有人民性的、致力于人的自由而全面的发展的科学而完整的理论。马克思主义批判理论的整体性和终极关怀实现了马克思主义的阶段性和目的性的结合，即使在处于经济全球化和世界多极化的当今社会，马克思主义依旧在理论和实践中贯穿实现人类解放的最终目标，其理论的真理性价值仍不断得到彰显。

小　结

马克思主义批判理论实现其整体性是其批判逻辑的历史必然，也是其内在逻辑的客观要求。马克思主义批判理论无论是在其整体性表达、整体性实现还是整体性价值方面都呈现了基于变革资本主义社会现实的整体性向度。在马克思主义批判理论的整体性表达方面，马克思主义批判理论面向现实世界采取的不是以往哲学家"解释世界"的方法路径，而是以诉诸实践的方式"改变世界"，宗教改革和阶级调和都不再是马克思主义批判理论的内在诉求，宗教批判、政治批判、意识形态批判和政治经济学批判这一循序渐进的现实批判完成了马克思主义批判理论的现实性表达，这种现实性本身构成了马克思主义批判理论本身的整体性，只有真正聚焦于针对现实世界的变革，才能真正追溯至导致人的本质异化的自我否定，从而完成人的非人本质的扬弃和复归。在马克思主义批判理性的整体性实现方面，马克思和恩格斯以宗教批判为起点，以政治批判和意识形态批判为中间环节，最终落脚到政治经济学批判，彻底揭露了造成资本主义社会中无产阶级遭到剥削和压迫的现实根源，即物质利益关系和资本主义私有制。至此马克思主义批判理论真正实现了自身的整体性，从彼岸的天国到资本主义私有制，从宗教批判到政治经济学批判，马克思主义批判理论彻底生成了理论逻辑和现实逻辑的整体性。在马克思主义批判理论的整体性价值方面，必须注意到马克思主义批判理论的整体性与各个环节的统一，这种统一既表现为历史逻辑的统一性，也表现为理论逻辑的统一性。在历史逻辑方面，宗教批判、政治批判、意识形态批判和政治经济学批判完成了马克思主义批判理论针对不同历史阶段批判对象进行批判的理论建构，也实现了马克思主义批判理论在不同时间维度和历史空间的结构生成。在理论逻辑方面，马克思主义批判理论的整体性既表现为各个环节所共同构成的整体性，也体现为各个批判环节的个体整体性，在逻辑上完成了符合"逻各斯"的形式逻辑和现实逻辑的统一。当然，马克思主义批判理论最终所要追求的是人类解放，正是基于这一目标，需要明确的是为什么要实现人的解放以及由谁实现人的解放这两大命题，如果不实现人的解放，无产阶级将会自始至终处于被资产阶级剥削的社会地位，人的本质将会以各种否定自身人之为人的非人方式反过来奴役自己，只有诉诸人的解放，推翻和消灭以资本主义私有制为基础的资本主义社会，才能彻底复归人的本质实现人的解放，而在实现人的解放主体方面，历史和实践证明只有一无所有的无产阶级才能代表人类未来发展的前进方向，才能担负起消灭资产阶级和资本主义社会的历史任务。也只有从整体性的维度把握马克思主义批判理论，才能真正洞悉马克思主义批判理论的现实意义，即实现历史与现实的结合、理论与具体实际的结合、原理与基本国情的结合、阶段性与目的性的结合，这为立足当代继承和发展马克思主义批判理论提供了最佳视域，也为坚持和发展中国特色社会主义提供了理论支撑和实践指导。

结　语

　　马克思主义理论的整体性在其批判逻辑中充分展现。马克思主义批判逻辑指向整体性，同时整体性蕴含在其批判本性之中。从马克思主义批判理论入手可以发现其按照批判逻辑所形成的马克思主义理论的整体性，这也反过来规定了必须从整体性视域理解马克思主义批判理论，深刻把握马克思主义批判理论的构成，理解马克思主义批判理论如何成为一个系统的、完整的理论体系，明确马克思主义批判理论的各部分何以生成马克思主义的整体性特质。必须从解构马克思主义批判理论的组成部分入手分析其推进和指向整体的内在逻辑，阐发马克思主义批判所表征的整体性内涵。本书立足于马克思恩格斯经典著作并从马克思主义整体性出发形成了马克思主义批判理论研究的新视角和新思路。需要明确的是，不论从各个组成部分还是从其历史发展过程来看，马克思主义都是一个具有整体性的理论体系。马克思主义是在不断的批判中形成和发展的理论体系，各个批判环节联结在一起形成马克思主义批判理论整体。

　　第一，马克思主义批判理论的构成部分层层递进，形成一个完整的批判链条。马克思主义各个批判环节联结在一起形成马克思主义理论的整体性。马克思分别对宗教、政治、意识形态、政治经济学进行批判。后一个环节对前一个环节的批判和积极扬弃都是走向马克思主义整体性的关键环节，各个环节联结在一起形成马克思主义的整体性。马克思从宗教批判开始确立近代哲学的历史任务，扭转哲学研究的方向和道路，为进行政治、意识形态以及政治经济学批判奠定基础，因此马克思主义形成一个闭合的、完整的批判链条。可以说宗教批判指向马克思主义整体性批判的起点，指出马克思主义整体性建构的总问题；从宗教批判进入政治批判，将矛头对准现实的政治制度，通过国家、法异化的内容阐明马克思主义批判要揭露的现象问题。正是在对资本主义国家、法律等的虚幻本质揭露中，马克思明确要把颠倒的事实颠倒过来，因此才使批判深入现实的土壤。对政治制度的批判是马克思主义批判的一个重要环节，在揭露政治统治的事实的过程中，马克思通过对国家、法和所有制关系的批判明确提出，正是作为阶级利益的代表，国家成为政治统治的工具。在政治批判中，马克思把以往哲学辩护、维护现实的性质揭示出来，实现从唯心主义向唯物主义的转变，由此确立马克思主义整体性构建中的重要一环。从政治批判进入意识形态批判，马克思在清算以往思辨哲学的过程中阐明了历史唯物主义的新内容。立足于历史唯物主义，马克思主义整体性确立了批判的根基，这为马克思主义理论体系的构建明确了方向。基于对生产力与生产关系的矛盾运动的描述，在针对资本主义生产关系的马克思主义政治经济学批判中，马克思主义整体性建构走到了终点。马克思主义政治经济学批判在现实的批判路径中解决了宗教异化、政治异化以及劳动异化的问题，从终点回应并解决了马克思主义批判的目的和归宿，整体上形成一个上升的、循环的闭合。

宗教批判—政治批判—意识形态批判—政治经济学批判的过程就是马克思主义批判建构其整体性的逻辑进路。这几个层面的批判联结在一起实现了马克思主义的整体性。马克思主义从横向和纵向批判两个维度来阐明马克思主义整体性，在逻辑和内容相一致的基础上实现了马克思主义整体性。马克思主义是不断向前发展的科学的理论体系。随着时代的变迁、生产力的发展，马克思主义理论会在自我否定和积极扬弃中不断发展，马克思主义整体性的特征也将持续得到彰显。

第二，马克思主义批判理论的各组成部分是完成批判任务必须经历的一个环节，在这个意义上，各个部分的批判均指向整体性。不论是宗教批判、政治批判、意识形态批判还是政治经济学批判，虽然不同的批判部分由不同的批判内容构成，但是仔细考察发现，所有批判的具体指向构成整体的不同维度。

马克思主义宗教批判解决了批判的立足点的问题，特别是规定了近代西方哲学的批判任务是对社会现实的批判，这样就将批判奠基于对世俗社会的批判。由宗教批判确立批判必须立足社会现实，这规定了批判的总方向。马克思主义宗教批判虽然批判的对象是宗教的内容，但批判的目的是要揭露宗教异化的根本原因。马克思主义批判了作为"世界观"的宗教，将人们从虚假的"天国"带回"尘世"，人们开始正视宗教不过是"异化的自我意识"。对于"神圣形象自我异化"的揭露冲击了人们对于神和宗教的信仰和膜拜，使人们把打击目标对准世俗社会。

马克思主义政治批判通过对国家和法的本质的揭露使批判对象更加清晰，特别是对国家制度以及法律本质的揭露使批判更加直接和有力。政治制度是异化人最直接、最现实的内容。理性的国家形成了直接统治人的政治力量，人无法按照自己的意志生活，只能按照国家的代表——普遍意志生活，这就是国家与市民社会的分离，更是人在政治生活中的异化。马克思认为只有推翻阶级统治的国家才能解决人在宗教生活和政治生活中的异化问题。马克思主义的政治批判是对于建立在经济关系之上的一切政治关系的批判，从部落制国家到现代资本主义私有制的国家都包含在内。可以说马克思主义政治批判进一步揭露了现实生活中的异化现象，进一步明晰了马克思主义批判所要解决的对象问题。

马克思主义意识形态批判则在理论层面进一步回应了以往批判所表现出的有限性。马克思主义意识形态批判是针对政治导致的意识形态异化问题而展开的。在政治国家，政治意识形态使人的意识形态呈现一元化，意识形态所决定的思维方式和生活方式也呈一元化。也就是说政治意识形态成了人们生产和生活的"元价值"，人们按照政治意识形态无法实现自己真正向往的生活，也无法占有自我的价值，政治意识形态通过控制人们的思维方式统治人们的生活。马克思认为必须秉持历史唯物主义历史观才能确立人民群众的历史主体地位。只有通过历史唯物主义的武装，无产阶级才能取得革命的胜利进而实现人的解放。马克思主义意识形态问题不单单是意识形态问题，还

是历史唯物主义的世界观问题。历史唯物主义是完整的理论体系，其中生产
力、生产关系、经济基础、上层建筑构成完整的社会形态，包含了社会生活
的物质层面和精神层面，构成人类社会生活的基本面貌。在这个意义上，马
克思主义意识形态批判通过唯物史观使自身同其他的批判理论区别开来，从
而构建马克思主义整体性的理论基石。

　　马克思在宗教批判完成之后就转向对法和国家的批判，但马克思发现非
神圣形象的自我异化并不是直接的政治问题造成的，也就是说造成此岸世界
的苦难的原因不是直接的政治问题，而是社会经济关系，所以只能到经济领
域去寻求此岸世界的真理，只有转向政治经济学批判才能解决最根本的问
题。而政治制度的形成毫无疑问是生产力发展到一定阶段的产物，政治上层
建筑必然是一定的社会关系所决定的。只有扎根于社会现实，从现实的经济
利益关系出发才能真正实现人的政治解放。也就是说政治制度的根源依旧在
政治经济学。被政治所影响的意识形态之所以异化，其根本原因依旧在于经
济利益，宗教、政治、意识形态的根据都是社会利益关系，所谓对原本的批
判不过是对经济的批判而已。政治经济学批判是其他一切批判的落脚点，宗
教批判、政治批判、意识形态批判都要回归到政治经济学批判。宗教批判、
政治批判和意识形态批判的批判性都指向整体性，换言之，这几个方面的批
判必须在政治经济学批判中完成其整体性指向。

　　第三，马克思主义批判本性决定了其必然具备整体性。马克思主义对宗
教、政治、经济、意识形态等内容的批判统一于解决人类解放的根本问题。
马克思主义在不同客观条件和历史背景下所研究和关注的重点不同，但依旧
是包含自然、社会和人类思维发展的一般规律的科学理论体系，是包含经
济、政治、社会、文化、思想等方方面面内容的整体。马克思主义各个组成
部分虽然侧重不同方面的内容，但从始至终都是围绕实现人的解放这一主
题，在不断的批判中秉持着思想与方法的整体性和一致性。因此马克思主义
不论从各个组成部分而言，还是从其历史发展过程来看，都是一个具有整体
性的理论体系。马克思主义的整体性属性使我们在进行马克思主义批判理论
研究时坚持整体性观念。

参考文献

一　经典文献与重要著作

［1］《马克思恩格斯全集》第 1 卷，人民出版社，1956。

［2］《马克思恩格斯全集》第 2 卷，人民出版社，1957。

［3］《马克思恩格斯全集》第 3 卷，人民出版社，1960。

［4］《马克思恩格斯全集》第 13 卷，人民出版社，1962。

［5］《马克思恩格斯全集》第 19 卷，人民出版社，1963。

［6］《马克思恩格斯全集》第 20 卷，人民出版社，1971。

［7］《马克思恩格斯全集》第 21 卷，人民出版社，1965。

［8］《马克思恩格斯全集》第 30 卷，人民出版社，1975。

［9］《马克思恩格斯全集》第 31 卷，人民出版社，1972。

［10］《马克思恩格斯全集》第 42 卷，人民出版社，1979。

［11］《马克思恩格斯文集》第 1~10 卷，人民出版社，2009。

［12］《列宁全集》第 31 卷，人民出版社，2017。

［13］《列宁选集》第 1~4 卷，人民出版社，2012。

［14］《毛泽东选集》第 1~4 卷，人民出版社，1991。

［15］《毛泽东文集》第 1~8 卷，人民出版社，1993~1999。

［16］《邓小平文选》第 1~2 卷，人民出版社，1994。

［17］《邓小平文选》第 3 卷，人民出版社，1993。

二　学术著作

［1］〔德〕康德：《纯粹理性批判》，邓晓芒译，人民出版社，2004。

[2] 〔德〕康德:《实践理性批判》,邓晓芒译,人民出版社,2003。

[3] 〔德〕康德:《判断力批判》,邓晓芒译,人民出版社,2017。

[4] 〔德〕黑格尔:《小逻辑》,贺麟译,商务印书馆,1980。

[5] 〔德〕黑格尔:《法哲学原理》,范扬、张企泰译,商务印书馆,2009。

[6] 〔德〕黑格尔:《精神哲学》,杨祖陶译,人民出版社,2017。

[7] 〔德〕黑格尔:《逻辑学》上卷,杨一之译,商务印书馆,1966。

[8] 〔德〕黑格尔:《逻辑学》下卷,杨一之译,商务印书馆,1976。

[9] 〔德〕黑格尔:《黑格尔政治著作选》,薛华译,中国法制出版社,2008。

[10] 〔德〕黑格尔:《精神现象学》上卷,贺麟、王玖兴译,商务印书馆,
     1996。

[11] 〔法〕萨特:《辩证理性批判》,林骧华、徐和瑾、陈伟丰译,安徽文
     艺出版社,1998。

[12] 〔法〕萨特:《存在主义是一种人道主义》,周煦良、汤永宽译,上海译
     文出版社,2012。

[13] 〔德〕费尔巴哈:《费尔巴哈哲学著作选集》上卷,荣震华、李金山译,
     商务印书馆,1984。

[14] 〔德〕费尔巴哈:《费尔巴哈哲学著作选集》下卷,荣震华、李金山译,
     商务印书馆,1984。

[15] 〔德〕费尔巴哈:《基督教的本质》,荣震华译,商务印书馆,1984.

[16] 〔德〕霍克海默、阿多尔诺:《启蒙辩证法》,洪佩郁、蔺月峰译,重
     庆出版社,1990。

[17] 〔德〕施蒂纳:《唯一者及其所有物》,金海民译,商务印书馆,1989。

[18] 〔德〕哈贝马斯:《作为"意识形态"的技术与科学》,李黎、郭官义
     译,学林出版社,1999。

[19] 〔法〕阿尔都塞:《保卫马克思》,顾良译,商务印书馆,2016。

[20] 〔法〕阿尔都塞:《读〈资本论〉》,李其庆、冯文光译,中央编译出
     版社,2017。

[21] 李宗禹编《卢森堡文选》上卷,人民出版社,1984。

［22］〔匈〕卢卡奇：《历史与阶级意识》，杜章智等译，商务印书馆，2018.

［23］〔美〕柯尔施：《马克思主义和哲学》，王南湜、荣新海译，重庆出版社，
1989。

［24］〔荷〕斯宾诺莎：《神学政治论》，洪汉鼎译，商务印书馆，1997。

［25］〔荷〕斯宾诺莎：《伦理学》，贺麟译，商务印书馆，1958。

［26］〔英〕洛克：《政府论》下册，叶启芳、瞿菊农译，商务印书馆，1964。

［27］〔美〕诺齐克：《无政府、国家和乌托邦》，何怀宏等译，中国社会科
学出版社，1991。

［28］〔英〕霍布豪斯：《形而上学的国家论》，汪淑钧等译，商务印书馆，1997。

［29］〔法〕蒲鲁东：《贫困的哲学》，徐公肃、任起华合译，商务印书馆，1961。

［30］〔俄〕巴加图利亚：《德意志意识形态·费尔巴哈》，张俊翔编译，南
京大学出版社，2011。

［31］〔美〕伯尔基：《马克思主义的起源》，伍庆、王文扬译，华东师范大
学出版社，2007。

［32］〔苏〕古留加：《谢林传》，贾泽林等译，商务印书馆，1990。

［33］〔法〕孔德：《论实证精神》，黄建华译，商务印书馆，1996。

［34］〔苏〕拉宾：《论西方对青年马克思思想的研究》，马哲译，人民出版社，
1981。

［35］〔苏〕拉宾：《马克思的青年时代》，南京大学外文系俄罗斯语言文学
教研室译，生活·读书·新知三联书店，1982。

［36］〔英〕蒙克：《马克思在21世纪——晚期马克思主义视角》，张英魁等
译，江苏人民出版社，2011。

［37］〔英〕伊格尔顿：《马克思为什么是对的》，李杨等译，新星出版社，2011。

［38］〔英〕梅格纳德·德赛：《马克思的复仇》，汪澄清译，中国人民大学
出版社，2008。

［39］〔英〕艾瑞克·霍布斯鲍姆：《资本的年代（1848－1875）》，张晓华
等译，江苏人民出版社，1999。

［40］〔美〕D. C. 菲立普：《社会科学中的整体论思想》，吴忠、陈昕、刘源

译，宁夏人民出版社，1988。

[41] 〔美〕大卫·雷·格里芬：《后现代精神》，王成兵译，中央编译出版社，1998。

[42] 〔英〕乔治·拉雷恩：《马克思主义与意识形态：马克思主义意识形态研究》，张秀琴译，北京师范大学出版社，2013。

[43] 〔美〕奥尔曼：《辩证法的舞蹈——马克思方法的步骤》，田世锭、何霜梅译，高等教育出版社，2006。

[44] 〔德〕伯恩施：《社会主义的前提和社会民主党的任务》，殷叙黎译，生活·读书·新知三联书店，1965。

[45] 孙正聿：《哲学通论》，复旦大学出版社，2008。

[46] 孙正聿：《理论思维的前提批判：论辩证法的批判本性》，辽宁人民出版社，1992。

[47] 陈先达：《马克思主义基础理论若干重大问题研究》，经济科学出版社，2009。

[48] 张雷声：《马克思主义基本原理专题研究》，中国人民大学出版社，2018。

[49] 张雷声：《马克思主义理论学科体系建构与建设研究》，经济科学出版社，2011。

[50] 逄锦聚：《马克思主义整体性研究》，经济科学出版社，2012。

[51] 房广顺：《马克思主义整体性研究》，中国社会科学出版社，2012。

[52] 程恩富：《马克思主义整体性新论》，中国社会科学出版社，2013。

[53] 罗克全：《最小国家的极大值——诺齐克国家观研究》，社会科学文献出版社，2005。

[54] 李世黎：《阿尔都塞政治马克思主义研究》，湖北人民出版社，2012。

[55] 黄继锋：《阿尔都塞与马克思》，安徽人民出版社，2003。

[56] 李青宜：《阿尔都塞与"结构主义马克思主义"》，辽宁人民出版社，1986。

[57] 赵家祥：《马克思主义的整体性研究》，北京大学出版社，2018。

[58] 权贵峰：《马克思宗教批判的革命变革——从理性的批判到实践的批

判》，人民出版社，2008。

[59] 程广云：《马克思的三大批判：法哲学、政治经济学和形而上学》，人民大学出版社，2018。

[60] 朱长兵：《马克思对黑格尔辩证法的扬弃》，中央编译出版社，2018。

[61] 齐泽克：《新马克思主义批判哲学》，人民出版社，2014。

[62] 孙显蔚：《批判性思维的现代辨识——马克思社会批判理论方法论研究》，中国地质大学出版社，2012。

[63] 童贤成：《马克思主义科学体系整体性研究》，人民出版社，2014。

[64] 付文军：《面向〈资本论〉：马克思政治经济学批判的逻辑线索释义》，人民出版社，2018。

[65] 白刚：《回到〈资本论〉：21世纪的"政治经济学批判"》，人民出版社，2018。

[66] 王盛辉：《"自由个性"及其历史生成研究——基于马克思恩格斯文本整体解读的新视角》，人民出版社，2011。

[67] 郝敬之：《回到整体马克思——〈回到马克思〉质疑》，人民出版社，2014。

[68] 韩秋红：《西方马克思主义现代性批判理论研究论集》，人民出版社，2017。

[69] 李淑梅：《政治哲学的批判与重建——马克思早期著作研究》，人民出版社，2014。

[70] 宋伟：《批判与解构：从马克思到后现代的思想谱系》人民出版社，2014。

[71] 聂锦芳：《批判与解构：〈德意志意识形态〉文本学研究》，人民出版社，2012。

[72] 刘建新：《马克思现代性批判视阈中的人的全面发展》，人民出版社，2014。

[73] 罗秋立：《历史唯物主义与社会人类学批判》，人民出版社，2008。

[74] 曾长秋：《马克思主义的历史与现实》，中南大学出版社，2008。

［75］颜岩：《批判的社会理论及其当代重建——凯尔纳晚期马克思主义思想研究》，人民出版社，2007。

［76］高兆明：《黑格尔法哲学原理导读》，商务印书馆，2010。

［77］公丕祥：《马克思法哲学思想述论》，河南人民出版社，1992。

［78］韩立新：《新版德意志意识形态研究》，中国人民大学出版社，2008。

［79］黄楠森、庄福龄、林利：《马克思主义哲学史》，北京出版社，1991。

［80］洪镰德：《传统与反叛：青年马克思思想的探索》，台湾商务印书馆，1986。

［81］侯才：《青年黑格尔派与马克思早期思想的发展》，中国社会科学出版社，1994。

［82］林进平：《马克思的"正义"解读》，社会科学文献出版社，2009。

［83］鲁路：《马克思博士论文研究》，中央编译出版社，2007。

［84］罗晓颖：《马克思与伊壁鸠鲁——马克思关于伊壁鸠鲁哲学的笔记和博士论文研究》，华东师范大学出版社，2010。

［85］马长山：《国家、市民社会与法治》，商务印书馆，2002。

［86］侯惠勤：《马克思的意识形态批判与当代中国》，中国社会科学出版社，2010。

［87］魏小萍：《探求马克思——德意志意识形态原文文本的解读与分析》，人民出版社，2010。

［88］先刚：《永恒与时间——谢林哲学研究》，商务印书馆，2008。

［89］邹诗鹏：《激进政治的兴起——马克思早期政治与法哲学批判手稿的当代解读》，复旦大学出版社，2012。

［90］周尚君：《自由主义之后的自由——马克思〈巴黎手稿〉的法哲学问题》，法律出版社，2010。

［91］袁芳：《马克思的宗教批判与现代性批判》，上海大学出版社，2016。

［92］刘丽：《马克思宗教批判思想研究及其当代意义》，四川出版集团巴蜀书社，2009。

［93］李彦明、刘青建、杨海蛟：《马克思恩格斯政治学说研究》，人民出版

社，2002。

[94] 刘军：《〈国家与革命〉精学导读》，科学出版社，2020。

[95] 曹峰旗：《虚幻于批判——马克思恩格斯资本主义政治制度理论研究》，浙江大学出版社，2008。

[96] 胡寅寅：《走向"真正的共同体"——马克思共同体思想的致思逻辑研究》，哈尔滨工程大学出版社，2016。

[97] 聂锦芳：《清理与超越——重读马克思文本的意旨、基础与方法》，北京大学出版社，2005。

[98] 孟锐峰：《马克思政治哲学对自由主义的超越》，南开大学出版社，2013。

[99] 刘日明：《马克思法哲学理论的当代意义》，同济大学出版社，2016。

[100] 周宏：《理解与批判——马克思意识形态理论的文本学研究》，上海三联书店，2003。

[101] 史小宁：《马克思主义视阈中意识形态批判及其功能研究》，中国社会科学出版社，2016。

[102] 林青：《阿尔都塞激进政治话语研究》，复旦大学出版社，2015。

[103] 李小虎、于玉宏、姚万禄、李继武：《马克思、恩格斯政治思想导读》，中国政法大学出版社，2014。

[104] 李淑梅：《政治哲学的批判与重建—马克思早期著作研究》，人民出版社，2014。

[105] 黄秋生：《马克思批判理论的逻辑进路》，社会科学文献出版社，2013。

[106] 李佃来：《马克思的政治哲学：理论与现实》，人民出版社，2015。

[107] 康文龙：《马克思现代性政治批判及其当代价值》，光明日报出版社，2008。

[108] *Marx and Western World*, edited by Nicholas Lobkowicz, University of Notre Dame Press, 1967.

[109] *Marxism, Mysticism and Modern Theory*, edited by Suke Wolton, Macmilan press Ltd, 1996.

[110] *Joseph V. Femia*, *Marxisn and Democracy.* New York；Oxford University press Inc，1993.

[111] *Marx and the Western World*，edited by Nicholas Lobkowicz，University of Notre Dame Press，Indiana，1967.

三　期刊文章

[1] 孙正聿：《怎样理解作为世界观理论的哲学》，《哲学研究》2001 年第 1 期。

[2] 白刚、张同功：《历史唯物主义的内在批判性》，《学习与探索》2018 年第 10 期。

[3] 许瑞涛：《马克思政治经济学方法的批判性》，《南京师大学报》2018 年第 1 期。

[4] 周海军：《马克思批判商品拜物教的政治马克思主义旨趣》，《理论导刊》2016 年第 10 期。

[5] 李霞飞：《资本逻辑批判——马克思主义整体性研究的元问题》，《理论与改革》2016 年第 5 期。

[6] 李淑梅：《超越对市民社会的直观理解与人类解放——马克思批判费尔巴哈哲学的社会政治取向》，《吉林大学社会科学学报》2016 年第 5 期。

[7] 王晓蓓：《马克思哲学批判的建构性意蕴》，《理论与改革》2016 年第 4 期。

[8] 魏小萍：《马克思批判思路的现实意义》，《理论视野》2016 年第 6 期。

[9] 叶险明：《对"整体性"的批判性反思——关于马克思主义理论的整体性研究的一个方法论问题》，《哲学研究》2011 年第 9 期。

[10] 王罡哲：《建设性批判：对马克思主义哲学批判性的再思考》，《理论与改革》2016 年第 2 期。

[11] 王南湜：《辩证法何以本质上是批判的？——孙正教授辩证法本质阐释之阐释》，《哲学分析》2015 年第 6 期。

[12] 刘同舫：《启蒙理性及现代性：马克思的批判性重构》，《中国社会科学》2015 年第 2 期。

[13] 马文保:《马克思哲学的本质:"批判性"与"实践性"的统一》,《甘肃社会科学》2014年第4期。

[14] 姚立新:《从整体性视角把握马克思主义》,《湖南社会学》2018年第5期。

[15] 梁树发:《马克思主义整体性问题的实质》,《教学与研究》2005年第8期。

[16] 张新:《关于坚持马克思主义的再思考》,《思想理论教育导刊》2005年第4期。

[17] 王彦深、吴鹏:《关注马克思主义的层次结构》,《河北学刊》2005年第2期。

[18] 王贵明:《马克思主义整体性的几个基本问题》,《探索》2001年第3期。

[19] 林进平、曲轩:《如何看待马克思主义、宗教与意识形态——麦克莱伦教授访谈录》,《马克思主义与现实》2018年第2期。

[20] 刘恩至:《彼岸世界场域中的主体解脱——马克思主义宗教观的佛教个案考察》,《云南社会科学》2018年第2期。

[21] 孙海洋:《解放神学、现代性批判与马克思主义——米歇尔·洛维论拉美宗教与政治的选择性亲和》,《国外理论动态》2017年第10期。

[22] 何虎生:《马克思主义宗教观中国化的最新成果》,《中国宗教》2016年第5期。

[23] 加润国:《马克思主义宗教观的系统阐述——恩格斯〈反杜林论〉的宗教观研究》,《科学与无神论》2016年第3期。

[24] 顾海良:《政治经济学的大历史观》,《政治经济学评论》2019年第4期。

[25] 黄桂田:《加强分析框架研究——构建有中国特色社会主义政治经济学理论体系》,《政治经济学评论》2019年第4期。

[26] 孙立冰:《论中国特色社会主义政治经济学的研究对象》,《社会科学战线》2019年第7期。

[27] 胡家勇、简新华:《新时代中国特色社会主义政治经济学》,《经济学动态》2019年第6期。

[28] 陈成玉、伍志燕：《改革开放以来马克思剩余价值理论研究综述》，《学习论坛》2019 年第 6 期。

[29] 王金秋、赵敏：《马克思主义政治经济学基本理论研究》，《政治经济学评论》2019 年第 3 期。

[30] 王时中：《"新酒"不能"旧瓶"装——重思青年马克思的法哲学之旅》，《吉林大学社会科学学报》2019 年第 3 期。

[31] 袁文彬：《马克思主义语言哲学的三副面孔——语言生产·欲望政治·生物权力》，《外语学刊》2019 年第 3 期。

[32] 刘怀玉、张一方：《从政治经济学批判哲学方法到当代空间化社会批判哲学——以列斐列尔、阿尔都塞、哈维与吉登斯为主线》，《学术交流》2019 年第 3 期。

[33] 张亮：《马克思的理论创新道路及其当代效应》，《哲学研究》2019 年第 1 期。

[34] 张佳、王道勇：《从物的消费到符号消费——西方马克思主义消费社会理论的演进及启示》，《科学社会主义》2018 年第 6 期。

[35] 关锋：《历史唯物主义与反思性历史社会学——关于马克思主义理论学科属性的思考》，《南京大学学报》2018 年第 2 期。

[36] 林进平、曲轩：《如何看待马克思主义、宗教与意识形态——麦克莱伦教授访谈录》，《马克思主义与现实》2018 年第 2 期。

[37] 王志刚：《马克思主义社会理论与城市问题——兼评卡茨尼尔森的都市马克思主义》，《内蒙古社会科学》（汉文版）2017 年第 6 期。

[38] 孙海洋：《解放神学、现代性批判与马克思主义——米歇尔、洛维论拉美宗教与政治的选择性亲和》，《国外理论动态》2017 年第 10 期。

[39] 王丹妮：《浅析马克思主义法运行观的内核》，《兰州学刊》2017 年第 2 期。

[40] 何萍：《20 世纪以来马克思政治经济学研究的多维度开展——马克思〈1844 年经济学哲学手稿〉、〈资本论〉新解》，《天津社会科学》2017 年第 1 期。

［41］ 邱昭继：《分析的马克思主义法哲学的思想方法与理论贡献》，《哲学研究》2016 年第 9 期。

［42］ 王浩斌：《社会理论建构与唯物史观的发展——兼论政治经济学批判的社会理论内涵》，《思想战线》2016 年第 5 期。

［43］ 卓新平：《马克思主义宗教观探究》，《世界宗教文化》2016 年第 3 期。

［44］ 吴云贵：《以马克思主义为指导坚持宗教研究的正确方向》，《科学与无神论》2016 年第 3 期。

［45］ 加润国：《马克思主义宗教观的系统阐述——恩格斯〈反杜林论〉的宗教观研究》，《科学与无神论》2016 年第 3 期。

［46］ 温权：《资本主义的空间性批判与日常生活的总体性革命——一种拓展马克思主义社会理论的激进尝试》，《理论与改革》2016 年第 2 期。

［47］ 丁瑞媛、胡大平：《日本新马克思主义的市民社会理论及其效应——以平田清明为中心的思想史考察》，《南京社会科学》2015 年第 10 期。

［48］ 阎书钦：《"新兴社会科学"的兴起与马克思主义社会科学话语体系的构建》，《中共党史研究》2015 年第 4 期。

［49］ 李龙、凌彦君：《马克思主义法学的发源地——〈黑格尔法哲学批判〉解读》，《理论月刊》2015 年第 3 期。

［50］ 邱昭继：《"西方马克思主义法哲学论坛"综述》，《哲学动态》2015 年第 2 期。

［51］ 杨静哲、李其瑞：《在马克思主义与自然法理论之间——马克思主义自然法理论的当代研究》，《哲学动态》2015 第 2 期。

［52］ 宫敬才：《论马克思的政治经济学研究与世界观形成的关系》，《马克思主义与现实》2015 年第 1 期。

［53］ 王凤才：《再思批判理论与马克思主义的关系》，《求是学刊》2015 年第 1 期。

［54］ 加润国：《马克思主义宗教观的奠基之作——马克思〈《黑格尔法哲学批判》导言〉的宗教观研究》，《世界宗教研究》2014 年第 6 期。

［55］ 赵金英、陈培水：《论马克思主义的法律拜物教批判》，《中共福建省

委党校学报》2014 年第 8 期。

[56] 袁雷：《马克思恩格斯东方社会理论主要文本在中国的传播及其启示》，《中共党史研究》2014 年第 6 期。

[57] 周可：《马克思主义面临的当代挑战与社会理论的未来——访威廉·麦克布莱德教授》，《哲学动态》2013 年第 11 期。

[58] 沈慧：《马克思法哲学思想中国化发展的必要性与理论启示》，《广西社会科学》2013 年第 6 期。

[59] 李海青：《面向中国问题的中观性社会理论——当代马克思主义哲学中国化的应然形态》，《哲学动态》2013 年第 3 期。

[60] 道格拉斯·凯尔纳、颜岩：《恩格斯、现代性与经典社会理论》，《马克思主义研究》2012 年第 8 期。

[61] 沈斐：《法不只是统治阶级意志的体现——兼论马克思主义法哲学的一个基本观点》，《宁夏社会科学》2011 年第 6 期。

[62] 刘建军：《〈《黑格尔法哲学批判》导言〉一文的思想政治教育意蕴》，《中国人民大学学报》2010 年第 6 期。

[63] 金寿铁：《天赋人权与马克思主义——论恩斯特·布洛赫的法哲学概念》，《哲学研究》2008 年第 9 期。

[64] 肖巍：《马克思主义理论整体性研究断想》，《思想理论教育》2007 年第 3 期。

[65] 史小宁：《论马克思主义整体性问题的出场语境及其内在逻辑》，《马克思主义研究》2019 年第 4 期。

[66] 梁树发：《马克思主义整体性与马克思主义定义问题》，《党政干部学刊》2005 年第 3 期。

[67] 张建云：《马克思主义定义的整体性研究》，《马克思主义研究》2013 年第 12 期。

[68] 王玲：《试论马克思主义整体性的逻辑内涵》，《学术交流》2010 年第 11 期。

[69] 张雷声：《整体性与马克思主义基本原理体系》，《思想理论教育导刊》

2011 年第 6 期。

[70] 张雷声：《论马克思主义的整体性发展》，《教学与研究》2014 年第 1 期。

[71] 陈学明：《中国的马克思主义研究必须反对五种割裂》，《毛泽东邓小平理论研究》2007 年第 6 期。

[72] 赵家祥：《也谈马克思主义的整体性》，《理论视野》2015 年第 7 期。

[73] 任琳：《马克思主义整体性的"三位一体"说——从史、论、著三者关系谈起》，《学术论坛》2013 年第 2 期。

[74] 高娜：《发展史视域中的马克思主义整体性研究》，《思想理论教育导刊》2011 年第 7 期。

[75] 梁树发：《马克思主义整体性与基本原理体系的建构》，《教学与研究》2007 年第 11 期。

[76] 何丽野：《"物质历史观"与马克思主义的整体性——从〈马克思主义基本原理概论〉教材的一处疏漏说起》，《教学与研究》2016 年第 3 期。

[77] 张云芳：《马克思主义整体性的形成条件》，《科学社会主义》2014 年第 6 期。

[78] 贾建芳：《论体性的马克思主义》，《马克思主义研究》2015 年第 3 期。

[79] 吴育林：《从无产阶级和人类解放理解马克思主义基本原理的整体性和系统性》，《思想理论刊》2012 年第 6 期。

[80] 杨双双：《马克思主义理论的整体性维度探析》，《南昌大学学报》2010 年第 2 期。

[81] 牛先锋：《马克思主义整体性的逻辑生成和逻辑体系》，《中共中央党校学报》2011 年第 6 期。

[82] 张建云：《实践整体性与马克思主义整体性》，《江汉论坛》2015 年第 10 期。

[83] 张建云：《如何理解马克思主义理论是"艺术整体"——从"主体、客体与实践'三者一体'"角度理解马克思主义理论体系》，《学术界》2020 年第 4 期。

[84] 代建鹏：《完善马克思主义整体性研究的三条路径》，《学术交流》2016

年第 2 期。

[85] 张雷声:《论马克思主义基本原理学科的研究定位》,《思想理论教育导刊》2020 年第 10 期。

[86] 袁银传:《整体性与马克思主义基本原理的科学体系》,《思想理论教育导刊》2011 年第 8 期。

[87] 孙磊、郜爽:《"马克思主义基本原理概论"整体性教学思维方式探究》,《思想教育研究》2015 年第 11 期。

[88] 何怀远:《马克思主义理论整体性的历史发生学解读》,《南京社会科学》2006 年第 6 期。

[89] 张雷声:《世界观、方法论与马克思主义基本原理的整体性》,《教学与研究》2011 年第 12 期。

[90] 袁凌新:《马克思主义整体性的逻辑布展》,《中共福建省委党校学报》2012 年第 8 期。

[91] 崔明浩:《坚持和发展马克思主义的整体性与问题导向性》,《辽宁大学学报》(哲学社会科学版)2017 年第 7 期。

[92] 龙小平、张华波:《马克思主义整体性研究的几点思考》,《思想教育研究》2013 年第 3 期。

[93] 唐斌:《列宁对马克思主义整体性的认识》,《思想理论教育导刊》2016 年第 2 期。

[94] 夏建国:《论马克思主义理论整体的基本问题》,《湖湘论坛》2020 年第 6 期。

[95] 任洁:《准确理解列宁的"三个来源"和"三个组成部分"思想》,《中国社会科学院研究生院报》2020 年第 2 期。

[96] 李乾坤:《何谓批判理论? ——阿多诺〈关于批判理论的要点说明〉解读》,《现代哲学》2019 年第 4 期。

[97] 程宏如:《论马克思恩格斯理论体系的构建与"三个组成部分"的划分》,《学术论坛》2015 年第 11 期。

[98] 蒋楼:《马克思主义整体性研究亟待解决的四个理论问题》,《理论与

现代化》2016 年第 2 期。

[99] 徐家林：《马克思主义的多视角解读与整体性逻辑》，《马克思主义研究》2013 年第 6 期。

[100] 孟庆艳：《整体性是马克思主义的内在属性和重要特征》，《中国特色社会主义研究》2013 年第 2 期。

[101] 赵义良、刘佳：《深化马克思主义基本原理整体性研究的三个基本观念——基于文献回顾视角的一个有限观察》，《辽宁大学学报》2016 年第 4 期。

[102] 张耀灿、刘伟：《关于马克思主义整体性的几点思考》，《福建师范大学学报》2006 年第 3 期。

[103] 胡海波、热合木江·巴拉提：《马克思恩格斯关于马克思主义自身整体性的基本观点及其现实意义》，《思想理论教育导刊》2014 年第 1 期。

[104] 叶启绩：《关于马克思主义及其基本原理与整体性的思考》，《思想理论教育》2016 年第 1 期。

[105] 罗骞：《马克思主义批判理论及其巨大影响》，《理论探索》2020 年第 5 期。

[106] 白刚、邰爽：《〈资本论〉：马克思的"批判理论"》，《马克思主义与现实》2019 年第 5 期。

[107] 金元浦：《批判理论的再兴——新一代西方马克思主义批判理论家及其理论》，《国外理论动态》2003 年第 10 期。

[108] 周清云、彭海龙：《从批判理论到后批判理论——第四届"批判理论论坛"综述》，《国外理论动态》2019 年第 8 期。

[109] 毛华兵：《马克思的批判精神及其当代价值》，《马克思主义研究》2015 年第 11 期。

[110] 黄秋生：《马克思批判理论的"从后思索"与"宏大叙事"》，《湖南社会科学》2013 年第 3 期。

[111] 任皑：《法兰克福学派批判理论与马克思批判理论之比较》，《马克思主义研究》1998 年第 3 期。

[112] 罗骞：《马克思批判理论的几个基本特征——从与现代性和后现代性理论比较的视角来看》，《教学与研究》2009 年第 5 期。

[113] 孙麾：《马克思主义的基本品格及发展的当代特征》，《社会科学》1997年第 12 期。

[114] 罗克全、李冰：《从宗教批判到政治经济学批判——论马克思主义整体性的批判视角》，《晋阳学刊》2021 年第 2 期。

[115] 田园：《马克思的宗教、理性与资本三重批判的内在联结》，《北京工业大学学报》2019 年第 1 期

[116] 陆俊：《马尔库塞的社会批判思想对新批判理论的启示》，《浙江学刊》2004 年第 6 期。

[117] 胡键：《马克思宗教批判的逻辑演进》，《华东师范大学学报》2018 年第 3 期。

[118] 唐晓峰：《马克思主义宗教批判理论及其对当代无神论教育的启示》，《世界宗教研究》2017 年第 4 期。

[119] 赵敦华：《宗教批判也是马克思批判思想的前提吗？——兼论马克思恩格斯宗教观的特点》，《哲学研究》2014 年第 10 期。

[120] 邹诗鹏：《马克思主义宗教批判思想之辨析》，《现代哲学》2011 年第 1 期。

[121] 李晓敏：《浅析马克思宗教批判理论在其思想体系中的地位》，《学术交流》2010 年第 6 期。

[122] 刘严宁、陈志强：《马克思关于资产阶级意识形态批判的当代价值》，《毛泽东邓小平理论研究》2020 年第 9 期。

[123] 汤荣光、韩喜平：《唯物史 1 观与马克思主义意识形态理论导源》，《南京社会科学》2020 年第 9 期。

[124] 唐爱军：《马克思主义意识形态的双重属性及其现实意义》，《上海师范大学学报》2019 年第 3 期。

[125] 凌海衡：《批判理论》，《国外理论动态》2006 年第 7 期。

[126] 吴育林、计琳：《马克思意识形态理论的实践合理性》，《学术研究》

2017 年第 9 期。

[127] 吴胜锋：《从意识到意识形态：马克思主义意识理论的三重语境》，《马克思主义与现实》2017 年第 2 期。

[128] 李晓阳、黄再胜：《〈德意志意识形态〉 中的意识形态批判理论及其当代启示》，《思想教育研究》2016 年第 8 期。

[129] 胡大平：《马克思主义意识形态批判理论的原初视域》，《江西社会科学》2016 年第 6 期。

[130] 程彪：《意识形态批判与历史唯物主义的理论特质》，《学习与探索》2015 年第 12 期。

[131] 唐晓燕：《马克思意识形态理论的三重向度》，《浙江学刊》2015 年第 5 期。

[132] 吴友军、白刚：《西方马克思主义批判理论的当代走向与当代延展》，《国外理论动态》2012 年第 1 期。

[133] 赵敦华：《试论马克思恩格斯的意识形态批判理论》，《江苏行政学院学报》2012 年第 5 期。

[134] 魏崇辉：《意识形态理论的对立与批判——马克思主义与新制度经济学》，《上海行政学院学报》2012 年第 4 期。

[135] 吴广庆：《马克思主义意识形态本质及当代价值述论》，《理论导刊》2011 年第 12 期。

[136] 孙乐强：《政治经济学批判与马克思意识形态理论的深化》，《学习与探索》2011 年第 6 期。

[137] 莫雷：《意识形态理论的困境与政治经济学批判的复归》，《社会科学辑刊》2010 年第 6 期。

[138] 朱彦振：《马克思意识形态理论研究述评》，《学海》2009 年第 4 期。

[139] 张秀琴：《马克思的意识形态批判理论》，《现代哲学》2002 年第 2 期。

[140] 马庆：《西方马克思主义批判理论近期研究动向分析》，《毛泽东邓小平理论研究》2015 年第 7 期。

[141] 颜岩：《马尔库什论马克思批判理论的四种形式》，《北京大学学报》

2020 年第 1 期。

［142］俞吾金：《批判理论的界限——对法兰克福学派主导思想的反思》，
　　　　《探索与争鸣》2014 年第 12 期。

［143］汪正龙：《马克思与批判理论的四个维度》，《黑龙江社会科学》2014
　　　　年第 4 期。

［144］程建家、马钦荣：《西方马克思主义的批判理论镜像及其启示》，《马
　　　　克思主义研究》2014 年第 3 期。

图书在版编目（CIP）数据

马克思主义批判理论研究：以整体性为视域 / 李冰
著 . --北京：社会科学文献出版社，2025.7. --（内
蒙古大学马克思主义学院学术成果文库）. --ISBN 978
-7-5228-5457-1

Ⅰ. A81

中国国家版本馆 CIP 数据核字第 20252YL004 号

内蒙古大学马克思主义学院学术成果文库

马克思主义批判理论研究
—— 以整体性为视域

著　　者 / 李　冰

出 版 人 / 冀祥德
责任编辑 / 王小艳
文稿编辑 / 田正帅
责任印制 / 岳　阳

出　　版 / 社会科学文献出版社·马克思主义分社 （010）59367126
　　　　　　地址：北京市北三环中路甲 29 号院华龙大厦　邮编：100029
　　　　　　网址：www. ssap. com. cn
发　　行 / 社会科学文献出版社 （010）59367028
印　　装 / 三河市龙林印务有限公司

规　　格 / 开　本：787mm×1092mm　1/16
　　　　　　印　张：14. 25　字　数：219 千字
版　　次 / 2025 年 7 月第 1 版　2025 年 7 月第 1 次印刷
书　　号 / ISBN 978-7-5228-5457-1
定　　价 / 98. 00 元

读者服务电话：4008918866